Beniamin Lessa

DIE BIENEN BEISSEN NICHT

Krimi ✧ Familiendrama

Bibliografische Information der Deutschen Nationalbibliothek:
Die Deutsche Nationalbibliothek verzeichnet diese Publikation in der Deutschen Nationalbibliografie; detaillierte bibliografische Daten sind im Internet über http://dnb.dnb.de abrufbar.

TWENTYSIX – Der Self-Publishing-Verlag
Eine Kooperation zwischen der Verlagsgruppe Random House und BoD – Books on Demand

© 2019 Beniamin Lessa

Herstellung und Verlag:
BoD – Books on Demand GmbH

ISBN: 978-3-7407-5398-6

1
Dienstag

Er parkte wie immer zwei Straßen weiter und lief im Schatten ausgewachsener Birken und zweistöckiger Gebäude den schmalen leicht abfallenden Weg zur Stolperstraße. Wenn jemand auch sehen würde, wie er das hellblaue Mittelreihenhaus betritt, wird er sich dabei nichts denken. Ein Freund besucht seinen Kumpel, nichts Außergewöhnliches.

Diesen Pfad durchquerte Timo seit einem halben Jahr jeden Dienstag. Er machte heute früher Feierabend – schon um halb drei. Zu Hause wird er – genau wie an den restlichen Wochentagen, an denen er einige Überstunden dranhängte, um den Dienstag abzufangen – erst um halb sechs aufschlagen. Seine Frau Bettina, im vollen Glauben, er käme direkt aus dem Betrieb, wird das warme Essen servieren und, nachdem er nur paar Bissen nehmen wird, wieder abräumen und Tee machen. Für sich Pfefferminz, für ihn einen schwarzen.

Timo tat so, als ob er auf die Klingel drückte, falls ihn doch jemand beobachtete, und stieß die Eingangstür mit der linken Hand auf. Mit der rechten massierte er seinen Oberschenkel oberhalb des Knies. Auch die Operation vor zwei Jahren hatte seine Schmerzen nicht gelindert – spätestens nach drei, vier Stunden Belastung versagte sein rechtes Knie den Dienst. Dadurch wurde das ganze Bein überbelastet. Er kniete dann hin und schuftete in dieser unbequemen Position den Rest der Schicht durch.

Die Haustür war nicht abgeschlossen. Nur einige Minuten vor seinem Auftauchen wurde der Hebel im Türrahmen – oder das Schnäpperle, wie ihn die Hausherrin nannte –, wie immer dienstags, nach unten gedrückt, sodass er ohne Schlüssel die Tür aufschieben konnte.

Ein schmaler Flur führte zum Wohnzimmer. Die Tür dorthin war zu. Die war immer zu. Timo wusste, wie es dahinten aussah. Eine provisorische Trennwand zerschnitt den riesigen Raum – mindestens fünfzig Quadratmeter; hinter ihr verbarg sich ein mittelgroßer Schlafwinkel mit einem hochmodernen Pflegebett, auf dem unter leichter Decke ein bewegungsloser Körper lag.

Er stieg, ohne die Schuhe abzustreifen, sofort die Treppe hoch und betrat das Schlafzimmer. Nach dem halbdunklen Ambiente im heimischen Allerheiligsten wirkte dieser von Sonne durchflutete Raum wie ein modernes Urlaubsapartment, wenn auch die Gardinen halb zugezogen waren. Nur dass der Meeresblick fehlte. Auf der Nachtkommode stand ein Weinkübel, war aber leer. Die salatfarbene Decke auf dem breiten Doppelbett mit einem mindestens anderthalb Meter breiten Foto über dem Kopfteil – Eigenaufnahme auf Santorin, hatte er es sich mal erklären lassen – war schon zurückgeschlagen, aber niemand war da. *Bestimmt in der Dusche*, dachte Timo, auch wenn er kein Wasserprasseln hörte.

Timo lief zum Fenster; dabei zog er seinen Kopf ein, um die Deckenleuchte nicht zu berühren. Was eigentlich nicht nötig war, da die Decke fast drei Meter in die Höhe reichte. Er mit seinen zwei Metern hatte diese Angewohnheit verinnerlicht und duckte sich in jedem Raum, egal, ob der ihm vertraut war oder nicht. Der rechteckige gepflegte

Garten stand leer. Die mittägliche Hitze schien sogar die Insekten in ihre Verstecke vertrieben zu haben.

Nur kurz blieb er vorm Fenster stehen. Aus dem Bad, das direkt mit dem Schlafzimmer verbunden war, sickerte immer noch kein Geräusch durch. Er zog sein Hemd aus und legte es aufs Bett.

Kaum hatte er die Klinke zum Badezimmer runtergedrückt, drängte ein süßlicher Geruch durch den schmalen Spalt. Rein instinktiv riss er die Tür an sich. Der Geruch wurde stärker, drängte in seine Lungen, umhüllte sein Hirn und schob einen schwarzen Streifen vor seine Augen. Er schaffte es noch, sich am Beckenrand festzuhalten, und rutschte langsam an der Wand zum Boden. Eine Sekunde später platschte etwas Klebriges auf sein Schulterblatt.

Das Letzte, was er noch vernahm, war ein bohrender Schmerz. Genau an der klebrigen Stelle.

2
Dienstag

Die Parkplatzschranke ging nicht hoch. Lisa hielt ihren Chip nochmal an die Säule. Die Schranke blieb unten.

Sie drückte auf den blau leuchtenden Knopf mit dem schwarzen „i" und wartete geduldig, bis der Automat die Nummer der Pforte wählte. Die spätsommerliche Sonne heizte ihren silbernen „Golf" weiter auf, wenn auch das Fenster offen war. Lisa schaltete die Klimaanlage selten ein – die Nase wäre gleich zu. Und heute brauchte sie eindeutig keine Erkältung. Dazu noch der süßliche Parfümgeruch, der von ihrer Bluse hochstieg! Anscheinend hat sie heute Morgen in der Eile zu viel vom aromatischen Duftwasser draufgesprüht.

Die langen Klingeltöne spannten Lisas Nerven noch mehr an. Niemand am anderen Ende nahm ab, die Schranke blieb zu. Noch vor zwei Jahren war der Krankenhausparkplatz kostenfrei. Jeder – ob Mitarbeiter oder Patient – durfte hier ohne Ticket und Chip rein und raus. Damals waren auch immer freie Plätze vorhanden. Jetzt – trotz der hohen Gebühren – war der Parkplatz immer überbelegt, wenn auch die Klinik die Anzahl der Betten und das Personal reduziert hatte. Fast alle Patienten und Mitarbeiter kamen mit dem Auto – der Wohlstand hat halt seine Schattenseiten.

„Ja, bitte." Alleine an der zischenden Stimme erkannte Lisa die Person am anderen Ende der Leitung. Frau Krause. Die auch früher nicht besonders entgegenkommende Kollegin war nach der Trennung von ihrem Mann – *wer hält es schon mit dieser Furie aus:* die giftigen Zungen fanden gleich den Grund – zur richtigen Zicke mutiert. Wegen ihrer Röcke, die immer mehr Oberschenkel zeigten, wurde sie sogar zur Klinikleitung zitiert.

„Ich komme nicht raus. Die Schranke geht nicht auf."
Lisa sprach deutlich und mit Nachdruck ins Mikrofon.

„Dann haben Sie Ihr Parkticket nicht entwertet. Fahren Sie..."

Mit ihren schönen, schmetterlingsähnlichen Lippen berührte Lisa fast das Mikrofon – so weit beugte sie sich aus dem Auto – und erklärte mit zugenommener Schärfe:

„Ich habe kein Ticket. Ich bin Mitarbeiterin."

„Dann haben Sie Ihren Chip nicht aufgeladen."

Hätte Lisa es nicht so eilig, hätte sie die Belehrung der Dame über sich ergehen lassen. Obwohl sie heute extra früher ihren Dienst angefangen hatte, war sie spät dran. Um eins wollte sie gehen, aber der Chef, als ob er auf den Moment gewartet hat, holte sie von der Türschwelle zurück und ließ die Befunde seiner Privatpatienten vorbereiten.

Die Hitze im Auto wurde unerträglich. Lisa öffnete die Tür, holte tief Luft, strich ihre hellen Haare, die weder blond noch weiß waren – eine Mischung aus Aschblond und gefärbtem Silber – hinter die Ohren und rief verärgert ins Mikrofon:

„Würden Sie bitte aufmachen, ich habe noch einen dringenden Termin. Morgen werde ich mich um den Chip kümmern." Lisa war überzeugt, dass sie genug Geld auf ihr Parkmedium draufgeladen hat.

Frau Krause zischte irgendwas ins Mikrofon, was sich wie „Blöde Kuh" anhörte. Einen Augenblick später sprang die Schranke hoch.

Lisa schaute auf die Uhr. Punkt zwei Uhr dreißig. Für drei haben sie sich verabredet. Wenn sie direkt nach Hause fährt, ohne wie geplant im Supermarkt vorbeizuschauen, würde sie es noch gerade schaffen. Aber sie wollte noch unbedingt den Lieblingsweißwein besorgen.

Lisa fuhr etwas schneller als erlaubt und steuerte den halbleeren überdachten „Kaufland"-Parkplatz an. Bei diesem herrlichen Wetter waren alle, die es sich leisten konnten, ins Freibad aufgebrochen. Während sie die Parkuhr einstellte und den Geldbeutel aus der Tasche holte, huschte ein mittelgroßer Lieferwagen in die Lücke links und ließ nur einen zwanzig Zentimeter breiten Streifen zwischen den beiden Autos frei. Der Fahrer war auch gleich verschwunden. Lisa fluchte, wechselte auf den Beifahrersitz und öffnete die Tür. Ein brennender Schmerz erhitzte die nackte Haut zwischen den Schulterblättern. *„Bestimmt ein Rosendorn",* schimpfte sie leise. Am Samstag hatte sie die Pflanzenreste zum Wertstoffhof gebracht, dabei den Beifahrersitz umlegen müssen, um die langen Rosenäste in den Wagen reinzuschieben. Wollte eigentlich gleich danach mit dem Staubsauger drüber gehen, war aber nicht dazu gekommen.

Zum Nachschauen hatte sie keine Zeit. Lisa sprintete die Treppe zum Verkaufsraum hoch, lief sofort zum Weinregal, fischte sich im Vorbeigehen eine Schachtel mit Erdbeeren und stellte sich an der Kasse an. Zum Glück waren nur zwei Kunden vor ihr. Erst jetzt bemerkte sie den Juckreiz im Bauchbereich und an den Füßen. Sie schob das T-Shirt hoch. Die Haut war mit kleinen hellroten Ausbuchtungen übersät. Wie nach Mückenstichen. Sie zog am Rockbund. Der ganze Bauch war mit winzigen zapfenähnlichen Flecken bedeckt.

"Sind so viele Mücken durch das offene Fenster ins Auto reingeschlüpft?" Unmöglich war es nicht. Auf dem Klinikparkplatz heute Morgen hatte sie die Fensterscheibe nicht ganz hochgekurbelt, damit die schwüle Luft aus dem überhitzten Auto entweichen konnte. Sie hatte zwar den Wagen unter einem Baum abgestellt. Bei Temperaturen über dreißig Grad, sobald die Sonne höher stieg, brachte das nur wenig Abhilfe.

"Habe ich den Insekten damit eine verbindliche Einladung geschickt?", dachte sie sarkastisch.

Lisa zahlte die paar Euros bar und rannte die Treppe runter. Schloss das Auto auf. Der Lieferwagen war weg. Als sie einstieg und den Wein auf dem Beifahrersitz ablegte, erfasste sie aus den Augenwinkeln ein kleines schwarz-gelb gestreiftes Wesen auf dem grauen Stoff.

Eine Biene.

Eine Biene?

Eine tote Biene?

Eine unsichtbare Kraft schnürte plötzlich ihre Brust zu. Sie hatte schon im Supermarkt einen leichten Druck auf der Brust gespürt, der nun stärker wurde.

Eine tote Biene!!!

Das war kein Rosendorn, der sich in ihre Schulterblätter gebohrt hatte – das war eine Biene.

Eine hitzige Panikwelle durchströmte sie. Mit zitternden Händen wühlte sie im Fußraum hinter dem Fahrersitz, fand aber die Tasche nicht. Im Handschuhfach müsste noch ein Notfallset liegen. Zum Glück, obwohl der Schmerz nun auch die Schläfen in die Zange nahm, war sie in der Lage, einigermaßen klar zu denken.

Sie drückte auf den Knopf des Handschuhfaches. Es war abgeschlossen. Sie riss den Schlüssel aus dem Zündschloss, steckte ihn in den Schlitz, klappte das Fach auf und holte den Beutel mit zwei Fläschchen raus. Plötzlich wusste sie nicht mehr, welches sie zuerst nehmen musste. Egal. Mit einem Ruck, gegen die aufsteigende Übelkeit kämpfend, drehte sie den Deckel von „Celestamine" auf und schüttete die Flüssigkeit auf die Zunge. Sie hatte das Gefühl, es würde ewig dauern. Mit der anderen Hand holte sie das zweite Fläschchen raus. Die Buchstaben auf dem Etikett hüpften hoch und runter, nur die einzelnen erkannte sie. „F…i…s…l." Sie atmete tief ein. Der süßliche Parfümduft füllte ihre Lungen. Das Ausatmen blieb aus …

3
Dienstag

Tamara zog den Wecker auf, der wie ein altes verrostetes Rad knurrte. Letztes Jahr hatte sie ihn von der Großmutter bekommen, die anscheinend mit den Vorbereitungen auf den letzten Weg begonnen hatte und den alten Kram an die Enkelkinder verschenkte. Tamara, um die Oma nicht zu enttäuschen, nahm das Zeug dankend an und schmiss alle Sachen sofort in den Mülleimer. Nur den Wecker, den sie noch aus ihrer Kindheit kannte, behielt sie. Also war er mindestens vierzig Jahre alt. Wenn der frühmorgens losging, mit seinen zwei überdimensionalen Glocken, wachte die ganze Familie auf. Allerdings war ihr dieser Krach lieber, als nur zehn Minuten später aufzustehen.

Ihr Sohn versuchte zwar mehrmals, ihr die Weckfunktion ihres Smartphones zu erklären; sie vertraute aber diesem modernen Zeug nicht mehr, nachdem sie einmal verschlafen hatte, nur weil das Handy sie hängenließ – genau vierundzwanzig Stunden später als gewünscht fing es an, auf der Nachtkommode zu hüpfen. Nur WhatsApp nutzte sie. Auch jetzt öffnete sie regelmäßig die App und hoffte, dass die Nachricht, auf die sie seit Stunden wartete, endlich eintrudeln wird.

„Wann stehst du morgen auf?" Ihr Mann schlug das Buch zu, rutschte auf Tamaras Bettseite und legte seinen Arm um ihre Hüften. Er selber war krankgeschrieben. Sonst ging er schon um vier Uhr aus dem Haus. Er stellte aber keinen Wecker; die innere Uhr rüttelte ihn Punkt halb vier wach. Kurz vor fünf saß er am Lenkrad des Linienbusses.

„Weiß nicht. Frau Netzler hat sich immer noch nicht gemeldet." Tamara legte das Telefon auf das Nachttischchen.

„Kann sein, dass sie es vergessen hat?"

„Frau Netzler und vergessen? Bei ihr ist doch jeder Tag bis zur letzten Minute verplant. Nach mir richtet sie auch ihren Dienstplan."

„Stimmt. Letzte Woche, als du nicht sofort zurückgeschrieben hast, klingelte sofort das Festnetz."

„Morgen ist Mittwoch. Da hat sie normalerweise Frühdienst. Aber letzte Zeit hat es oft kurzfristige Änderungen in der Klinik gegeben. Wer weiß ... Ich stell mal den Wecker auf halb sieben und schaue in der Firma vorbei. Vielleicht hat sie dort angerufen. Oder den Pflegevertrag gekündigt. Alles kann sein. Sonst fahre ich um acht in die Wohnung. Wie immer mittwochs."

Sie machte das Licht aus, drehte sich mit dem Rücken zum Ehegatten, der sofort die Hand unter ihr T-Shirt schob, und schloss die Augen. Am wenigsten brauchte sie jetzt die Streicheleien ihres Mannes.

Es würde ein unruhiger Schlaf werden.

*

Mittwoch

Der etwas abgeschabte Wegweiser „APA – Ambulanter Pflegedienst Arnold" leuchtete hässlich in frühmorgendlicher Sonne. Tamara hielt im Parkverbot gegenüber vom Eingang, direkt hinter dem Schild. Es war erst halb acht, das Display im Armaturenbrett zeigte aber schon sechsundzwanzig Grad. Der Tag wird genauso heiß werden wie gestern.

Auf dem Weg ins Sekretariat stieß sie auf den stellvertretenden Geschäftsführer.

„Wenn Sie wegen Ihres Urlaubs gekommen sind, Frau Schiller, den kann ich Ihnen nicht genehmigen. Wir haben keine Leute. Habe ich Ihnen schon am Telefon gesagt", sprudelte der junge Mann los, ohne sie zu begrüßen.

Du musst die Leute ordentlich bezahlen, dann werden sie nicht in Scharen weglaufen, dachte Tamara. Zum Chef sagte sie nur:

„Nein, Herr Arnold, ich will nur nachfragen, ob Frau Netzler hier angerufen hat. Sie hat mir nicht geschrieben, wann ich heute anfangen soll. Der Vertrag läuft doch weiter, oder?"

„Außer Sie haben es vermasselt. Sonst läuft er bis zum Jahresende und wird automatisch verlängert."

Mit ihren fünfzig Jahren war Tamara gehärtet genug, um solche Sticheleien zu ignorieren. Den jungen Stellvertreter nahmen die wenigsten Mitarbeiter ernst; jeder wusste, dass er seine Position nicht seinen besonderen Fähigkeiten zu verdanken hatte. Sein Vater hatte vor Jahren den ambulanten Pflegedienst gegründet und seinem Sohn, der mit Ach und Krach das Abitur geschaffen hatte, das duale Studium finanziert und ihn danach in den Betrieb übernommen.

Wie erwartet, hatte sich Frau Netzler in der Firma nicht gemeldet.

„Ich habe seit letztem Monat nichts mehr von ihr gehört." Die Sekretärin schaute kurz vom Bildschirm hoch. „Alles, was ich von ihr brauche, schickt sie per Mail."

Nichts anderes hatte die Pflegerin erwartet. Sie legte den Urlaubsantrag, den der Chef schon mal abgelehnt hatte und den sie nun geringfügig abgeändert hatte, ins Fach „Eingehende Post" und lief zum Auto. Punkt acht Uhr parkte sie ihren schwarzen „Fiesta" in der Stolperstraße auf dem Besucherparkplatz. Um diese Uhrzeit waren fast alle Plätze frei.

Zum Reihenhaus der Familie Netzler führte keine direkte Zufahrt; auch die Einkäufe musste die Hausherrin einige Meter schleppen. Ob das ein Planungsfehler war oder Absicht, wusste keiner. Eventuell hatte der Architekt die Straße den überdimensionalen Gebäuden – das kleinste Reihenhaus bot über zweihundert Quadratmeter Wohnfläche – zum Opfer gebracht. Netzlers Mittelreihenhaus sah von außen gar nicht groß aus, vielleicht weil es den Nachbarn gegenüber etwas versetzt war. Innen stieß der Besucher gleich auf den Eingang zur kleinen Einliegerwohnung und den Treppenabgang zum Keller. Links führte der schmale Flur zum Wohnzimmer und zur Treppe nach oben, wo sich noch zwei Stockwerke draufsattelten.

Oben war Tamara nur einmal, als in der Einliegerwohnung, die erst seit kurzem mit dem Wohnbereich verbunden wurde, der Wasserhahn den Geist aufgegeben hatte und sie im Bad in der ersten Etage Wasser holte.

Die Hauseingangstür war nicht abgeschlossen, nur zugezogen. Dabei legte Frau Netzler viel Wert drauf und verlangte auch von Pflegekräften, dass sie zwei Mal den Schlüssel umdrehen sollen. Tamara stellte ihre Tasche ab, zog die Schuhe aus, lief zur geschlossenen Tür zum Wohnzimmer und stieß sie vorsichtig auf. Schwüle abgestandene Luft drängte ihr entgegen. Der Rollladen, den sie gestern Mittag beim Gehen zur Hälfte runtergelassen hatte, war immer noch in dieser Stellung. Gegen ihre Gewohnheit, sich zuerst einen Kaffee aus der Küche zu holen – Frau Netzler, die Hausherrin, ließ immer eine Tasse übrig –, schob sie die Tür in der Trennwand zur Seite und wurde von der Dunkelheit eingefangen. Die Fenster ließen kein Licht durch. Gestern, als sie um zwei gegangen war, hatte sie die Kammer abgedunkelt. Seitdem hatte sich hier nichts geändert.

Tamara machte sich auf das Schlimmste gefasst und schlug auf den Lichtschalter.

Das angenehme Licht der LED-Leuchte zerriss die dicke Luft und fiel auf die Umrisse des langen Körpers auf dem Bett. Tamara schlüpfte an der Wand zum Fenster durch und wollte den Rollladen hochziehen. Bis ihr einfiel, dass der ferngesteuert war. Ihre Augen machten eine Runde durchs Zimmer und fanden die Fernbedienung auf der Nachtkommode. Das monotone Summen des Motors befreite Schlitz für Schlitz das bodenhohe Fenster und ließ die schon am frühen Morgen mächtige Sonne rein. Und zwei stechende Strahlen neugieriger Augen. Herr Schmitz stand an der Grundstücksgrenze und winkte ihr zu.

Schmitz verbrachte fast den ganzen Sommer im Garten. Frau Netzler hatte Tamara mal erzählt, dass der Nachbar seit Jahren in Frührente war und durch seinen Artikel in der Lokalzeitung zur Berühmtheit geworden war. Wenn auch mit etwas negativem Nebenton. Er hatte nämlich in der Presse vorgeschlagen, alle Autofahrer im Winter dazu zu zwingen, vor jedem Schneefall ihre Wagen zu waschen. Denn: *Wird der Schnee von Dach, Heck und Motorhaube runtergefegt, landen mit ihm auch Schmutz und sonstiger Dreck auf dem Boden und den Wiesen.* Seine Idee fand sowohl Anhänger als auch Gegner. Der Vorschlag wurde von einem Leserkommentar begraben, in dem ein paar Einzelheiten aus dem Privatleben des Herrn Schmitz preisgegeben wurden. Die Familie – drei Personen – besaß drei Autos, dabei war er selber ohne Beschäftigung, seine Frau arbeitete in der Stadt – zehn Minuten mit dem Bus, und die Tochter machte eine Ausbildung in der Nähe. *Bei sich sollte er anfangen und nicht bei anderen den Fehler suchen,* so einige Kommentare.

Der Briefkasten vom Schmitz war mit Aufklebern übersät, wie „Atomstrom? Nein, danke!", „Für eine grüne Welt!", „Tierwohl zuerst". Dabei hatte Tamara noch nie die zum Trocknen aufgehängte Wäsche gesehen – weder im Vorgarten noch unter dem Terrassendach. Was vermuten ließ, dass im Keller sich ein besonders „umweltfreundlicher" Trockner versteckte, der mehr Energie fraß als die Waschmaschine selbst.

Schmitz winkte ihr nochmal zu, nun etwas aufdringlicher. Für ihn hatte Tamara jetzt keine Zeit. Sie drehte sich zum Bett. Das Zimmer war im selben Zustand, wie sie es gestern verlassen hatte. Auf dem Nebentisch stand das Wasserglas mit dem Strohhalm, ganz voll, die Tablettenschachtel lag unberührt daneben. Auch Herr Netzler erstarrte in der Position, in die sie ihn gestern Mittag vorm Gehen gebracht hatte. Achtzehn Stunden waren seitdem vergangen. Hieß es, dass Frau Netzler seit gestern noch nicht zu Hause war? Unglaublich, wenn man bedachte, wie gewissenhaft und aufopferungsvoll die Frau sich um ihren außer Gefecht gesetzten Ehemann kümmerte.

„Herr Netzler? Jürgen...?" Tamara neigte sich zum Bett runter. Sie vernahm das leise, kaum erkennbare Atmen aus der wie aus Marmor geschnittenen proportionalen Nase, griff zum Telefon und wählte den Notruf. In diesem

Moment blitzten auf dem bleichen Gesicht zwei schnelle Augen auf, die ihr einen Befehl schickten: *Nein.* Die vertrockneten Lippen öffneten sich und ließen ein dumpfes, kaum hörbares Flüstern durch. Niemand außer Tamara und Frau Netzler wäre in der Lage, dieses Murmeln zu verstehen. Noch vor Monaten war das Flüstern viel stärker und deutlicher gewesen; mit der schwächelnden Stimmenmuskulatur verwandelten sich die Töne in ein schlecht wahrnehmbares Geflüster, vor allem morgens.

Trinken! Klar, was denn sonst. Tamara hielt Jürgen das Glas mit dem Strohhalm hin, besann sich anders, holte ein Wattestäbchen aus der Schublade und fuhr mehrmals über seine geplatzten Lippen. Erst dann steckte sie den Halm zwischen seine Zähne. Schon bald war das Glas leer.

Herrn Netzlers Augen zeigten auf die große Wanduhr. *Was ist los? Wo ist Lisa? Oder geht die Uhr falsch?* – fragten sie.

„Jürgen, einen Moment bitte." Die Schwester ging aus dem Zimmer und kam sofort zurück.

„Sieht so aus, dass seit gestern Mittag noch keiner im Haus war. In der Küche steht alles so, wie ich es zuletzt gesehen habe, die Spülmaschine ist nicht ausgeräumt. Auch der Rollladen wurde nicht berührt. Ich verstehe es nicht. Ihre Frau schreibt mir normalerweise am Vorabend, wann ich meinen Dienst anfangen soll. Gestern habe ich von ihr keine Nachricht bekommen."

Jürgens Augen huschten plötzlich zwischen der Nachtkommode und Tamaras Händen. Sie folgte dem Blick.

O. k., habe verstanden.

Sie füllte aus der Flasche das Glas, hielt es dem Kranken hin; mit der anderen Hand wählte sie am Telefon.

Wieder schwangen Jürgens Augen zum Telefon.

O. k., laut stellen.

Das Lautstellen hätte sie sich sparen können.

„Der Abonnent ist zurzeit nicht erreichbar ..." Die mobile Nummer der Frau Netzler antwortete nicht.

„Arbeit." Die Schwester vernahm das leise Flüstern aus Jürgens Mund.

„Moment. Ich hol aus dem Auto mein Notizbuch. Dort steht die Nummer der Klinik."

Jürgen schüttelte mit dem Kopf. Seine Lippen bewegten sich schneller und die einzelnen Laute sind jetzt deutlicher geworden. „Vier, sieben, vier ..."

In diesem Augenblick zerriss ein schriller Ton, den Tamara zunächst nicht zuordnen konnte, die abgestandene Luft. Bis sie wahrnahm, dass der Ton, genauer die Töne, gleichzeitig aus zwei Quellen ausbrachen. Synchron zwitscherten das Festnetztelefon und die Türklingel. Bis sie sich entscheiden konnte, ob sie zuerst den Hörer abnehmen sollte oder zur Tür laufen, drehte sich das Schloss in seiner Achse und die etwas laute Stimme der Frau Netzler füllte den Flur. Sekunden später stand die alte Dame im Türrahmen. Jürgens Mutter Sibille. Die kurze Hose, das viel zu schmale Top, durch das der leichte BH durchschaute, die Flip-Flops, hochgesteckte moderne Frisur – ihre Aufmachung kontrastierte deutlich mit den faltigen Wangen, die auch die ständigen Besuche bei der Kosmetikerin nicht glätten konnten. Kein Wunder – immerhin leitete sie letztes Jahr das achte Lebensjahrzent ein.

„Was ist denn bei euch los?" Die Dame sprudelte sofort los.

Tamara hatte vergessen, dass sie den Anruf am Festnetztelefon entgegennehmen wollte. Jetzt war es sowieso zu spät. Der Anrufbeantworter sprang an; die Schwester verstand kein Wort, denn die Frau Netzler übertönte mit ihrer entenartigen Fistelstimme die aus dem Lautsprecher rauschenden Worte.

„Mich hat soeben das Krankenhaus angerufen. Hier nimmt ja keiner ab." Sibilles Stimme klang vorwurfsvoll, wenn sie das auch anders meinte. Sie wusste eigentlich, dass der Pflegedienst nur zwei, drei Stunden täglich anwesend war.

Tamara warf einen Blick auf das mobile Telefon. Das Kuvert-Symbol leuchtete. *Fünf entgangene Anrufe!*

„Ich bin gestern um zwei gegangen. Und vor einer halben Stunde wiedergekommen. Frau Netzler hat sich gestern bei mir nicht gemeldet, ich wusste gar nicht, wann ich heute kommen sollte." Tamara fühlte sich sichtlich überrollt von den Manieren der alten Dame.

„Woher sollte sie sich denn melden? Vom Himmel?" Sibille war in ihrem Element.

Erschrocken schlug Tamara die Hand vor den Mund.

„Was habe ich denn Schreckliches gesagt?" Sibille Netzler interpretierte Tamaras Reaktion auf eigene Art. „Ach so ... Nein, nein, Lisa ist nicht im Himmel. Nur im Krankenhaus. Die Krankenschwester hat es mehrmals hier versucht und dann mich ausfindig gemacht. Heute Morgen wird Lisa in die Lungenfachklinik verlegt."

„In die Lungenklinik? Nach Beuren, wo sie vor einem halben Jahr so lange war? Ich glaube, im März war es?"

„Genau, nach Beuren."

„Was ist denn pas...?"

„Ich werde die Sachen für Lisa packen." Sibille hörte gar nicht zu. „Wie geht es Jürgen? War er die ganze Nacht allein?" Sibille deutete mit der Hand in Richtung der Trennwand.

„Jürgen?" Tamara kannte Sibille relativ gut, fühlte sich trotzdem von ihrer Art überfallen. „Genau, Jürgen. Ich muss mich jetzt endlich um ihn kümmern."

Frau Netzler lief der Schwester hinterher in die abgetrennte Ecke, tätschelte ihren Sohn an der Hand. „Hallo, Jürgen. Das muss sich ändern. Das kann nicht sein, Tamara, dass Sie gehen, bevor jemand die Wache übernimmt."

Ehe die Krankenschwester antworten konnte, verließ Jürgens Mutter den Raum.

Geschickt schlug Tamara die Decke zurück, spürte dabei Jürgens bohrenden Blick.

„Was ist mit Lisa?", flüsterte er.

„Sie ist im Krankenhaus."

Der Mann schob die Augäpfel hoch, was bedeuten sollte: *Das habe ich mitbekommen, so laut, wie die Mama war.*

„Was ist mit ihr?"

Tamara schaute vom Bett hoch. *Tatsächlich, was ist mit ihr? Frau Netzler hatte ja meine Frage gar nicht beantwortet.*

„Das weiß ich nicht. Gleich kommt Ihre Mutter runter, dann frage ich sie nochmal."

„Telefon", murmelte er wieder.

Zunächst verstand Tamara nicht, was er meinte. Er bewegte seinen Kopf zum Mobilteil, das auf der Kommode lag.

Genau. Fünf verpasste Anrufe. Sie schlug die Decke wieder zu, nahm das Telefon, drückte auf das Kuvert-Symbol und dann auf die Abspieltaste.

„Hier ist das Krankenhaus Rittenburg. Ihre Frau ... die Frau Lisa Netzler wurde heute Nachmittag mit dem Kran-

kenwagen bei uns eingeliefert. Rufen Sie bitte unter der Nummer vier, sieben, null, null zurück. Wir brauchen den Allergiepass, den Röntgenpass, alles, was Sie finden."

Nächste Nachricht.

"Hier ist nochmal das Krankenhaus Rittenburg. Ich weiß nicht, ob Sie die erste Nachricht abgehört haben. Frau Netzler ist bei uns stationär. Bitte rufen Sie unter der Nummer vier, sieben, null, null zurück."

Tamara blätterte zur letzten Nachricht vor, die erst vor einigen Minuten aufgenommen wurde.

"Hier ist das Krankenhaus Rittenburg. Wir haben mehrmals versucht, Sie zu erreichen. Frau Netzler war bei uns stationär und wird heute in die Lungenfachklinik nach Beuren verlegt. Ihre Schwiegermutter – Frau Sibille Netzler – weiß Bescheid. Wiederhören."

Es folgte eine lange Pause.

„Was ist mir ihr?" Jürgens Stimme schien an Kraft zu gewinnen.

„Gleich kommt Ihre Mutter runter, sie müsste es wissen. Aber jetzt schauen wir endlich nach der Windel."

Tamaras Befürchtungen waren umsonst. Da der gelähmte Mann seit achtzehn Stunden keine Flüssigkeit zu sich genommen hatte, behielt die Windel alles in sich und die Haut war nur leicht gerötet. Gekonnt drehte die Schwester den dünnen Mann – der Fettanteil ging Richtung null, auch die Muskeln, vor allem am Unterkörper, hatten sich fast komplett aufgelöst – auf die Seite, salbte die geröteten Stellen und die Falten ein. Ihr Blick blieb wie immer kurz an dem Prachtstück zwischen seinen Beinen hängen – ihr Mann nannte es Valentinsstab als Anspielung auf den Tag der Liebenden –, das anscheinend von dem ganzen Unheil nichts mitbekommen hatte und sich im vollen Umfang präsentierte. Tamara hatte in ihrer zwanzigjährigen Tätigkeit als Pflegekraft Dutzende bedürftige Männer in unterschiedlichen Lagen gesehen; kein Körper war so anziehend wie dieser. Auch der von ihrem Mann nicht, mit dem sie letztes Jahr die silberne Hochzeit gefeiert hatte.

„So, dann hätten wir das schon mal erledigt, Jürgen. Ich schaue, ob ich was zum Frühstück finde. Sie bleiben so lange auf der Seite liegen."

Jürgen schüttelte mit dem Kopf.

„Nicht jetzt." Er winkte in Richtung der Kommode, auf dem das schwarze Tablet mit dem angebissenen Apfel-Logo lag.

„Wie Sie möchten. Aber danach müssen wir doch in die Seitenlage. Wir wollen doch keine Wunden kriegen."

Sie sprach immer von „wir", als ob sie ein gemeinsames Ganzes waren.

Es dauerte nicht lange, bis das Tablet hochfuhr und die Startroutinen ausführte. Tamara lenkte den am Bett angebrachten schwenkbaren Arm, der wie ein Notenpult aussah, vors Gesicht des Mannes, holte einen Stift, der einem Bleistift ähnlich war, und schob ihn zwischen Jürgens Zähne. Der Patient startete sofort den Internet-Browser und tippte mit dem Stift ins Suchfenster. Dieses Antippen, das vor fünf, sechs Monaten noch eine riesige Anstrengung verlangt hatte – der Stift fiel nach nur zwei, drei Minuten aus dem Mund, die Lippen wurden steif –, passierte rein automatisch. Er hatte auch gelernt, während des Lesens Pausen einzulegen, indem er den Stift in den Mundwinkel schob und leicht anbiss. Alles spielerisch, außer er war erkältet und die Nase war zu.

Während er das erste Wort ins Suchfenster eintippte, tauchte die Krankenschwester wieder daneben auf.

„Ich finde nichts im Kühlschrank. Ich koche schnell einen Brei."

Um die Essenszubereitung kümmerte sich normalerweise Frau Netzler; Tamara musste den Kranken nur füttern.

Plötzlich fiel Tamara auf, dass sie nur den silbenfarbigen metallischen Arm zu Jürgen rübergeschwenkt und ihm das Tablet gereicht hat; die Kopflehne hat sie nicht, wie üblich, höherstellen müssen. Die war schon oben! Dabei war sich die Schwester ziemlich sicher, nein, sie war sich hundertprozentig sicher, dass sie gestern, bevor sie gegangen ist, das Kopfteil fast flach eingestellt hat, damit Jürgen die eine Stunde, bis seine Frau kam, sein Mittagschläfchen machen konnte. *Wer hat es hochgestellt?*

Dass zufällig ein Gegenstand auf den Steuerungsknopf runtergefallen ist und die Position geändert hat, war höchst unwahrscheinlich.

„Jürgen, war jemand ... ich meine, hat jemand ..." Sie wusste nicht, wie sie den Satz formulieren sollte, um keine unnötige Unruhe reinzubringen.

„Kann sein, dass ...", versuchte sie es erneut.

In diesem Augenblick zerschnitt ein ohrenzerreißender Schrei die abgestandene Luft – in der ganzen Hektik war Tamara nicht dazu gekommen, endlich mal durchzulüften. Eine Tür in der oberen Etage wurde zugeknallt.

Der Schrei kam auch von oben. Jürgen riss den Mund auf, der gerade den Suchbegriff ‚Lungenklinik Beuren' ins Tablet eintippte, und ließ den Stift fallen.

„O Gott! O Gott! Heilige Scheiße! Tamara, schneller! Hier oben!" Frau Netzler kam die Treppe runtergerannt.

Sie blieb mit ihren Flip-Flops an der Stufenmatte hängen, verlor das Gleichgewicht, rutschte an der Wand entlang und schlug mit dem Kopf unten auf. Zum Glück auf Tamaras Füßen, die in den Flur rannte und nun am Treppenaufgang stand. Eine hässliche Beule breitete sich augenblicklich über die kreideweiße Stirn der alten Frau aus, aber sonst schien sie nicht verletzt zu sein.

„Da oben ... Er ist, er ist, er ist ..."

Sie fing an zu schluchzen und brachte kein Wort mehr heraus. Mit der Bluse ihrer Schwiegertochter, die sie immer noch in der Hand hielt, deckte sie ihr Gesicht zu. Tamara half ihr auf die Beine und setzte sie im Flur auf den kleinen Stuhl, auf dem üblicherweise Jürgens Nichte hockte, wenn sie den Onkel besuchte.

„Was ist da oben?" Tamara fasste die alte Frau an den Händen und presste sie an ihre Brust.

„Der atmet nicht ... glaube ich."

„Wer?"

Frau Netzler brach wieder in Tränen aus. Mit der linken Hand zeigte sie nach oben.

„Bleiben Sie hier sitzen." Tamara ging zur Treppe. Sie überlegte, den Notarzt oder auch gleich die Polizei zu rufen, aber was würde sie ihnen sagen? Vielleicht war nur ein Kater dort oben? Oder ein Vogel? Es passierte schon mehrmals, dass eine Katze sich ins fremde Haus verirrte – vor allem, weil alle Häuser in der Siedlung innen gleich geschnitten waren.

Vorsichtig, Stufe für Stufe, den Kopf nach oben streckend, setzte sie sich in Bewegung. An der oberen Stufe angekommen, beugte sie sich nach rechts und spähte ins Schlafzimmer. Auf dem Doppelbett stapelten sich neben der Reisetasche Kleider, die Sibille Netzler für ihre Schwiegertochter zusammengesucht hatte. Vorsichtig tastete sich Tamara ins Zimmer vor, schaute hinter die Tür und unter das Bett. Nichts. Auch hinter den dicken rot-gelben Gardinen war nichts zu erkennen – sie versteckten nur das Sonnenlicht, das sich durch die halb runtergelassene Jalousie durchschmuggelte.

Die Verbindungstür zum Bad war zu. War das die Tür, die eben den Knall verursacht hat? Vorsichtig, mit ausgestrecktem Arm, drückte die Pflegerin die Klinke runter und zog diese langsam an sich. Sie musste den Raum nicht betreten, um das zu sehen, was Frau Netzler den Schrecken eingejagt hat. Genauer, nicht das, sondern den.

Auf dem dunkelgrünen Fliesenboden neben dem Waschbecken saß ein Mann in Jeans und ohne Hemd, in Schuhen, den Kopf hat er nach vorne gebeugt. Obwohl die schwarzgrauen Haare ins Gesicht fielen, verdeckten sie das attraktive Profil nicht. Die Statur – um die zwei Meter Größe – kam ihr bekannt vor, aber es war eindeutig niemand aus der Familie. Die Luft im Bad war viel frischer als unten im Wohnzimmer, was nicht nur daran lag, dass die Nasszelle zur Nordseite schaute und nicht von der übermächtigen Sonne aufgeheizt wurde. Das Fenster stand offen.

Ist er über das Fenster reingekommen? In den ersten Stock? Eher nicht.

Sie dachte wieder an die Haustür, die sie heute Morgen – anders als sonst – unverschlossen vorfand.

Tamara hob die Hand des Mannes und tastete nach dem Puls. Nichts. Legte den Finger an die Halsader. Nichts. Schmiegte das Ohr an die Brust. Das fremde Herz antwortete nicht.

4
Mittwoch

Lisa öffnete die Augen – nur einen schmalen Schlitz – und schloss sie sofort. Zum wiederholten Male. Der Traum wollte nicht aufhören. Sie träumte, sie wäre in der Klinik, im selben Zimmer wie vor einem halben Jahr, als sie sich für eine Woche hier einsperren ließ, um sich einer Prozedur zu unterziehen, die Hyposensibilisierung hieß und die einzige Möglichkeit bot, die plötzlich in ihr Leben hereingestürmte Gefahr zu bändigen.

Diese Woche vor sechs Monaten war ein gewaltiger Kraftakt für sie gewesen. Nicht weil die Prozedur kompliziert und gefährlich wäre. Nein. Paar Spritzen täglich, Blutentnahme, Blutdruckkontrolle, Atemlabor – das war's. Aber für eine ganze Woche jemanden zu finden, der ihren Mann Jürgen betreuen würde – Tag und Nacht, vierundzwanzig Stunden –, war fast unmöglich gewesen. Die Krankenkasse hatte nur fünfzehn Stunden Pflegeleistungen in der Woche genehmigt; den Rest hatte sie selber erledigt. Hätte Lisa für diese sieben Tage keine qualifizierte Pflegekraft gefunden, müsste sie ihren Mann ins Heim abgeben. Das wollte sie ihm und vor allem sich ersparen. Zum Glück hatte sich Tamara, erfahrene und engagierte Fachkrankenschwester, die eigentlich ein Arztstudium und mehrere Jahre Krankenhaus-Erfahrung hinter sich hatte, bereit erklärt, die ganze Woche Jürgen zu versorgen. Ihr vertraute Lisa blind, nicht nur, weil Tamara noch vor kurzem auf der Intensivstation einer Klinik ihre Brötchen verdiente. Die Frau mit dem leichten osteuropäischen Akzent leistete nicht einfach Dienst nach Vorschrift, sie machte ihre Arbeit gern.

Einmal hatte Lisa die Krankenschwester gefragt, wieso sie denn nicht als Ärztin arbeitet.

„Dafür hätte ich mein Diplom aus dem Heimatland hier in Deutschland bestätigen lassen müssen – das heißt, noch drei Jahre die Uni-Bank drücken. Mit zwei kleinen Kindern war es damals, vor über zwanzig Jahren, als wir nach Deutschland gekommen waren, nicht einfach. Vor allem, weil wir noch keine Wohnung hatten und der Mann auf Arbeitssuche war. Habe mich für eine Ausbildung zur Fachkrankenschwester entschieden – die konnte ich machen, ohne die Familie allein zu lassen."

„Und warum bist du aus dem Krankenhaus weg? Auf Intensivstation verdient man ja richtig gutes Geld", hatte Lisa wissen wollen.

„Die Kinder sind erwachsen geworden, die Wohnung ist abbezahlt, zum Leben brauchen wir nicht viel. Mit dem Alter ist es immer schwerer geworden, die Nachtschichten auszugleichen. Und dazu die tragische Realität der Intensivstation – täglich dem Tod begegnen. Es verging selten ein Tag, an dem keine Trage mit weißem Leintuch die Station verlassen hat."

Aus einem inneren Schuldbewusstsein Jürgen gegenüber hatte Lisa letztes Jahr mehrere Entscheidungen getroffen. Und immer zu Gunsten von anderen; die eigenen Wünsche mussten sich hinten anstellen. Der Klinikaufenthalt war der seltene Fall, bei dem ihre Bedürfnisse in den Vordergrund rutschten. Hatte sich aber damit getröstet, dass Jürgen es auch wenig nutzen würde, sollte ihr was passieren. Die Wahrscheinlichkeit dafür war ziemlich groß geworden ...

Sie war noch nie Freund von Mücken, Wespen und sonstigen Insekten gewesen. Ein harmloser Mückenstich bedeutete für sie nicht nur eine schlaflose Nacht – der kleine Pikser verwandelte sich binnen Stunden in eine schmerzende blutende Wunde. Dabei half sie kräftig mit: Wenn das Jucken unerträglich wurde und keine Salbe mehr Linderung brachte, setzte sie ihre Fingernägel ein. Sie hatte das Haus nie ohne rettende Medikamente – Tropfen, Salben, Tabletten – verlassen.

Lisa hatte sich damit abgefunden, mit dem Gedanken leben zu müssen, dass sie mindestens zweimal im Sommer von einer Wespe gestochen wird. Vor zwei Jahren kurz vor Abreise in den Urlaub war sie barfuß über den Gartenrasen gelaufen, als das schwarz-gelbe Ungeziefer ihren großen Zeh attackiert hatte. Der Fuß schwoll zunächst an, irgendwann wurde er blau, dann dunkelrot, später ganz schwarz. Die ersten Urlaubstage waren für die Katz. Aber solche Vorfälle waren eher harmlos. Bis zum letzten Sommer.

Sie hatten mit Jürgen einen Radausflug zum Bodensee gemacht und waren auf dem Heimweg. Es war sehr warm. Der Schweiß schlängelte sich von Lisas Stirn als schmales Bächlein den Hals runter zur Achselhöhle; dort wurde das Bächlein noch stärker und breiter und lief weiter zur Hüfte runter. Sie radelten gerade während der Kaffee-und-Kuchen-Zeit an den Schrebergärten vorbei. Über den Zaun sahen sie, was die Gartenfreunde alles auf den Tischen hatten.

Bis nach Hause waren es noch paar Kilometer geblieben; zwanzig hatten sie bereits hinter sich gebracht. Lisa war etwas ermüdet, deswegen nahm sie den Stich im linken Oberarm nicht gleich wahr; es hatte sich eher wie ein Nadelstich angefühlt. Kurz, aber schmerzhaft. Eine Bremse, dachte sie. Die Viecher rochen den Schweiß aus meterweiter Entfernung. Sie befeuchtete, ohne anzuhalten, die Stichstelle mit Spucke. Kurz vorm Ziel spürte sie den Juckreiz zunächst an der Gürtellinie, dann an den Füßen. Es war kaum auszuhalten. Sie fing an, sich zu kratzen, und war so auf die juckenden Stellen fixiert, dass sie schier unter einem Auto gelandet wäre. Gut, dass Jürgen sie noch rechtzeitig gewarnt hatte.

Als Lisa zu Hause angekommen war, hatte sie sich die nassgeschwitzten Klamotten runtergerissen. Dutzende, vielleicht auch Hunderte kleine Auswuchtungen lugten von ihrer sonnenverwöhnten Haut entgegen. Gegen den ankommenden Schwindel kämpfend, legte sie sich hin, und sobald das Schwarze aus den Augen verschwand, nahm sie eine Dusche. Jürgen hatte inzwischen das Abendbrot zubereitet. Sie hatte nur am Tee genippt. Mehr kriegte sie nicht runter. Aber die Schwindelattacke, die Übelkeit, der Juckreiz – alles war vorbei gewesen.

Jürgen war ins Bett gegangen, Lisa wollte – trotz des anstrengenden Tages – noch nicht schlafen und hatte den Fernseher eingeschaltet. Mehrfach hatte sie sich beim Gedanken gefangen, dass sie nicht richtig mitbekam, was auf dem Bildschirm passierte. Das Druckgefühl auf der Brust, das sie kurz nach dem Stich verspürt hatte, kehrte allmählich zurück und wurde immer heftiger. Das Atmen fiel ihr immer schwerer. Bis sie überhaupt keine Luft mehr bekam. Sie war wie in Trance, oder vielleicht war sie in Trance. Denn auf die Idee, nach Jürgen oder dem Notarzt zu rufen, kam sie gar nicht.

Sie hatte sich aufs Sofa hingekniet. So ließ der Brustschmerz etwas nach. Sie wusste nicht mehr, wie spät es war, registrierte den Fernseher nicht, der in voller Lautstärke eine Sendung nach der anderen ablieferte, wusste nicht mehr, wo sie war.

Morgens, als sie aufwachte, war alles vorbei. Wirklich alles. Lisa hätte den Vorfall in paar Tagen wieder vergessen, wenn ihre neugierigen Augen nicht zufällig im Kaffeeraum eine Zeitschrift, genauer, die Titelseite, erfasst hätten. „Wespen- und Bienenstiche: Symptome einer Allergie". Sie schlug die Zeitschrift auf. Ihr blieb der Atem weg. Als ob der Autor sie als lebendiges Beispiel für seine Ausführungen genommen hatte. Juckreiz, Hautrötung, Druckgefühl, Schwindel, Übelkeit, Atemnot. Alles, was sie an jenem Samstagabend erlebt hatte.

Lisa hatte sofort beim Hausarzt angerufen. Er verschrieb ihr ein Notfallset und überwies sie zum Lungenfacharzt. Der Lungenspezialist hatte sich ihre Geschichte sehr aufmerksam angehört.

„Sie haben verdammt viel Glück gehabt, Frau Netzler. Dass Sie morgens überhaupt aufgewacht sind, meine ich."

Er nahm ihr Blut ab. Der Befund war eindeutig: nachgewiesene Antikörper. Biene und Wespe.

„Ich werde Sie in der Fachklinik anmelden. Dort wird man ausführliche Tests machen. Zunächst ambulant. Wenn sich das bestätigt, was ich vermute, dass Sie nämlich eine Insektenstichallergie haben, gibt es nur eine Lösung: Hyposensibilisierung. Ihnen wird drei Jahre lang in unterschiedlichen Dosen Bienen- beziehungsweise Wespengift gespritzt, um Ihren Körper widerstandsfähig zu machen."

Zwischen dem Besuch beim Hausarzt und dem Termin beim Lungenarzt waren Monate vergangen. In denen einiges passiert war. Auch das Unheil mit Jürgen.

Die angeordneten Allergietests fanden alle an einem Tag in der Ambulanz der Lungenfachklinik statt.

Dort hatte sie IHN – nach mehreren Jahren – wiedergetroffen.

5
Mittwoch

Der Hauptkommissar Sauter schaute ins Schlafzimmer rein, schwenkte seinen Blick über das moderne Doppelbett mit dem Edelstahlgestell und atmete tief ein. Ein ähnliches Bett stand in seiner Dreizimmerwohnung. Nur dass eine Hälfte seit zwei Monaten ungenutzt blieb. Kristina zog unerwartet aus, gerade zum Zeitpunkt, als der Kriminalinspektor dabei war, sein Leben einer Revision zu unterziehen und neu zu ordnen. Sogar Konflikte mit Vorgesetztem und Kollegen nahm er dafür in Kauf, die plötzlich enttäuscht waren, dass er nicht mehr in jede Bresche sprang und oft schon um sechs sein Büro abschloss.

An jenem Abend, als Kristina gegangen war, hatte er auch rein instinktiv zum Telefon gegriffen. Er hatte die Besonderheit, nach erster Runde im Bett mit seiner Freundin kurz einzunicken, bevor er den nächsten Anlauf unternahm. Gerade zum Zeitpunkt, als er nur kurz eingeschlafen war, klingelte das Telefon. Kristina war Feuer und Flamme, er aber – schlaftrunken wir er war – fasste nicht sie an, sondern sein Smartphone. Als sein Hirn registrierte, was gerade geschah, war sie schon aus dem Zimmer gestürmt.

Morgens bei ihrem letzten gemeinsamen Frühstück hatte sie ihm vorgeworfen:

„Ich habe geglaubt, du wirst beruflich kürzertreten und dich mehr um mich kümmern. Anscheinend habe ich mich getäuscht. Deine Scheißarbeit ist immer noch höher angesiedelt als ich."

Sauter hatte noch mitbekommen, dass sie mit einem anderen zusammen war – vielleicht hatte sie ihn schon in Reserve gehalten –, aber nur kurz, und wäre wieder solo. Gestern hat sie ihm eine SMS geschickt – er nutzte keine WhatsApp-artigen Messenger-Dienste – und gefragt, ob sie am Wochenende ihre restlichen Klamotten holen könnte. Er hoffte, dass es nur ein Vorwand war, denn in der Wohnung fand er keine Sachen mehr von ihr.

Das Schlafzimmer der Familie Netzler strahlte eine beruhigende Gemütlichkeit aus. Die Hausherrin hatte anscheinend ein gutes Händchen für solche Sachen. Nur wenige Möbelstücke aus Birke füllten den Raum, aber sie waren so zusammengestellt und platziert, dass sie kaum ins Auge stachen. Ein sechstüriger Schrank, das Bett, zwei Nachttischchen. Das war's. Vielleicht war es auch das riesige Bild über dem Bettkopfteil, das die volle Aufmerksamkeit auf sich zog: türkisblaues Wasser, ein Kreuzfahrtschiff im Hintergrund, auf dem ersten Plan die hellblauen runden Dächer kleiner Häuser – so wie es die nur auf der griechischen Insel Santorin gibt. Der Schnappschuss war wirklich gelungen.

Sauters Schlafzimmer sah momentan anders aus. Nach dem Prinzip „Der beste Schrank für den Mann ist der Stuhl" zerstreute er abends die Kleider im Raum, was ihn am nächsten Tag selber ärgerte, vor allem, weil das Aufräumen doppelte Zeit beanspruchte.

Vorsichtig öffnete der Hauptkommissar die Verbindungstür zum Badezimmer. Die Stelle auf dem gefliesten Boden neben dem Waschbecken, an der Timo Kleiber heute Morgen tot aufgefunden wurde, war mit weißer Kreide umrandet. Alles deutete zuerst auf einen natürlichen Tod hin. Es hat nicht lange gedauert, bis die Kollegen den Toten identifizieren konnten. In seiner Hosentasche steckten zwar keine Papiere; dafür ein Autoschlüssel mit dem „Volvo"-Emblem. Die Polizisten haben alle Parkplätze neben dem Haus und in den Nachbarstraßen abgeklappert. Dreihundert Meter weiter war ein dunkelblauer Wagen abgestellt, der nach dem Klick auf die Fernbedienung sich mit blinkenden Leuchten meldete. Im Handschuhfach haben sie den Führerschein und andere Papiere gefunden. Timo Kleiber, 52 Jahre alt, wohnhaft in Rittenburg, Boschstraße 17 – sieben Kilometer vom Todesort entfernt.

Da die Todesursache unklar war und keiner im Haus wusste, wie überhaupt der Mann ins Bad gelangt war, mehr noch, keiner wusste, dass er überhaupt oben war, ist die Spurensicherung ausgerückt mit dem üblichen Procedere in solchen Fällen. Sauter selber war zu diesem Zeitpunkt als Zeuge im Gericht und war bei der Spurenaufnahme nicht dabei. Darauf – persönlich den „heißen" Tatort zu inspizieren – legte er normalerweise großen Wert.

Nach ärztlicher Untersuchung landete der Fall endgültig im Morddezernat. Der Gerichtsmediziner Doktor Schmiedel schloss nicht aus, dass Herrn Kleibers Tod durch Fremdeinwirkung eingetreten war.

Jetzt, nachdem der Arzt den vorläufigen Befund präsentiert hatte, in dem auf ein chloroformhaltiges Gas hingewiesen wurde, bekräftigte sich der Verdacht. Das Gas war aber nicht die Todesursache, wenn auch der Mediziner die Atemnot als höchstwahrscheinlichen Grund aufführte. Doktor Schmiedel bestellte zusätzlich eine Expertise in der Fachklinik, um eine Erklärung für die kleine Einstichstelle im linken Schulterblatt des Toten zu bekommen.

Sauter ist sofort zum Tatort gefahren, wenn auch die Leiche längst in der Gerichtsmedizin war. Jetzt lehnte er an der Tür zum Bad, holte sein Smartphone raus, startete die Kamera-App, wechselte zum Ordner „Bilder". Wie er direkt, ohne den Umweg über die Kamera, sich Fotos anzeigen könnte, hat er immer noch nicht herausgefunden; allerdings es auch nicht wirklich versucht.

Er schaute abwechselnd auf die Bilder und ins Bad, versuchte sich vorzustellen, wie der Raum heute früh aussah, als Frau Netzler – die Mutter vom Hausherrn – den Timo Kleiber entdeckt hat: auf dem Boden sitzend, den Kopf nach vorne gesenkt. Das Fenster war offen gestanden, im Zimmer war alles geordnet. Keine Spuren von Gewalt, keine Kampfspuren. Unter den Fingernägeln keine Hautpartikeln. Es sah alles nach einem natürlichen Tod aus.

Die Uhr im Raum daneben – wahrscheinlich im Kinderzimmer – schlug vier Mal. Sechzehn Uhr. Gleichzeitig ging die Haustür unten auf und eine Frau um die fünfzig mit kurzen kastanienfarbigen Haaren, in eng sitzender Jeanshose – trotz Temperaturen über die dreißig Grad – und weißer Bluse mit tiefem Ausschnitt schaute zu ihm durchs Treppengeländer hoch.

„Frau Schiller, schön, dass Sie sich die Zeit nehmen", rief Sauter von oben.

Der Kollege aus dem Präsidium hat dem Kommissar erzählt, dass die Krankenschwester Tamara Schiller noch stundenlang nach der entsetzlichen Entdeckung im Hause geblieben war und sich nicht nur um den Herrn Netzler, sondern auch um seine Mutter gekümmert hat. Frau Schiller wollte eigentlich für ein paar Stunden nach Hause fahren, um wenigstens frische Klamotten zu holen, aber die alte Dame heulte nur rum und war keine große Hilfe. Mehr noch, Sibille brauchte selber Hilfe. Irgendwann hat Sibilles Lebensgefährte sie abgeholt. Frau Schiller ist am

Nachmittag in die Firma gefahren, um die weitere Vorgehensweise zu besprechen – wann Jürgens Ehefrau Lisa aus der Klinik entlassen wird, stand in den Sternen. Dort, im Büro des Pflegedienstes, hat der Kommissar die Pflegerin telefonisch erreicht und um Unterredung gebeten.

Eigentlich fand Sauter alle Einzelheiten im Vernehmungsprotokoll, das die Kollegen aufgesetzt haben. Wer sich zur gefragten Zeit im Haus befand und warum, wer wann gekommen war, wer wann die Leiche gefunden hat – alles stand drin. Er wollte trotzdem mit Frau Schiller sprechen. Nur dann würde er ein komplettes Bild haben.

Aus Erfahrung wusste er, dass die Nähe zum Tatort sich nicht unbedingt positiv auf die Befragten auswirkte. Er kam die Treppe runter, durchquerte schnell den Flur und das Wohnzimmer. In der Küche nahm er am kleinen Beistelltisch Platz. Er stützte sich mit Ellenbogen ab, klemmte seine kurzgeschorenen schwarzen Haare zwischen die Finger; diese Haltung ließ seine Oberarme unter dem T-Shirt anspannen. Der Kommissar war im Alter – kurz nach vierzig –, in dem sich schwer erkennen ließ, was sich unter dem Stoff wölbte – die Muskeln oder das Fett.

„Frau Schiller, ich weiß, dass Sie heute Morgen meinen Kollegen schon alles erzählt haben. Ich würde Ihnen noch ein paar Fragen stellen."

Die Krankenschwester nickte nur.

„Beschreiben Sie mir ganz genau Ihren Tagesablauf."

„Ich bin wie immer mittwochs um acht gekommen, obwohl ich keine Nachricht von Frau Netzler bekommen habe."

„Sie meinen die Ehefrau von Jürgen Netzler, nicht die Mutter?"

„Genau. Die Lisa. Sie schreibt mir normalerweise abends, wann ich am nächsten Tag zur Arbeit kommen muss. Ihr Dienstplan ändert sich ständig und mir ist es egal: Herr Netzler ist zurzeit mein einziger Patient. Am Dienstag hat sich Frau Netzler nicht gemeldet. Ich bin heute Morgen in die Firma gefahren – dort hat Lisa auch nicht angerufen. Also bin ich hierhergekommen. Die Tür war nicht wie üblich zwei Mal abgeschlossen, nur zugezogen."

„Ich nehme an, Sie besitzen einen Hausschlüssel." Sauter schaute sie direkt an.

Schon beim Betreten des Hauses hat sich Sauter die Eingangstür genauer angeschaut. Hier hat der Architekt eindeutig gespart. Das kleine ovale Fenster auf der Augenhöhe war mit dünner Scheibe verglast, sodass es ohne große Anstrengung möglich wäre, von draußen mit einem einfachen Glasschneider eine Öffnung zu schaffen und mit durchgestreckter Hand die Türklinke auf der Innenseite runterzudrücken. Vielleicht auch den Schlüssel von der Fensterbank oder vom Schlüsselbrett zu fischen, das rechts in der Ecke angebracht und leicht erreichbar war.

„Frau Schiller, das war eine Frage. Besitzen Sie einen Schlüssel?"

„Klar. Noch einer ist für den Notfall in der Firma hinterlegt. Ich habe gleich gemerkt, dass irgendwas nicht stimmt. Alleine die abgestandene Luft! Die Rollladen waren unten – so wie ich das Haus am Dienstag um zwei verlassen habe, so stand es da. Als Erstes habe ich meinem Patienten zu trinken gegeben. Die Rollladen hochgeschoben."

„Was hat er eigentlich?"

„Querschnittgelähmt."

„Und? Was heißt das?" Sauter wurde ungeduldig.

„Ich weiß nur von einem Unfall im letzten Sommer im Urlaub. Danach war er drei Monate im Krankenhaus, seitdem hier, zu Hause. Für Lisa kommt es nicht in Frage, ihn ins Heim abzugeben." Tamara machte eine Pause. „Das Knochenmark ist eigentlich an der Stelle zertrennt, die ab dem Brustkorb bis zu den Füßen die Lähmung verursacht. Beim Jürgen funktionieren auch die Hände nicht. Ärzte haben gemeint, dass die Funktonalität der Arme zurückkommen könnte, aber die Hoffnung war vergebens. Auch seine Stimme wird immer schwächer – die Muskeln bauen ab. In den ersten Monaten hat noch ein Physiotherapeut mit ihm regelmäßig geübt, aber bald wollte Jürgen das nicht mehr."

„Wie sind Sie überhaupt ins Haus gekommen?" Plötzlich änderte der Kommissar die Richtung. Unter den Kollegen war er dafür bekannt – er stellte auf einmal Fragen, die auf den ersten Blick nichts mit der aktuellen Sache zu tun haben. Die ihn aber oft auf den Lösungspfad brachten.

„Wie meinen Sie das? Ich verstehe nicht..."

„Wieso hat der Arbeitgeber ausgerechnet Ihnen diesen Patienten zugeordnet?"

„Weil... Ich habe selber darum gebeten."

„Würden Sie es genauer erklären?"

„Ich habe ja früher auf der Intensivstation im städtischen Krankenhaus gearbeitet. Meistens komplizierte Fälle. Im ambulanten Pflegedienst haben wir gerade das Gegenteil. Die meisten Leute sind wegen Altersgebrechlichkeit unsere Patienten. Für mich als Fachkrankenschwester war das schon eine Umstellung. Deswegen habe ich mich gemeldet, als ich mitbekommen habe, dass Frau Netzler mit APA den Vertrag über die Pflege ihres querschnittgelähmten Mannes abgeschlossen hat."

„APA? Was ist das?"

„Der Firmenname. Ambulanter Pflegedienst Arnold."

Sauter notierte es in seinem Block.

„Wieso sind Sie aus dem Krankenhaus gegangen? Gab es irgendwelche Vorfälle? Haben Sie selber gekündigt oder wurde Ihnen gekündigt?"

Diese Mehrfragenmethode brachte Tamara endgültig durcheinander. Die ersten Schweißperlen traten auf ihrer Stirn auf. Hoffentlich wird der Hauptkommissar es auf die warme Innenluft zurückführen.

„Eigentlich nicht", stotterte sie. „Also, mir wurde nicht gekündigt. Ich bin selber gegangen. Weil es mit dem Alter immer schwieriger geworden war. Ich meine nicht nur die Belastung, wobei auch die eine Rolle spielte. Der ständige Rhythmuswechsel: Nachtschicht, Spät-, Früh-, Spät-, Nacht... Auch wenn ich frei hatte, wurde ich oft angerufen mit der Bitte einzuspringen. Deswegen kam es zu Reibereien mit meinem Mann, der als Busfahrer auch nicht gerade den familienfreundlichen Dienstplan hat."

„Sie haben sich nicht zu den Vorfällen geäußert", hakte Sauter nach.

„Ich weiß nicht, was Sie mit ‚Vorfällen' meinen. Auf der Intensivstation passiert immer was. Wir hatten in der Klinik auf zwei Intensivstationen – auf der operativen und der medizinischen – im Durchschnitt mehr als einen verstorbenen Patienten pro Tag. Da fühlten sich schon einige Angehörige nicht korrekt behandelt, genauer, dass die Verstorbenen falsch betreut wurden. Es ist mehrmals vorgekommen, dass eine aufgebrachte Witwe oder ein Jurastundent-Söhnchen sich beschwert hat."

„In solchen Fällen müsste es doch interne Ermittlungen geben."

„Das stimmt. Manchmal hakt auch der MDK nach."

„MDK?"

„Medizinischer Dienst der Krankenkassen. Wobei es dem vor allem um das Geld geht. Für die Intensivbehandlung gibt es Zuschläge, da prüft der MDK, ob korrekt abgerechnet wurde. Dabei werden manchmal auch Fragen zu Behandlungsmethoden gestellt."

Sauter schaute in seinem Block nach.

„Zurück zu internen Ermittlungen. Waren Sie auch davon betroffen?"

„Ja. Ich weiß nicht mehr, wie oft, aber ja, ich wurde auch befragt beziehungsweise musste die Dokumentation anliefern."

Wieder schlug der Kommissar seinen Block auf. Jetzt schrieb er deutlich länger.

Der Schweiß lief Tamara den Rücken runter.

„Haben Sie jemanden gesehen heute Morgen?", der Polizist wechselte abrupt das Thema.

„Nur den Nachbarn im Garten, als ich den Rollladen hochgefahren habe. Er winkte mir zu, aber ich hatte keine Zeit für ihn. Und dann kam Jürgens Mutter. Sie hat mir erzählt, dass Lisa, also Frau Netzler, Jürgens Ehefrau, die letzte Nacht im Krankenhaus war und heute Morgen in die Fachklinik verlegt wurde."

Sauters Diensthandy klingelte. Er entschuldigte sich und ging ins Treppenhaus. Doktor Schmiedel war dran.

„Der Kollege aus der Fachklinik hat die Leiche angeschaut, genauer gesagt die Stichstelle. Er ist sich ziemlich sicher, dass es ein Bienen- beziehungsweise ein Wespenstich ist. Eher Bienenstich, da noch Stachelreste in der Wunde waren. Das erklärt unter Umständen die Atemnot, falls der Mann allergisch war. Wir haben nochmal Blutproben ins

Labor geschickt, der Kollege geht aber davon aus, dass entsprechende Antikörper nachgewiesen werden."

„Der ist mir etwas zu schnell mit seinen Ausführungen."

„Das wären Sie auch, Sauter. Denn – halten Sie sich fest – Timo Kleiber war höchstwahrscheinlich Patient in der Fachklinik. Der Kollege wird es überprüfen, aber geht schon jetzt davon aus, dass es tatsächlich so war. Der Getötete hatte ja nicht gerade die gewöhnliche Statur – alleine seine Größe wirkte auffallend."

„Halten Sie mich auf dem Laufenden, Doktor. Danke."

Zurück in der Küche, stellte Sauter gleich die nächste Frage.

„Frau Schiller, was ist eigentlich mit Frau Netzler, ich meine, mit Lisa Netzler passiert?"

„Ich habe nur mitbekommen, dass sie gestern kollabiert ist. Ihre Schwiegermutter hat sich nicht mehr gemeldet, also habe ich keine näheren Informationen. Sie hat noch ihren Enkelsohn angerufen – der ist in Italien im Urlaub. Der muss heute zurückkommen, dann weiß ich vielleicht mehr."

Sauter machte einen Vermerk in seinem Block.

„Denken Sie bitte nach. Ist Ihnen eventuell doch was aufgefallen? Ein verschobenes Möbelstück, fremde Schuhe, irgendwas?"

„Wie gesagt, die Tür war nicht verschlossen …"

Tamara erinnerte sich wieder an das Pflegebett und die angehobene Bettlehne. Sauter spürte ihre Unentschlossenheit.

„Auch wenn Sie sich nicht ganz sicher sind." Sauter ließ nicht locker. Immerhin war Tamara die einzige Person, die im Haus war, bevor Jürgens Mutter aufgekreuzt ist. Abgesehen vom Jürgen selbst, versteht sich.

„Das bin ich eben, nicht sicher. Am Dienstag, also gestern, ehe ich gegangen bin, habe ich die Kopflehne am Bett", Tamara zeigte mit dem Kopf Richtung Schlafecke, „auf die unterste Stufe gestellt, damit Jürgen seinen Mittagsschlaf machen kann. Heute Morgen war die Kopflehne in Position eins, also etwas höher. Theoretisch hätte ein Gegenstand auf die Steuerung fallen können, ist eher unwahrscheinlich. Vielleicht habe ich einfach vergessen, das Kopfteil runterzufahren. Die meisten Sachen mach ich ja automatisch, da weiß ich selber manchmal nicht, wann ich diese erledigt hab."

Der Notizblock bekam noch einen Eintrag.

„Ist das alles?" Jetzt schaute Sauter der Pflegerin direkt in die Augen.

Tamara zuckte mit den Schultern. „Ich glaube schon."

„Da bin ich aber anderer Meinung." Sauter schlug seinen Block zu.

6
Vor sechs Monaten

Drei Monate hatte Lisa auf den Termin in der Lungenklinik gewartet. In anderer Lebenslage wären es drei Monate Warten und Bangen gewesen. In Lisas aktueller Situation, in der ein Tag dem anderen glich und trotzdem schnell verflog, war die Wartezeit in den Hintergrund geraten.

Ihr Tagesablauf war bis zur letzten Minute verplant gewesen. Wenn sie Frühdienst hatte, der um sieben Uhr begann, stand sie Viertel nach fünf auf, duschte, machte Frühstück für sich und Jürgen, bereitete Medikamente für ihn vor. Weckte ihn aber nicht. Tamara kam dann um acht und erledigte den morgendlichen Kram: fütterte ihn, wechselte die Windel, versorgte die geröteten Stellen am Körper, lüftete den Raum, schaltete ihm das Tablet ein. Wenn es notwendig war, auch das Atemgerät.

Der Zeitplan in diesen Monaten hatte immer gleich ausgesehen. Um zwanzig vor sieben verließ Lisa das Haus. Um diese Uhrzeit war kaum Verkehr auf den Straßen und sie brauchte nur zehn Minuten bis zur Klinik. Kurz vor sieben stempelte sie ein und fuhr den Computer hoch – noch bevor der Chefarzt erschien. Mittags um zwölf schaltete sie den Rechner aus – sie teilte den PC mit keiner Kollegin, da der Chef großen Wert darauf legte, dass nur eine Person Zugriff auf die Maschine hatte, auf dem seine Privatpatienten dokumentiert werden. Lisa versuchte ihm mehrmals zu erklären, dass die Daten nicht auf diesem Rechner lagen, sondern zentral auf einem Server gespeichert werden, aber der Chef war nicht zu überreden. Wo er auch nicht ganz unrecht hatte. Denn einmal hatte die Sekretärin zufällig im lokalen temporären Verzeichnis des Computers Kopien von echten Briefen und Befunden entdeckt – ein Systemfehler verhinderte, dass die Daten – wie sonst üblich – nach dem Beenden des jeweiligen Programms automatisch aus diesem Temp-Verzeichnis getilgt wurden.

Wenn Lisa den Neun-Uhr-Dienst hatte, stellte sie den Wecker trotzdem auf Viertel nach fünf. Erledigte wie sonst den üblichen Haushalt, weckte Jürgen, wusch und fütterte ihn. Tamara kam dann erst um elf und blieb bis zwei.

Am Vorabend bereitete Lisa gewöhnlich alles fürs Mittagessen vor, was immer schwieriger wurde. Jürgen konnte nach dem Unfall nicht alles essen, später kamen noch Schluckstörungen dazu.

Auch ihre Anziehsachen für den nächsten Tag hängte sie schon abends auf das Treppengeländer – eine Bluse und einen Slip, eine Hose oder einen Rock, Strümpfe oder Socken, eine Jacke oder den Mantel, damit sie morgens keine Minute ihrer Zeit für das Zusammenstellen der Garderobe verschenken musste. Sie dachte oft an den Wissenschaftler aus einem Thriller-Film, der im Kleiderschrank zehn gleiche – bis zum letzten Detail – Anzüge hängen hatte, damit er morgens keine Sekunde, keinen Volt seiner Hirnenergie für den Gedanken verschwenden musste, was er denn anziehen sollte.

Für den Allergietest vor einem halben Jahr in der Fachklinik hatte Lisa den ganzen Tag freigenommen, wenn auch der Termin erst um halb elf gewesen war. Sie stand pünktlich vor der Glastür der Ambulanz. Durch die Scheibe sah sie, dass ein Patient schon drinnen war, setzte sich aber nicht.

Ein Arzt kam um die Ecke. Öffnete die Tür und drehte sich zu ihr um.

„Sie dürfen rein."

Lisa betrat den Raum. Rechts am zweiten Tisch saß noch eine Dame, die sie durch die Scheibe nicht gesehen hatte.

„Ich komme zum Allergietest. Habe um zehn Uhr dreißig einen Termin." Lisa blieb vor dem Tisch stehen.

Die junge Dame schaute hoch: „Hm ... Heute? Ich meine, haben Sie den Termin heute?"

„Ja, um halb elf."

„Hm ... heute haben wir, sozusagen, Männertag. Wie ist Ihr Name?"

„Netzler."

„Hm ... Und der Vorname?"

„Lisa. Lisa Netzler."

„Hm ... Ich habe hier tatsächlich einen Termin für Netzler, aber für einen Linas Netzler."

„Es muss ein Missverständnis sein."

„Ich kann es nicht ändern. Hm ... Vielleicht hat Ihr Mann den Termin für Sie ausgemacht."

Bei Erwähnung ihres Mannes lief Lisa rot an.

„Ist es denn ein Problem, wenn ich an einem sogenannten Männertag behandelt werde?"

„Es ist tatsächlich ein Problem. Sie müssen sich halt zusammen mit Männern in einem Raum ausziehen. Nicht ganz, aber immerhin."

Lisa war den Tränen nahe. Sie hatte akribisch diesen Tag geplant – zu Hause, im Geschäft – und jetzt das hier.

Die junge Dame hinter dem breiten Tisch bewegte das nicht.

„Frau Mulzer, machen Sie die Unterlagen für die Frau Netzler fertig. Wir werden doch einen Raumteiler finden können, oder?" Der Arzt, der die ganze Zeit am Faxgerät rumhantiert hatte, wies die Sekretärin zurecht.

Frau Mulzer, der Macht enthoben, schob Lisa ein Formular rüber.

„Füllen Sie das aus und warten Sie im Vorraum. Ich nehme an, Sie haben was zum Schreiben dabei."

Lisa war mit dem Ausfüllen des Formulars noch nicht fertig, da hatte der Arzt sie schon aufgerufen.

Doktor Gruber, der ihr eben den Tag gerettet hatte, überflog kurz das Formular und kam gleich zur Sache.

„Wieso meinen Sie, dass Sie von einer Wespe gestochen wurden?"

„Da kein Stachel im Oberarm war, meinte mein Hausarzt, das wäre eine Wespe."

„Das werden wir sehen", er drückte ihr einen Laufzettel in die Hand. „Sie gehen jetzt zur Blutabnahme – das Labor ist links um die Ecke. Und dann in den Untersuchungsraum gegenüber. Wir werden zwei Tests machen."

Der Ablauf war perfekt getaktet. Die Laborantin hatte ihr Blut abgezapft. Kaum hatte sich Lisa im Warteraum vor dem Allergietestlabor auf dem gepolsterten Stuhl bequem gemacht, wurde sie schon hineingebeten.

Die Frau Miller – eine nette gesprächige Laborantin um die fünfzig, schlank und wendig – führte sie in eine Ecke.

„Machen Sie einen Arm frei. Ich werde zuerst mit dem Bleistift auf Ihrem Unterarm vierzehn Stellen markieren. Dann pikst es ein bisschen – ich werde Wespen- und Bienengift in unterschiedlichen Konzentrationen, sozusagen, einpiksen. Sie bleiben dann zehn Minuten sitzen. Danach lese ich die Ergebnisse ab."

Frau Miller kannte sich in ihrem Job aus – das hätte auch ein Außenstehender gesehen. Gekonnt, ohne Hektik, nahm sie aus einer Box die kleinen Nadeln und stach damit in die vormarkierten Stellen.

„Ach ja, wenn wir schon dabei sind, dann nehmen wir doch gleich die Milben und Gräser mit. Ich meine, wir machen auch die zwei Tests noch. So, Sie bleiben jetzt zehn Minuten sitzen." Die Laborantin verließ den Raum.

Lisa schaute auf ihren Unterarm und beobachtete, wie die Einstichstellen sich veränderten. An einigen wenigen waren nur winzige Rötungen zu erkennen, dabei schwollen vier davon richtig an.

„Dann wollen wir mal gucken." Frau Miller war wieder zurück.

Sie las die Maße von Lisas Unterarm ab und trug sie in eine Liste ein. Lisa erfasste aus Augenwinkeln, dass ein Wert deutlich höher als die anderen war.

„So ... Jetzt warten Sie bitte, Frau Netzler, draußen. Wir müssen den Raum für den zweiten entscheidenden Test umbauen. Dabei wird Ihnen ein Mittel in die Schulterblätter gespritzt. Das darf nur der Doktor machen."

Kaum hatte Lisa eine Zeitschrift aufgeschlagen und das Inhaltsverzeichnis überflogen, wurde sie wieder in den Behandlungsraum gebeten. Am Fenster mit dem Rücken zur Tür – mit nackten Rücken – saßen vier Männer. Die linke Ecke war durch einen Raumteiler abgetrennt.

„Hierher bitte, Frau Netzler", die Frau Miller führte sie hinter die Schirme, „machen Sie sich oben frei. Den BH müssen Sie nicht ganz ausziehen, nur die Schultern freimachen."

Sie schob einen Wagen mit fünf kleinen blauen Boxen ans Fenster, in jeder lagen fünf Spritzen. Mit dem Bleistift markierte sie fünf Stellen auf Lisas Schultern. Dann waren die vier Männer dran.

„Der Doktor wir Ihnen jetzt das Mittel spritzen", sagte sie laut, damit alle fünf es mitbekamen, „Sie bleiben zehn Minuten sitzen. Danach werde ich die Ergebnisse ablesen."

Sie griff zum Telefon. „Herr Gruber, wir wären so weit."

Keine Minute später stand Doktor Gruber hinter Lisa und stach im Fünfsekundentakt in den Rücken. Eins – zwei – drei – vier – fünf, zählte sie mit.

Lisa fühlte sich nicht ganz wohl – mit dem nackten Oberkörper unter den Männern – und begann leicht zu frösteln. Doktor Gruber war genauso schnell mit dem ersten männlichen Patienten fertig und nahm sich des nächsten an.

Der Raumteiler war nicht besonders hoch, genau auf der Augenhöhe. Lisa drehte den Kopf nach rechts. Und sah das Profil, das sie sofort wiedererkannte. Der Mann stach deutlich aus der Menge raus. Kein Wunder – mit seinen zwei Metern, vielleicht waren es auch mehr, überragte er die anderen Patienten. Seine proportionale Nase, wie bei alten Griechen aus der Mythologie, umrandet von flachen Wangen und vollen Lippen, unterstrich das attraktive Gesicht. Timo Kleiber.

Wie lange war das jetzt her, als sie ihn das letzte Mal gesehen hatte? Mindestens fünf Jahre.

Jürgen hatte ihr seinen neuen Bekannten Timo vorgestellt. Sie hatten ihn mit Ehefrau und jüngstem Sohn beim Ausflug zum Bodensee getroffen. Ihr Mann besuchte damals – wann war das? Vor zehn Jahren? – einen Wochenendkurs bei der Industrie- und Handelskammer und erzählte Lisa, dass in der Gruppe lauter Spinner und Wichtigtuer waren. Außer einem. Mit ihm verbrachte er die Pausen, ging zum Mittagessen. Das war Timo.

Die beiden Familien waren damals zusammen an der Seepromenade spazieren gegangen; später belagerten sie eine schattige Ecke im Eiscafé. Timos Sprössling war im gleichen Alter wie Thomas – Lisas einziger Sohn. Die beiden fanden sofort eine Gemeinsamkeit und tauschten ihre Sticker aus – bunte laminierte Karten mit verschiedener Stärke und Durchschlagskraft, so was Ähnliches.

Lisa konnte ihren Blick vom neuen Bekannten nicht losreißen. Er war kein Schönling; in jeder seiner Bewegungen aber steckte viel Eleganz, Witz und Selbstbewusstsein – das, was sie sich oft von ihrem Mann gewünscht hatte. Bettina, Timos Frau, war nicht gerade Lisas Geschmack, vor allem, wenn sie beim Reden ein Stück Kuchen in den Mund stopfte. Lisa genoss die Runde. Ein unbekanntprickelndes Gefühl breitete sich in ihr aus. Nicht dass sie sich verliebt hatte. Nein. Sie liebte ihren Mann über alles. Timo zog sie auf eine besondere Art an, für die sie noch keinen Begriff gefunden hatte.

Sie hatten sich danach öfters getroffen; es folgten gegenseitige Besuche und Einladungen zu Geburtstagen. Auf Timos silberner Hochzeit lud er sie zum Tanzen ein; sie hatte das Gefühl, die drei, vier Minuten waren in einem Augenblick aufgegangen. Sie konnte ewig mit ihm reden. Er gab ihr das Gefühl, eine besondere Frau zu sein – eine attraktive, begehrte, gleichberechtigte Frau. So wie Jürgen vor zweiundzwanzig Jahren.

Ihre Familienzusammenkünfte waren immer seltener geworden, nachdem Timo eins nach dem anderen drei Enkelkinder bekam. Sie trafen sich eher aus Gewohnheit, sodass Lisa das Gefühl nicht loswurde, ihre Freunde würden sich dazu zwingen. Jürgen, als sie ihm ihr Empfinden geschildert hatte, bestätigte ihr das.

Und jetzt waren fünf Jahre vorüber. In denen so viel passiert war.

Die ganze Zeit schaute Lisa zu Timo rüber. Das ungemütliche Gefühl, alleine halbnackt unter den Herren zu sitzen, war einem anderen gewichen. Sie wünschte sich, Timo, der an der anderen Wand saß, würde aufstehen und über die Trennwand einen genauen Blick auf sie werfen – auf ihre nackten Schultern, auf den im BH versteckten Busen, auf den flachen Bauch, auf die vom letzten Sommer übrig gebliebene Bräune.

Frau Miller betrat den Raum und verkündete mit ihrer fröhlichen Stimme:

„So, jetzt kommt die Stunde der Wahrheit. Wir fangen mit der Dame an."

Sie nahm ein Lineal, legte es an den Einstichstellen an und trug die Werte in das Formular ein.

„Sie können sich anziehen, Frau Netzler. Gehen Sie rüber ins Wartezimmer, Doktor Gruber wird mit Ihnen das Ergebnis besprechen."

Hat er meinen Namen gehört? Wenn auch, was dann? Gibt es wenig Netzlers?

Sie ging in den leeren Warteraum. Bald trudelten einer nach dem anderen die Männer ein. Timo kam als Letzter.

Er erkannte sie sofort, lief zu ihr; sie streckte ihm die Hand aus, er bückte sich aber und gab ihr einen Kuss auf die Wange. Typisch Timo.

„Hallo, Lisa. Du hier? Mögen dich die Viecher auch? Kein Wunder, bei dieser Süße?"

„Sieht so aus. Gleich weiß ich mehr. Und du?"

„Bienenstich. Letzten Sommer. Gut, dass Bettina sofort den Notarzt geholt hat, sonst... Ich habe ja mit meinen zweiundfünfzig genug gelebt, aber die Kinder und Enkel halt..."

Timo war schon immer aufopferungsvoll, wenn es um seine Kinder ging. Er unterstützte seine zwei Söhne und die Tochter in allen Angelegenheiten, auch finanziell – dabei ging es nicht nur um ein paar Hundert Euros; auch die Kosten für die teuren Anschaffungen wie Autos und Einbauküchen übernahm er.

Eine Pause mischte sich ein.

Lisa spürte, dass Timo was auf der Seele brannte.

„Das mit Jürgen... Es tut mir leid." Er sprach langsam und leise.

„Muss es dir nicht."

„Ich meine, nicht das, was mit ihm passiert ist... Wobei, das auch. Ich wollte ihn schon lange mal besuchen, aber..."

Irgendwas bedrückte Timo.

Er wollte noch was hinzufügen, als Doktor Gruber den Kopf ins Wartezimmer steckte.

„Frau Netzler."

Lisa erhob sich.

„Wir telefonieren. Oder, Lisa?" Timo küsste sie wieder auf die Wange.

„Okay, mach's gut."

Langsam folgte Lisa dem Doktor und spürte, wie ihre schlanke Figur von begehrenden Röntgen-Blicken aufgefressen wurde. Hoffentlich war auch Timos Blick unten durchleuchtenden Strahlen, wünschte sie sich. Zum ersten Mal seit Monaten machte sie sich Gedanken über ihr Outfit. Und stellte mit Genugtuung fest, dass sie gerade heute ihre sündhaft teuren Jeans anhatte, in der ihre langen Beine den Eindruck erweckten, sie würden ihren Ursprung deutlich oberhalb der Hüften haben.

„Wieso meinen Sie, Sie wurden von einer Wespe gestochen, Frau Netzler?" Doktor Gruber kam gleich zur Sache.

„Wie gesagt, der Hausarzt meinte, es war eine Wespe, weil kein Stachel in der Stichstelle steckte."

Gruber grinste.

„Sie haben eine ausgeprägte Bienenstichallergie, Frau Netzler."

„Das heißt?"

„Ich sehe nur eine Möglichkeit. Hyposensibilisierung. Das bedeutet, Ihnen wird Bienengift gespritzt, zunächst in kleineren Dosen, dann in immer größeren. Drei Jahre lang."

„Wenn es nichts anderes gibt … Irgendwas muss ich ja machen."

„Wie schlimm es auch klingt, das nächste Mal könnte auch das letzte für Sie werden."

Der Doktor schob die Blätter auf dem Tisch zusammen und tippte mit zwei Fingern auf den Computerbildschirm.

„Gut. Der Ablauf ist folgender. Sie müssen für eine Woche bei uns stationär aufgenommen werden. Danach werden Sie einmal im Monat kommen müssen."

Beim Wort „stationär" klemmte es in Lisas Brust. Das würde bedeuten, dass sie die ganze Woche, auch nachts, hier wäre. Und Jürgen? Wer wird sich um ihn kümmern?

„Gehen Sie jetzt in die Patientenaufnahme", fuhr Gruber fort. „Dort machen Sie den Aufnahmetermin aus."

Als er den unschlüssigen Ausdruck auf Lisas Gesicht bemerkte, fügte er hinzu:

„Sie können sich einen Termin geben lassen und ihn später verschieben. Falls Sie jetzt nicht wissen, ob es Ihnen passen würde."

Lisa war sichtlich schockiert gewesen von der Erkenntnis, dass sie sieben Tage nicht zu Hause sein wird. Sie lief am Warteraum vorbei, winkte instinktiv Timo zu. Plötzlich hellte sich ihre Stimmung auf: Es könnte doch sein, dass Timo auch stationär aufgenommen wird. Vielleicht in derselben Woche wie sie.

7
Mittwoch

Die ganze Aufregung, die Vernehmung, die drückende Stille im Haus, in dem vor wenigen Stunden noch ein Toter im Bad saß, die zweite Befragung durch den Kommissar Sauter. Die Ungewissheit, wie es weitergehen wird. Tamara war erschöpft. Ihr Chef in der Pflegeambulanz hat sich aus der Geschichte rausgehalten: „Machen Sie das, was Sie für richtig halten, Frau Schiller. Aber mehr Stunden als im Vertrag vereinbart können Sie nicht abrechnen."

Sie entschied sich zu warten, bis Lisas und Jürgens Sohn Thomas aus Italien zurückkehrte. Er wohnte zwar nicht bei den Eltern, würde aber wenigstens klären, was mit der Mutter los war, und Vaters Betreuung organisieren.

Nach dem Gespräch mit der Krankenpflegerin hat Sauter seinerseits noch einige Telefonate geführt. Er versuchte Jürgens Mutter zu erreichen, aber die war immer noch nicht ansprechbar. Als Nächstes bat er die Dienststelle rauszufinden, in welcher Klinik Lisa Netzler untergebracht war und ob sie vernehmungsfähig war. Danach ließ er sich mit dem Arzt verbinden, der in der Notaufnahme Dienst hatte, als der Rettungswagen Lisa in die Klinik brachte, der stand aber gerade am Operationstisch.

Der Hauptkommissar schaute hinter die Trennwand, die das Wohnzimmer in zwei Räume teilte. Nach dem gemütlichen Schlafzimmer eine Etage höher war diese Notunterkunft mit Trauer und Hoffnungslosigkeit vollgesaugt. Zu steril und zu funktionell erschien die Behausung.

Tamara hatte einen Kaffee gemacht und reichte ihn Jürgen, der mit einem Strohhalm aus der kleinen Tasse schlürfte.

„Wieso hat man hier diesen Zusatzraum geschaffen, wenn die Einliegerwohnung leer steht?" Sauter zeigte auf die Tür zum hinteren Bereich. „Da wohnt doch niemand oder täusche ich mich?"

Vorsichtig stellte Tamara die Kaffeetasse auf den Tisch.

„Als Jürgen aus dem Krankenhaus entlassen wurde, war die Wohnung vermietet, wenn auch Lisa den Vertrag wegen Eigenbedarf gekündigt hat. Erst Wochen später ist sie frei geworden. Dann wurde diese Verbindungstür ausgeschnitten, seitdem kann man das Badezimmer hier unten nutzen."

Sauter richtete seinen Blick auf Jürgen und traf auf ein einmaliges scharfes Augenspiel. Das, was der Kranke nicht imstande war mit anderen Körperteilen mitzuteilen, spiegelte sich in seinen Augen wider. Sauter verstand, dass Jürgen die ganze Zeit ihn beobachtet und wahrscheinlich auch sein Gespräch mit Tamara mitgeschnitten hat, wenn seine Ohren genauso lebendig und aufnahmefähig wie die Augen waren.

„Können wir reden?" Sauter kam näher zum Bett.

Der gelähmte Mann nickte.

„Er spricht sehr leise. Außer Sie haben ein ausgezeichnetes Gehör", merkte Tamara an.

„Ich versuche es", meinte Sauter. „Herr Netzler, ist Ihnen gestern irgendwas aufgefallen? Haben Sie was gehört? So gegen Mittag – frühen Nachmittag."

Laut dem Obduktionsbericht war Timo Kleibers Tod am Dienstag zwischen vierzehn und sechzehn Uhr eingetreten.

Es entstand eine lange Pause. Sauter wollte den Kranken nicht drängen und trat einen Schritt zum Fenster. Der Garten war auffallend schön eingerichtet. Die Hecken und die Rosensträucher waren geschnitten, die Blumenbeete zeigten trotz anhaltender Hitze ihre volle Pracht. Im Unterschied zum Rasen auf dem Nachbargrundstück, der nur kleine grüne Inseln erhalten hat, wirkte das Gras auf Netzlers Wiese wie im Frühjahr – saftig und dunkelgrün. *Woher nimmt diese Frau, Lisa Netzler, die ganze Kraft?*, ging Sauter durch den Kopf. – *Oder gibt ihr gerade die Natur die Kraft?*

Auch Kraft zum Töten? – Er erschrak selber von diesem plötzlichen Gedanken.

Er erinnerte sich an seine Mutter, die nach einem Streit mit ihrem Ehemann oder einem unangenehmen Gespräch mit den Kindern, wenn sie mit einer schlechten Nachricht aus der Schule gekommen waren, in den Garten lief und in ihren Kräuterbeeten untertauchte. Wenn sie zurückkam, war sie wieder fröhlich und ausgeglichen.

Tatsächlich hat Jürgen das komplette Gespräch zwischen dem Kommissar und Tamara in der Küche mitbekommen. Die Fragen des Polizisten verstand er teilweise, die schrillen Worte der Krankenschwester erreichten jedoch seine sensiblen Ohren in ganzer Deutlichkeit. Auch ihre Antwort auf die Frage über seine Erkrankung. Unfall, Querschnittlähmung, Krankenhaus. Hätte er ein Gespür für das, was sich in seinem Brustkorb abspielte, hätte er in diesem Moment einen Stich im Herzbereich gefühlt.

*

Die Bilder des letzten Urlaubs schlupften in willkürlicher Reihenfolge in Jürgens Gehirn, das wiederum versuchte, diese korrekt einzuordnen. Die Szene aus der Abflughalle rutschte an die erste Stelle.

In bester Stimmung standen Lisa und er vor dem Monitor, der neben der geplanten Ankunftszeit das Wetter an ihrem Urlaubsziel Madeira anzeigte. Plus zweiundzwanzig Grad, sonnig. Ideales Wetter zum Wandern. Der erste Urlaub ohne den Sohn, der kein Liebhaber von Ausflügen war – deswegen hatte die Familie, seitdem Thomas in die Pubertätsphase eingetreten war, ihren Sommerurlaub vorwiegend am Meer verbracht. Jetzt, als er innerhalb von einem Jahr mit dem Studium begonnen hatte und eine feste Freundin hatte, buchten Lisa und Jürgen ihr langersehntes Urlaubsziel – die portugiesische Insel Madeira im Atlantischen Ozean nicht weit von der marokkanischen Küste. Ein Paradies für die Wanderer. Nicht kalt und nicht heiß. Üppige Vegetation, ausgebaute Infrastruktur.

Zu allem Glück hatten sie noch einen Flug vom Bodensee-Airport bekommen, der nur zwanzig Kilometer von ihrem Wohnort entfernt war und nichts von nervenraubender Hektik und geordnetem Chaos der großen Flughäfen hatte. Der Reiseanbieter ließ sie vom madeirischen Aeroporto mit dem Taxi ins Hotel bringen. Auch das Zimmer – zwei getrennte Räume, bunte Einrichtung, solide ausgestattete Kochecke, breiter Balkon mit malerischer Aussicht – trug zur besten Stimmung bei.

Entweder hatte Jürgen zu große Erwartungen in diese Woche auf Madeira gelegt oder war Lisa tatsächlich so zurückhaltend ihm gegenüber geworden? Schon am zweiten Tag, als sie von ihrer ersten Levada-Wanderung zurückgekehrt waren – es war früher Nachmittag –, wich sie seinen Liebkosungen aus. Sie wäre zu müde. Dabei hatte sie noch vor einer Stunde, nachdem Sie die Levada verlassen hatten, von dieser ausgeklügelten Ingenieurskunst geschwärmt. Entlang der Bewässerungskanäle, die das Wasser aus dem regenreicheren Norden in den trockenen Süden leiteten, schlängelte sich ein Fußweg, der über Täler und Brücken, Wälder und Plantagen führte. Alleine der betäubende Duft, der aus den Gärten stieg, brachte Lisa in Wallung. Sie meinte, sie könnte noch stundenlang weiterlaufen.

Um sich dann im Schlafzimmer hinter der Müdigkeit zu verstecken. Abends, als sie sich doch nahekamen, ließ sie ihn mit nicht gespielter Gleichgültigkeit zum Höhepunkt kommen. Selber aber hatte sie sich ungewöhnlich distanziert verhalten.

Der nächste Tag war eine Kopie vom Vorgänger. Sie waren zwar viel länger unterwegs, besuchten nach der Wanderung noch den Botanischen Garten, aßen ein Eis in der Hauptstadt Funchal. Als sie wieder im Hotel waren, schob Lisa dieses Mal ihre Müdigkeit zwar nicht vor. Blieb aber reserviert, übersprang das Vorspiel und wollte – den Eindruck hatte er – alles so schnell wie möglich hinter sich bringen. Er wollte aber nicht möglichst schnell ans Ziel, er wollte den Körper seiner Frau auskosten, die mit fünfundvierzig so anziehend geworden war wie noch nie, er wollte ihre Hände auf seinen Gliedern spüren. Noch mehr Befriedigung als vom eigenen Höhepunkt empfing er, wenn sie ihre Begeisterung aus sich rausstöhnte.

Letztendlich ließ er sich von ihr befriedigen, die Frustration zog aber ins Hotelzimmer ein. Etwas Erdrückendes hing in der Luft. Er hatte zunächst vor, sie drauf anzusprechen. Und wenn sie zugeben würde, dass er als Mann sie nicht mehr reizte oder dass ihr Körper von einem anderen bewundert wird? Noch vor einem Jahr, letzten Sommer auf Kreta – da war Thomas noch dabei –, zogen sie sich jeden Nachmittag für paar Stunden ins Apartment zurück und ließen sich von dem gegenseitigen Begehren versklaven. Allerdings musste er gestehen, dass alleine die Stimmung im Badeurlaub anders war. Das Gemisch aus Sonne und Luft, Meereswasser und Hautlotion, die Unbeschwertheit des Südens, die gebräunten Körper und viel nackte Haut heizten die Atmosphäre noch mehr auf.

Der dritte Tag auf Madeira, der für immer sein Leben veränderte, und nicht nur seins – sogar das Leben seiner Mutter, die sich eigentlich nur für sich interessierte –, hatte ganz gewöhnlich begonnen. Außer dass der Wind auf der Frühstücksterrasse viel stärker blies. Sie überlegten, mit ihren vollgeladenen Tabletts, auf denen sich allerlei Leckereien türmten, in den Innenraum zu gehen, aber die frische Luft war ihnen doch lieber. Nach der längeren Wanderroute gestern entschieden sie sich für die kleinste Levada der Insel. Die kleinste Levada erwies sich noch winziger als vermutet, sodass sie um zwölf Uhr wieder am Ausgangspunkt waren. Sie wollten so früh nicht ins Hotel zurück, und Lisa schlug vor, ins benachbarte Dorf zu laufen. Am Straßenkiosk schauten sie kurz zu, wie das originale madeirische Knoblauchbrot zubereitet wird, und kosteten es heiß vom Ofen – jeder eine Hälfte. Auf dem Weg ins Hotel bauten sie noch einen Schlenker in die Route ein und stiegen zu einem der wenigen Sandstrände der Insel ab. Von dort erblickten sie die gewaltige, vierzehn Meter hohe Statue von Christus in Garajau, stiegen nochmal den kurvigen Pfad hoch und wieder runter zum Obelisken.

Es war der heißeste Tag seit ihrer Ankunft auf der Insel – um die sechsundzwanzig Grad. Obwohl Jürgen sich morgens noch mit Sonnencreme eingerieben hatte, fing sein Nacken an zu brennen. Auch Lisas Arme – sie hatte ihre Softshelljacke abgelegt – zeigten die ansteigende Röte. Jürgen schlug vor, zurück zum Hotel zu laufen, in der Hoffnung, die verbleibenden Stunden mit Streicheleinheiten im Doppelbett auszufüllen.

„Wenn wir schon so früh zurück sind, können wir ins Schwimmbad gehen." Lisa hatte andere Pläne. Als ob sie Angst hätte, mit ihm alleine zu bleiben. Die Enttäuschung in seinem Blick lesend, fügte sie hinzu:

„Nur kurz. Der Pool im Untergeschoss ist grandios."

Sie zogen sich im Zimmer um, dabei versteckte sich Lisa hinter der offenen Schranktür.

Bilde ich mir was ein oder weicht sie mir tatsächlich aus? Jürgen wurde immer unsicherer.

Als Lisa die Beine abwechselnd hob, um ins Bikinihöschen zu schlüpfen, und den Po nach hinten schob, erspähte er den Übergang von sonnengebräunten Oberschenkeln zu cremeweißen Pobacken. Dieser Anblick – weißer Streifen auf dunkler Haut – brachte ihn schon immer aus der Fassung. Er machte die Schranktür zu und schmiegte sich von hinten an sie. Lisa hatte zwar das Höschen an. Er spürte trotzdem die volle Sanftheit ihrer Haut, auch die Knackigkeit ihrer Brüste, die sie noch nicht im Bikini verstaute. Jürgen drückte seine Härte zwischen ihre zwei Hälften – auch durch den Stoff fühlte er die Anspannung in ihrem Körper.

„Lass es", sie schlug seine Hände weg. „Du denkst nur ans Eine. Wir wollten doch schwimmen gehen."

„Du wolltest. Wir können auch danach gehen."

„Danach schläfst du gleich ein."

War das ein Vorwurf?

Er warf seinen Bademantel über, schnappte das Saunatuch, wartete kurz, bis sie fertig war, und rannte die Treppe runter.

„Ich fahre mit dem Aufzug", rief sie ihm nach. „Wir treffen uns unten."

„Warte nicht auf mich. Ich gehe in die Sauna", gab er mürrisch zurück.

Keine zehn Minuten hatte er in der Schwitzkabine ausgehalten. Die innere Unruhe wollte nicht der Entspannung weichen, die ihn üblicherweise beim Saunieren umhüllte. Im Ruheraum blätterte er unkonzentriert in einer Zeitschrift. Nach einer Viertelstunde lief er wieder Richtung Sauna, überlegte es sich anders und setzte sich ins Dampfbad. Auch dort fand er keine Ruhe.

Aufgewühlt lief Jürgen zum Badebereich. Im Pool entdeckte er sofort unter Dutzenden Badegästen den rosaroten Bikini seiner Frau und winkte ihr zu. Er gab ihr ein Zeichen, dass er aufs Zimmer gehen wird. Sie streckte die Hand hoch. *Noch fünf Minuten,* sollte es heißen.

Jürgen duschte, schlüpfte in die trockene Badehose und sprintete die Treppen hoch ins Zimmer. Er machte die Balkontür auf, legte sich aufs Bett und versuchte den Blick auf den tobenden Ozean zu genießen.

An der Tür piepste es. Lisa lief gleich auf den Balkon, hängte ihren Bikini auf den Trockner. Sie kam ins Schlafzimmer, lehnte die Balkontür an und zog die Jalousien runter. Aus den Augenwinkeln sah Jürgen, wie seine Frau den Mantel abstreifte und sich auf die Bettkante setzte. Er stützte sich auf die Ellenbogen, sie schubste ihn zurück auf den Rücken, setzte sich auf ihn, fischte seinen Stab aus der Badehose und wollte ihn in ihre Spalte einführen. Das gelang ihr nicht sofort, so unvorbereitet, wie sie war.

Jürgen führte ihre Hand zu Seite.

„Lass uns doch Zeit. Wir haben noch zwei Stunden bis zum Abendessen."

Er küsste sie auf die Lippen, auf den Hals, was sie normalerweise zum Zittern brachte. Sie erwiderte seine Liebkosungen, aber reagierte nicht so richtig drauf.

„Sag mal, ist was passiert?" Jürgen setzte sich hin.

„Nein, wieso?"

„Du wirkst irgendwie abwesend, kalt."

„Ist nicht gerade heiß auf der Insel." Lisa versuchte zu scherzen.

„Ich meine es anders."

„Du bekommst doch deinen Spaß."

„Ich will mit dir zusammen Spaß haben. Und nicht einfach rauf – rein – raus – runter."

„Wie du willst."

Wütend sprang Jürgen auf und lief – so wie er war, in Badehose – aus dem Zimmer. Sprintete vier Stockwerke runter ins Untergeschoss und sprang in den Pool. Das Wasser war zu warm, um seinen dampfenden Kopf abzukühlen. Er rutschte unter dem biegsamen Plastikvorhang in den Außenbereich, in dem kaum ein Fleck frei war, hievte sich am Beckenrand hoch und hüpfte zum zweiten Außenpool. Auch der war von Gästen belagert. Jürgen brauchte aber ein paar richtige Schwimmrunden, um das Flattern in seinem Inneren zu stoppen.

Von oben schaute er auf die Klippen unten am Ufer und erinnerte sich daran, dass er heute Morgen während des Frühstücks mehrere Leute beobachtet hatte, als sie in die Wellen tauchten. Genau das brauchte er jetzt – kalte tobende Wellen. Er rannte die blau gestrichenen, im Fels ausgeschlagenen Stufen runter und sprang sofort ins Wasser. Das Letzte, was er spürte, war ein brechender Schmerz zwischen den Schulterblättern, als ob eine Kreissäge den Rücken zertrennte.

*

Der Lärm war ohrenbetäubend, er wurde immer unerträglicher. Als ob jemand direkt an seinen Ohren den Benzinrasenmäher startete. Er wollte die Ohren mit den Händen zuhalten, aber die Hirnzentrale ignorierte seine Befehle. Er versuchte sich vom Lärm zu entfernen – die Beine folgten ihm nicht. Er drehte den Kopf nach links – sein Hals reagierte mit schmerzhaftem Zittern.

Das Donnern in seinem Kopf wurde erträglicher.

„Ich glaube, er wacht auf", eine gedämpfte Stimme, als ob jemand in ein Rohr sprach, wehte zu ihm rüber.

Jürgen versuchte die Augen zu öffnen. Es verlangte gewaltige Mühe von ihm. Ein kleiner Lichtstahl nutzte diesen Augenblick, um durch den schmalen Schlitz ins Innere durchzudringen. Anscheinend widerspiegelte sich die Anstrengung auf seinem Gesicht, was auch die Stimme aus dem Rohr wahrnahm.

„Hören Sie mich? Haben Sie Schmerzen?"

Nur Jürgens untere Lippe zuckte statt Antwort.

„Wenn Sie mich hören, nicken Sie."

Er nickte.

„Wenn Sie mich hören, nicken Sie bitte."

Habe ich doch. Er nickte nochmal.

„Ich glaube, das Kinn hat sich bewegt", das war jetzt eine andere Stimme, die ihre Laute etwas in die Länge zog und nicht so gedämpft klang. „Halten Sie die Spritze bereit, Kollege, nicht, dass er noch einen Schmerzschock erleidet."

„Ich glaube, er ist wieder weg." Das war die erste Stimme.

„Die Augenlider zucken immer schneller. Kann sein, dass er versucht, die Augen zu öffnen."

Der Lichtstrahl, der es geschafft hatte, zur Denkzentrale durchzuflutschen, wirbelte indessen die winzigen Zellen auf, die nun versuchten, den Mechanismus in Gang zu setzen. Millimeter für Millimeter rollten die Impulse zu den Augenlidern und hoben diese allmählich an.

Jürgen sah plötzlich eine Ampel. Die zwischen zwei Farben schaltete – Rot, Gelb, nochmal Rot, wieder Gelb. Für die Augäpfel war das Flackern zu anstrengend und der Schlitz schloss sich wieder. Der nächste Versuch. Die Ampel wurde greller und deutlicher. Sie drehte sich um seine Achse und kam näher.

„Haben Sie Schmerzen?", fragte die Ampel.

Jürgens Hirn sagte „ja", was die untere Lippe mit einem deutlicheren Zucken wiedergab.

„Nicken Sie, wenn Sie Schmerzen haben."

Jürgen nickte kräftig. Er hatte das Gefühl, das Kinn schlug heftig auf der Brust auf.

„Ich glaube, er hat genickt", merkte die erste Stimme an.

Ich glaube? Was soll das? Jürgen hatte das Gefühl, das Kinn durchbrach gerade seine Brust. Er nickte nochmal, mit voller Kraft.

„Jetzt hab ich es auch gesehen." Die zweite Stimme.

„Haben Sie Kopfschmerzen?"

Ein Nicken.

„Haben Sie Schmerzen an der Brust?"

Jürgens Hirn wusste nicht mehr, was es machen sollte. Nicken durfte er nicht.

„Haben Sie Schmerzen an der Brust? Wenn nein, schütteln Sie den Kopf."

Genau. Schütteln. Das gelang ihm viel leichter.

„Haben Sie Schmerzen in den Beinen?"

Kopfschütteln.

„Haben Sie Schmerzen im Rücken?"

Kopfschütteln.

Es folgte eine Pause, die das Hirn nutzte, um die Augenlider anzuheben.

„Haben Sie außer Kopfschmerzen noch andere Schmerzen?"

Kopfschütteln.

„Das ist nicht gut", sagte die Ampel.

Jetzt spinnt aber die Ampel. Was sollte daran schlecht sein, wenn ich keine Schmerzen habe.

„Ich werde Ihnen jetzt ein starkes Schmerzmittel spritzen. Sollten die Kopfschmerzen nicht weniger werden, schütteln Sie, so gut es geht, den Kopf. Wenn Sie mich verstanden haben, nicken Sie."

Jürgens Kinn zuckte.

Eine wohlige Wärme erreichte seine Schläfen und die Augen fielen zu.

Als er sie wieder öffnete, sah er die Ampel viel deutlicher. Das Gelb und das Rot waren nicht kreisförmig – es waren Steifen. Statt Grün leuchte Grau oder Silber. Er rollte die Augäpfel höher. Über dem Rot – schwarzer Schriftzug. „Rettungsdienst". Sein Hirn verstand nicht, was es bedeutete, speicherte es aber ab.

Die Ampel drehte sich zu ihm und verwandelte sich in zwei glasartige Kreise. Wie eine Brille.

Die Brille neigte sich runter.

„Können Sie mich hören?"

„Ja." Plötzlich vernahm Jürgen sein eigenes Flüstern. Als ob er nicht sicher war, dass die Brille es auch gehört hatte, nickte er dazu.

„Wissen Sie, was mit Ihnen passiert ist?"

Kopfschütteln.

„Sie hatten einen Unfall. Sie waren eine Woche im Krankenhaus auf Madeira. Wir fliegen Sie jetzt nach München. Ihre Frau wartet schon dort."

Meine Frau? Kurze Abrisse, die er nicht zuordnen konnte, hopsten in seinem Gedächtnis. *Unfall. Meine Frau. Madeira. Sauna. Swimmingpool. Klippen.*

Er verabschiedete sich in die schlafende Ruhe.

Als er wieder aufwachte, sah er irgendwas, das dem Gesicht seiner Frau ähnlich war. Nur grau! Sie hielt ihn an der Hand, er spürte aber ihre Streicheleien nicht.

Kaum hatte er die Augen geöffnet, war Lisa in Tränen ausgebrochen. Sie wiederholte ununterbrochen:

„Es tut mir leid. Es tut mir so leid. Verzeih mir. Es tut mir so leid. Das ist alleine meine Schuld."

Es muss dir nicht leidtun, wollte er sagen, brachte aber keinen Laut raus. Die Kehle meldete sich mit schmerzendem Kratzen.

Sanft befeuchtete Lisa ihm die Lippen und hielt einen Behälter mit dünnem Schlauch hin. Schob den Schlauch zwischen seine Zähne und drückte auf die Pumpe. Er nahm einen Schluck, dann noch einen. Es dauerte keine fünf Minuten, da war das Glas leer.

Ein rollendes Geflüster kam aus seinem Mund.

Vorsichtig neigte sich Lisa zu ihm. „Ich habe es nicht verstanden."

„Niemand ist schuld außer mir."

Ihre Schultern wurden von einem Beben erschüttert. Das bis dahin graue Gesicht verfärbte sich abwechselnd in Rot – Bleich – Kreideweiß. Sie nahm seine Hand und drückte sie an ihre Brust. So saß sie minutenlang, bis die Tür aufging und ein älterer Arzt, nicht größer als eins sechzig – wahrscheinlich der Chefarzt, mit drei Medizinern im Schlepptau ins Zimmer stolperte. Einer von ihnen, der sich als Doktor Marx vorstellte, reichte dem Chef die Akte.

Der Chefarzt gab Lisa die Hand. „Schuster."

„Prof. Dr. Priv.-Doz. A. Schuster", stand auf seinem Namensschild.

Professor Schuster studierte ungewöhnlich lange die Akte.

„Ja, schwierig. Eigentlich gebe ich Ihnen Recht, Herr Kollege. Das Knochenmark ist deutlich unter der HWS beschädigt. Wieso der ganze Körper ab Schultern und tiefer gelähmt ist, das ist mir ein Rätsel. Die Hände müssten in jedem Fall beweglich sein ... Zeigen Sie mir nochmal die Bilder."

Dr. Marx hielt ihm ein Tablet hin.

Der Professor schaute abwechselnd auf den Bildschirm und in die Mappe. Holte einen Kuli raus und machte ein paar Haken auf einem Zettel.

„Wir probieren das aus. Eine Woche." Er hielt den Zettel dem Doktor Marx hin.

Auch nach drei Monaten änderte sich Jürgens Zustand nicht. Der Patient war stabil, wie es im Ärztejargon hieß, aber ohne Besserung. Die Hände blieben – trotz aller Indikatoren – ohne Gefühl. Eines Tages kam Dr. Marx mit der Hiobsbotschaft: Die Krankenkasse hat die weitere stationäre Behandlung abgelehnt. Entweder ins Heim oder nach Hause!

Für Lisa kam nur der zweite Weg in Frage.

*

Jetzt lag Jürgen schon zehn Monate im umgebauten Wohnzimmer mit dem schweren Gefühl, für seine Frau eine schwere Last geworden zu sein.

Wenn ein Mensch ein Bein bricht, wird das andere, das gesunde, deutlich stärker belastet und dadurch viel abgehärteter. Ähnliches geschah mit Jürgen. Seine Augen waren schärfer geworden und registrierten jede kleinste Veränderung. Seine Ohren fingen jedes Geräusch auf. Als Antwort auf Sauters Frage, ob er gestern gegen frühen Nachmittag was gehört hat, könnte er einen ausführlichen Bericht abliefern. Genauso wie er einen Roman „Die Geschichte der Haustür" schreiben könnte.

Die Eingangstür befand sich hinter der dünnen Wand seiner Schlafecke. Und lieferte ihm jeden Dienstag monatelang mit beeindruckender Fantasie neue Kapitel für seine Geschichte.

Fast jeden Dienstag, kurz nach zwei, wurde die Tür zugezogen, ganz sanft, um ihn nicht wecken, falls er schon eingeschlafen war. Der Schlüssel drehte sich zwei Mal im Schloss – die Pflegerin Tamara achtete stets drauf, beim Gehen richtig abzuschließen, so wie Lisa es verlangte. Gegen halb drei drehte sich das Schloss in die andere Richtung, die Tür ging kaum hörbar auf und wurde leise zugemacht. Kurz vor drei wurde sie wieder geöffnet, es folgte ein kaum wahrnehmbares Knacken – das Schnäpperle, wie es Lisa nannte, – ein kleiner Heber, wurde nach unten geschoben und die Tür wieder zugezogen. Jetzt könnte sie von draußen einfach aufgestoßen werden, ohne den Schlüssel zu benützen, ohne die Klinke zu drücken, ohne klingeln zu müssen. Was dann Punkt drei Uhr auch ständig passierte.

Die Geräusche von oben drängten an diesen Dienstagen nur episodenweise zu ihm nach unten durch. Aber die Dusche hörte er immer, das erste Mal gegen drei; dann mal eine Stunde später, mal früher. Um fünf wurde die Tür wieder aufgemacht, ein leichtes Knacken folgte – das Schnäpperle wurde hochgedrückt – und die Tür wieder richtig abgeschlossen, mit zwei Schlüsselumdrehungen.

*

Apathisch richtete Jürgen seinen Blick auf den Kommissar.

„Ich habe gestern nur gehört, wie Tamara gegangen ist. Dann bin ich eingeschlafen. Danach passierte gar nichts mehr im Haus."

„Haben Sie sich nicht gefragt, was denn los sei, dass bis heute Morgen keiner sich um Sie kümmerte?"

„Das habe ich." Es folgte eine längere Pause. Man merkte, dass Jürgen einfache Wörter wählte, damit sein Gegenüber sein Flüstern auch verstand. „Ich habe, glaube ich, leichte Sommergrippe, deswegen verbrachte ich die ganze Zeit im Halbschlaf. Wäre das Tablet eingeschaltet, könnte ich Lisas oder Tamaras Nummer wählen."

Sauter blickte zur Krankenschwester rüber.

„Im Tablet ist eine SIM-Karte eingebaut. Jürgen kann mit seiner Stimme eine App starten und eine Nummer wählen. Meine und Lisas Nummern sind im Telefonbuch hinterlegt. Wir haben vor Monaten die App mit ihm zusammen ausprobiert, aber er musste sie noch kein einziges

Mal nutzen, weil Frau Netzler den Tagesablauf immer perfekt geplant hat."

Jürgen schien sich an was zu erinnern.

„Ich glaube, gegen Abend aus dem Garten eine Stimme gehört zu haben. Wahrscheinlich Herr Schmitz."

Fragend schaute der Hauptkommissar Tamara an.

„Der Nachbar. Ich habe Ihnen erzählt, dass er mir heute Morgen zugewinkt hat, als ich den Rollladen hochgeschoben habe. Vielleicht hat er gesehen, dass die Fensterrollladen seit Mittag unten waren. Er ist in Frührente, im Sommer verbringt er den Tag im Garten. Er besucht ab und zu Jürgen."

Der Notizblock vom Polizisten bekam noch einen Eintrag. *Schmitz. Nachbar. ???*

„Übrigens, wer besucht Sie noch außer dem Nachbarn Schmitz?" Die Frage war an Jürgen gerichtet.

Ein heftiger Schluckreflex zeigte dem Kommissar, wie taktlos die Frage war.

Sauter holte tief Luft und blies sie langsam aus. Dabei zog er die untere Lippe leicht nach rechts. Obwohl er schon vor Jahren mit dem Rauchen aufgehört hatte, kriegte er diese Angewohnheit nicht los.

„Entschuldigung, aber ich ermittle in einem Mordfall. Höchstwahrscheinlich, in einem Mordfall."

Tamara schaltete sich ein.

„Außer Herrn Schmitz weiß ich von keinen Besuchern. Lisa hat mal erwähnt, dass eine Arbeitskollegin von ihr – ich glaube, sie heißt Petra, Petra Rahm oder Rehm, so was – ein paar Mal vorbeigeschaut hat. Und der Sohn halt mit seiner Freundin. Die kommen einmal die Woche zusammen, Thomas lässt sich auch mal zwischendurch alleine blicken."

Die erste Seite in Sauters Notizheft war voll. Er blätterte um und schaute Tamara direkt in die Augen.

„War Ihr Mann auch schon mal hier im Hause?"

Reflexartig zuckte Tamara zusammen. Mit dieser Frage hat sich nicht gerechnet.

Die Krankenschwester holte Luft.

„Wir haben zwar zwei Autos. Wenn unser Sohn mit einem unterwegs ist, bringt mich mein Mann dann hierher und holt mich ab. Falls er gerade frei hat und selber das Auto braucht."

„Betrat er das Haus?"

„Wenn er mich abholte, wartete er meistens im Auto. Ein paar Mal hat er an der Tür geklingelt, als ich nicht rechtzeitig rausgekommen bin, und im Flur auf mich gewartet."

„Waren Sie die ganze Zeit, als er gewartet hat, bei ihm?"

„Nein ... Äh ... Ich verstehe nicht. Nein, ich war hier bei Jürgen."

Wieder ein Vermerk im Notizblock.

„Frau Schiller, vielen Dank, dass Sie sich die Zeit genommen haben. Hier ist meine Telefonnummer. Sollte Ihnen was einfallen, rufen Sie mich sofort an. Und geben Sie bitte die Nummer dem Sohn des Herrn Netzler, wie heißt er? Thomas? Er soll sich bei mir melden."

Beide liefen zum Ausgang. Sauter überlegte, ob es der richtige Zeitpunkt war, den Jürgen nach Timo zu fragen. Kannte er ihn? Wusste er, dass der Mann oben war? Ein inneres Gefühl hielt ihn davon ab.

An der Küchentür blieb Tamara stehen:

„Möchten Sie einen Kaffee? Habe zu viel gemacht."

„Gerne."

Aus dem großen Hängeschrank holte die Pflegerin zwei Tassen und aus dem Kühlschrank eine kleine Flasche mit Sahne raus.

„Zucker?"

„Nein, nur einen Schluck Milch. Oder Sahne, egal."

„Wir können in den Vorgarten gehen. Dort gibt es keinen Tisch, aber es ist nicht so heiß wie auf der Terrasse. Unter dem Terrassenglasdach kann man jetzt verglühen."

Zwei Stühle lehnten zusammengeklappt an der Hauswand neben der Eingangstür. Sauter stellte sie auf.

„Frau Schiller, wissen Sie, wie das Verhältnis zwischen den Ehegatten Netzler vor dem Unfall war?"

Tamara schob die Schulter hoch. Keine Ahnung, sollte es heißen. Sie nippte am Kaffee, goss noch Sahne dazu.

„Ich bekomme nicht viel mit. Bin ja auch vorwiegend alleine hier. Die Frau Netzler sehe ich selten, nur, wenn es was zu besprechen gibt."

„Wann haben Sie zuletzt ...?"

Sauters Telefon klingelte. Die Zentrale.

„Sorry, ich muss rangehen."

Hastig stand er auf, ging in die Ecke, in der vier Mülltonnen in einer Reihe angeordnet waren – für Bio- und Restmüll, Papier und Verpackung. *Sind wir die Einzigen auf der Welt, die sich Sorgen um die Umwelt machen?* – rauschte durch sein Hirn, als er über das Display wischte.

„Ich habe die Klinik angerufen, in der Lisa Netzler untergebracht ist." Sein Kollege, Oberkommissar Andi Kalmach, kam gleich zur Sache. „Sie ist in Beuren, in der Lungenfachklinik, Station eins. Sie ist wieder bei sich, aber der behandelnde Arzt meinte, man solle noch einen Tag mit der Vernehmung warten."

„Gib mir seine Nummer."

„Hast du was zum Schreiben?"

Sauter ignorierte die Ironie in Kalmachs Stimme. Alle im Präsidium wussten, dass der Hauptkommissar, obwohl er mit seinen fast fünfundvierzig zur digitalen Generation gehörte, gewisse Probleme mit der Technik hatte. Auch jetzt traute er sich nicht, während des Gesprächs das Telefonbuch auf dem Smartphone zu starten und die Nummer einzutragen.

„Ich höre."

„Also. Die Vorwahl von Beuren und dann die neun, sechs, vier, vier. Doktor Gruber."

„Danke." Sauter war so auf das Schreiben konzentriert, dass der Name mit deutlicher Verspätung in seiner Denkzentrale aufschlug.

„Warte mal. Sitzt du vor dem PC? Ruf mal den Obduktionsbericht auf. Es müsste noch die Expertise vom Facharzt dabei sein. Wer hat sie unterschrieben?"

Es dauerte nicht lange, bis Kalmach sich wieder meldete.

„Das Formular wurde handschriftlich ausgefüllt und eingescannt. Da ist nur die Unterschrift drauf. Könnte ‚Gruber' sein. Moment mal, das ist ja der behandelnde Arzt der Frau Netzler."

„Genau."

„Warte mal. Hier steht seine Nummer. Passt. Dieselbe, die ich dir eben gegeben habe."

„Danke, Andi. Versuch nochmal den Arzt aus dem Krankenhaus zu erreichen, der die Frau Netzler am Dienstag aufgenommen hat. Vielleicht ist er endlich aus dem OP-Saal zurück. Ich muss jetzt dringend telefonieren. Und ... Ich brauche die Nummer der Frau Kleiber. Genau, der Ehefrau von Timo Kleiber, dem Toten."

Entschuldigend hob Sauter eine Hand Richtung Tamara und tippte die Nummer von seinem Notizblock ins Telefon ein.

„Gruber", meldete sich eine leise phlegmatische Stimme.

„Sauter, Polizeipräsidium Rittenburg. Doktor Gruber, Sie haben doch heute Timo Kleibers Leiche untersucht."

„Das stimmt."

„Und Sie vermuten, er wäre infolge eines allergischen Schocks gestorben, der durch Bienenstich herbeigeführt wurde."

„Oder Wespenstich. Ich vermute nicht, ich bin mir ziemlich sicher. Sobald der Laborbefund da ist, wissen wir, ob es Wespe oder Biene war."

„Doktor Gruber, wenn Sie sich so sicher sind, warum haben Sie dann gegenüber meinen Kollegen nicht erwähnt, dass am Vormittag Frau Lisa Netzler in Ihre Klinik verlegt wurde?"

„Was hat das eine mit dem anderen zu tun?"

„Halten Sie mich für blöd? Herr Kleiber ist in Netzlers Hause umgekommen!"

Es folgte eine lange Pause. Sauter hätte jetzt gerne den Gesichtsausdruck des Doktors gesehen.

„Woher soll ich das wissen?", fragte Gruber endlich.

„Sie haben doch das Protokoll gelesen. Oder nicht? Wenn ein externer Experte herangezogen wird, bekommt er die Vorabinfo."

„Ich habe das Protokoll nur überflogen, am Namen bin ich nicht hängen geblieben."

„Sie haben gemeint, Herr Kleiber war wahrscheinlich früher in Ihrer Klinik in Behandlung. Haben Sie das inzwischen überprüft?"

„Ja, das habe ich. Moment mal." Gruber legte den Hörer kurz weg. „Herr Kleiber war vom zwölften bis zum siebzehnzehnten März bei uns stationär."

„Mehr möchten Sie mir nicht sagen?"

„Würde ich gerne, aber Sie wissen doch ..."

„Ja, ich weiß, ärztliche Schweigepflicht, Datenschutz, Privatsphäre, bla, bla, bla. Aber wir haben es vielleicht, sogar höchstwahrscheinlich, mit einem Mord zu tun."

„Ich verstehe ja ... Aber ..."

„Ich werde mich um die entsprechenden Formalitäten kümmern. Ich würde gerne mit Frau Netzler sprechen."

„Wenn das bis morgen warten kann ..."

Nervös schaute Sauter auf die Uhr. Halb sechs. *Kann sein, dass Kristina nicht bis zum Wochenende warten wird und schon heute ihre Sachen abholen kommt. Eher nicht, aber trotzdem.*

„Gut. Ich komme morgen früh."

Sauter wollte schon auflegen, als ihn ein glühender Impuls durchbohrte.

„Doktor Gruber, kann es sein, dass Frau Netzler auch früher in Ihrer Behandlung war? Was hat sie denn überhaupt?"

Wieder eine Pause.

„Das muss sie Ihnen selber erzählen. Wenn sie will."

„Okay, verstanden. Ärztliche Schweigepflicht."

Sofort nach dem Auflegen machte Sauter noch eine Notiz in seinem Block. Erst jetzt meldeten seine Geruchsrezeptoren den Gestank, der von einer Mülltonne ausging. Er hob den Blick und sah den weißen Deckel der Bio-Tonne. Der eigentlich braun war – aber Tausende weiße Maden okkupierten den appetitlichen Behälter. Bei den Temperaturen über dreißig Grad, die seit Wochen den August plagten, kein Wunder. Er machte sich noch eine Notiz, aber nicht im Heft, sondern in seinem Gedächtnis: zu Hause die Bio-Tonne im Keller einer Inspektion unterziehen. Dort verstaute er sie seit dem Winter, als bei Minustemperaturen die nassen Abfälle zu einem Brocken zusammengefroren waren und von den Müllabfuhrmännern nicht rausgeklopft werden konnten. Sie hatten den Behälter einfach stehen lassen. Im Keller war es zwar nicht so heiß wie hier draußen. Er sollte trotzdem nachschauen.

Nachdenklich blätterte er in seinem Notizbuch. Setzte neben dem Namen „Gruber" ein fettes Ausrufezeichen. Die Erfahrung sagte ihm, dass der Arzt ihm irgendwas verheimlichte. Was?

8
Mittwoch

Lisa schaute auf den Riss an der Wand, der genau über zwei Meter hohen Wandpaneelen verlief. Dann auf die Uhr über der Tür. Wieder auf den Riss. Nochmal auf den Uhrzeiger. Sieben Uhr.

Sieben Uhr morgens oder abends? Träume ich? Bin ich in der Klinik? Auf Station eins? In dem Zimmer mit dem Riss über der Holzverkleidung? Sieben Uhr ... Draußen ist es hell. Ist es im März morgens um sieben schon hell? Und abends um sieben noch hell? Glaube, schon. Oder ist es August und ich bin wieder im Krankenzimmer mit dem Riss an der Wand? Vielleicht haben hier alle Zimmer einen Riss? Um sieben wäre es im August hundertprozentig hell, ob morgens oder abends.

Die Erinnerung an den März, als sie eine Woche in der Lungenklinik verbrachte, schoss eine wonnige Wärme durch ihre Glieder, die sich so schmerzlich anfühlten. Vor allem die Brust, auf die ein schwerer Fels zu drücken schien.

Sie war damals voller Sorgen in diese Märzwoche gegangen – hauptsächlich wegen des ans Bett gefesselten Ehemannes, der nun sieben Tage ohne ihre tägliche Fürsorge auskommen musste, wenn auch auf Tamara, die sich bereit erklärt hatte, die komplette Woche abzudecken, zweifellos Verlass war. Am dritten Tag des Klinikaufenthalts waren diese Sorgen und Zweifel wie weggeblasen. Sie fühlte sich plötzlich wie im Sommerurlaub – auch dort brauchte sie zwei, drei Tage, um vom alltäglichen Trott abzuschalten.

Hier in der Klinik hatte es für diesen Wandel einen einzigen Grund gegeben. Sie hatte IHN gesehen.

Als sie den Termin für den stationären Aufenthalt vereinbart hatte – ursprünglich für die erste Märzwoche, dann auf die Monatsmitte verschoben – hoffte sie insgeheim, dass auch ER exakt zu diesem Zeitpunkt in der Klinik landen würde. Dabei wusste sie gar nicht, ob er überhaupt in die Klinik musste. Aber dieses himmlische Gefühl der Ungewissheit, der Erwartung einer zufälligen Begegnung kostete sie täglich aus. Sie fühlte sich wie eine Fünfzehnjährige, die jeden Morgen im Klassenzimmer ihrer ersten Liebe entgegenfieberte: Kommt er heute? Kommt er nicht?

Ihre Ängste, ihre Sorgen waren weggeblasen, kaum dass sie ihn gesehen hatte. Ihr sprudelndes Herz verbannte die innere Unruhe aus dem Körper und machte im Gehirn Platz für andere Gefühle. Ihr erster Gedanke war gewesen: Wie kann das sein, dass beide seit Montag, das hieß, seit zwei Tagen, auf dem engsten Raum einer Klinikstation verkehrten und sich noch nicht über den Weg gelaufen waren?

Lisa hatte Timo im Garten entdeckt. Er saß auf der Bank neben seiner Frau. Der Sohn stand etwas abseits und tippte in sein Smartphone. Wer Bettina und Timo nicht kannte, hätte nicht vermutet, dass die beiden verheiratet waren. Sie hockten nicht dicht nebeneinander, dazwischen würden sich mindestens zwei ihrer Söhne reinpressen können. In der ganzen Zeit, in der Lisa durchs Fenster aus der Bibliothek das Paar beobachtete, berührte keiner den anderen. Keine Umarmung, kein Küsschen. Ihr Herz jaulte zufrieden.

Keine zwanzig Minuten später – Lisa wusste nicht, wie lange die beiden schon dasaßen – waren sie aufgestanden und Richtung Parkplatz gegangen. Lisa öffnete die Terrassentür und lief hinterher. Sie hielt etwas Abstand. Sie wollte nicht, dass Bettina sie bemerkte, als ob sie und Timo was Geheimes verband. Aus der Entfernung beobachtete sie, wie Timo dem Sohn die Hand gab und die Beifahrertür für seine Frau offenhielt. Bettina stieg ein – ohne Abschiedskuss. Timo winkte dem wegrollenden Auto zu und drehte sich abrupt um. Ob er sie bemerkte?

Entschlossen verließ Lisa ihr Versteck. Einen Augenblick später stand er vor ihr.

Er schien nicht überrascht zu sein.

„Hallo, Lisa." Als ob sie sich heute schon gesehen hatten. Er küsste sie auf die Wange. „Wie läuft's? Die Giftspritzen gut vertragen?"

Lisa war etwas überrumpelt. Er sprach so, als ob sie einfach ein bereits geführtes Gespräch fortsetzten.

„Danke. Und du?"

„Mehr Gift, als ich zu Hause bekomme, kann keiner in mich reinpumpen."

Timo hatte schon immer seine Ehefrau geneckt – wobei keiner verstand, ob er es ernst meinte oder nur Spaß machte. Lisa erinnerte sich an Timos Lieblingswitz, den er in den Jahren, als sie sich noch oft mit Familien trafen, gefühlte zehn Mal erzählt hatte. Sie versuchte ihn aus ihrem Gedächtnis rauszukratzen.

„Ein Mann ruft hoch zu seinem Freund, der auf dem Balkon steht:

‚Komm, wir trinken ein Bier.'

‚Ich kann nicht.'

‚Wieso? Ist deine zu Hause?' Dabei hob der erste Mann eine Hand und formte mit den Fingern eine Figur, die wie der Schlangenkopf aussah.

‚*Ja, beide sind da.*' *Der andere Mann hob beide Hände und zeigte zwei gleiche Figuren. Was bedeuten sollte: Die beiden Schlangen waren zu Hause, die Ehefrau und die Schwiegermutter."*

„Machst du einen Spaziergang?" Timo wartete Lisas Reaktion nicht ab.

„Ja, ein bisschen frische Luft schnappen."

„Ich laufe zur Tankstelle. Gehst du mit?"

„Was brauchst du dort?", antwortete sie schnell, bemüht gleichgültig zu klingen. „Ich habe so viel Obst und Gebäck dabei, ich werde nie im Leben alles aufessen."

„Schokoriegel. Ich brauche abends was Süßes, sonst kann ich nicht einschlafen." Er schaute ihr direkt in die Augen. „Wir haben ja zu Hause eine Schüssel mit dem ganzen Zeug auf dem Esstisch stehen."

Daran konnte sich Lisa noch genau erinnern. Daheim hatten die Netzlers die Süßigkeiten immer versteckt, sonst hätte Thomas den ganzen Vorrat an einem Tag runtergefegt. Als er beim ersten Besuch bei den Kleibers – wann war das? Vor zehn Jahren? – die ausufernde Schale mit allen möglichen Leckereien auf dem Tisch entdeckte, strahlten seine Augen heller als ein Leuchtturm.

„Habe Bettina gebeten, mir paar Schokos mitzubringen", fuhr Timo fort. „Ich war überzeugt, dass sie sich in all den Jahren gemerkt hat, welche ich mag. Schwer ist das nicht. Ich nasche immer die gleichen. Sie hat ‚Snickers' gebracht, dabei mag ich nur ‚Twix' – das süße Pärchen, wie ich und du." Eine Anspielung auf die Werbung, die gerade im Fernsehen täglich lief und den „gepaarten" Schokoriegel präsentierte.

Dabei berührte er ihren Arm. Lisa spürte, wie ihre Brustwarzen sich aufrichteten, ihre Äugelchen rausrollten, als ob sie wissen wollten, was da gerade vor sich ging.

Ich hätte mir ganz genau gemerkt, welche Sachen du magst und welche nicht. Lisa dachte nach, ob sie sich bei Timo einhaken sollte, da legte er wie selbstverständlich seine rechte Hand um ihre Hüfte.

„Komm, wir laufen zur Tanke."

Die aufgeregte Frau war gottfroh gewesen die leichte Softshelljacke drübergestreift zu haben – trotz des für den März ungewöhnlich warmen Wetters: Vor einer Stunde hatte das Thermometer in der Bibliothek zweiundzwanzig Grad Außentemperatur angezeigt, der Alpen-Fön sorgte für den milden Abend. Sonst hätten ihre erwachten Brustwarzen durch den weichen BH-Stoff den Schutz des leichten T-Shirts ausgehebelt. Sie spürte, wie die Wärme von der Hüfte, auf der seine Hand ruhte, nach unten floss und ein leichtes Prickeln zwischen den Oberschenkeln auslöste.

Sie liefen die schmale Straße den Hügel runter in die Stadt. Wenn jemand entgegenkam, nahm Timo seine Hand von ihrem Kreuz, ließ Lisa vor und hielt sie am Ellenbogen fest.

„Wie geht es deinen Enkeln? Wie viele hast du mittlerweile?" Sie wusste, wie er an seinen Enkelkindern hing, aber vor allem wollte sie seinen möglichen Fragen zuvorkommen, was ihre gegenwärtige Situation betraf. Ihr Privatleben sollte heute nicht erwähnt werden.

„Alle gesund und munter. Ich habe ja früh geheiratet – mit zwanzig, mein Sohn hat es mir nachgemacht. Also, der älteste Enkel wird bald zehn. Eins sag ich dir: Man sollte schon deswegen Kinder bekommen, um später Enkel zu haben. Letzte Woche bin ich um fünf von der Arbeit gekommen, todmüde. Die Kleinste, Sophie, die zweieinhalb wird, war gerade da. Die zwei Stunden – bis sie abgeholt wurde – waren die glücklichsten der ganzen Woche. Wir haben getobt, gerannt, gelacht, die Müdigkeit war wie weggeblasen."

Dabei zog er Lisa an sich heran. Ganz minimal. Sie schmiegte sich leicht an den zwanzig Zentimeter größeren Mann, ihr linker Busen berührte seine Rippen unter dem dünnen Stoff.

Zurück in der Klinik, verabschiedete sich Timo lässig von ihr. Sie hatte erwartet, er wird für morgen einen Treffpunkt ausmachen – er ging einfach. Hatte aber, bevor er verschwand, sie geküsst, zuerst auf die Wange, dann etwas tiefer, auf den Halsansatz.

Am nächsten Tag hatte er sie selber gefunden – sie blätterte nach dem Abendessen im Lesesaal in den Zeitungen. Sie liefen wieder zur Tankstelle – dabei legte Timo wie gestern seine Hand um ihre Hüfte –, und er kaufte seinen Schokoriegel. Auf dem Rückweg drückte er sie an sich. Küsste sie zum Abschied, nicht auf die Wange – auf den Halsansatz, auf den Hals. Und lief einfach weg.

Dieses Spiel, diese Ungewissheit hatten sie so aufgeregt, dass sie nachts mehrfach aufwachte, weil sie träumte, er wäre im Zimmer.

Am Tag drauf – es war Freitag, der letzte Tag vor der Entlassung – regnete es ab dem späten Nachmittag ununterbrochen. Timo störte das nicht. Er holte Lisa in der Bibliothek ab, spannte den großen Regenschirm über ihre Köpfe. Sie tat so, als ob sie ihre rechte Seite vorm Regen schützen wollte, und schmiegte sich fest an ihn.

„Morgen geht's nach Hause. Freust du dich?" Er hielt kurz an.

Sie antwortete nicht.

„Ich auch nicht." Er lief weiter.

Auf dem Rückweg wurde der Regen stärker. Die schwüle Luft wehrte sich gegen die heranziehende kalte Front und schickte grelle Blitze zur Erde.

Ruckartig zog Timo die Frau unter das Vordach eines Reihenhauses, stellte sich mit dem Rücken zur Eingangstür und schob sie vor sich. Sie schmiegte sich mit dem Rücken an ihren... was war das? Sie war fast eins achtzig groß, trotzdem presste sich ihr Po nur an seine Oberschenkel. Ihre Schultern reichten bis zu seiner Brust, sie drückte sich immer fester daran.

Sanft umfasste Timo ihren Oberkörper mit dem rechten Arm und legte die Handfläche genau auf ihre linke Brust. Er spreizte die Finger und ließ die anschwellende Warze dazwischenschlüpfen. Nur eins wollte sie in diesem Augenblick: Er solle doch jetzt die Finger wieder zusammentun. Noch vor zwei Tagen war sie froh gewesen, dass die Jacke ihre Erregung verdeckt hatte. Jetzt wünschte sie sich, sie hätte nichts an, und seine Hand läge auf ihrer nackten Haut. Sie war von diesem einzigen Wunsch überflutet und spürte die sanfte Härte am Kreuz erst dann, als er mit der linken Hand ihren Bauch umfasste. Sie versuchte ihren Po höher zu schieben, um seinen Stab zwischen den Hälften einzuklemmen, aber er war mit seinen zwei Metern doch zu groß. Die Gefahr, die Haustür könnte jederzeit aufgerissen werden, blendeten die beiden endgültig aus.

Als er seine gespreizten Finger am linken Busen zusammendrückte, bedankte sich die Warze mit langem Aufbäumen und ihre Schenkel fielen auseinander, um die angestaute Hitze durch den dünnen Rock rauszulassen. Wie würde es sich anfühlen, seinen Körper ohne die Kleider zu spüren, träumte sie.

Allmählich verwandelte sich seine heftige Härte an ihrem Kreuz in sachte Entspanntheit und er küsste sie auf den Nacken. Nahm sie an der Hand, spannte den Regenschirm auf und rannte zur Klinik.

Er begleitete sie zu ihrem Zimmer, hauchte ihr auf die Lippen.

„Du hast einen fantastischen Busen."

„Woher willst du es wissen?"

„Das will ich nicht wissen. Das will ich ... haben."

Wider Erwarten hatte sie ihn am nächsten Tag – es war der letzte Tag in der Klinik – nicht mehr gesehen. Er war noch vor dem Frühstück abgereist.

*

Thomas saß seit einer halben Stunde auf der niedrigen Fensterbank neben dem modernen Krankenbett, das im Vergleich zu den abgenutzten Möbeln wie ein echtes Hightech aussah. Die Krankenschwester meinte, bald müsste seine Mutter aufwachen. Die Wirkung der Medikamente, die sie alle vier Stunden bekam, wird demnächst nachlassen, und die Frau wird dem unruhigen Schlaf entkommen. Die Infusion war nicht mehr so hoch konzentriert wie noch heute Morgen, als die Patientin eintraf und von dem erdrückenden Schmerz im Brustbereich befreit werden musste.

„Ihre Mutter ist außer Lebensgefahr. Zum Glück hatte sie es gestern noch geschafft, wenigstens die halbe Dosis ‚Celestamine' einzunehmen. Das hatte den allergischen Schock abgemildert."

Die Krankenschwester hat Thomas kurz über das Geschehene berichtet. Einen Teil hat ihm die Oma am Telefon mitgeteilt, als er sie auf der Rückfahrt aus Italien angerufen hat. Wobei die alte Frau mehr über sich als über ihre Schwiegertochter erzählt hat.

Seine Freundin Anna ist ins Erdgeschoss zum Kiosk gelaufen, um Kaffee und Brezeln zu holen. Thomas stützte sein Kinn auf die Hände und schloss die Augen.

Nach der Rückkehr aus Italien hatten Anna und er nur kurz im Elternhaus vorbeigeschaut. Wenn Thomas auch mehr Zeit hätte, könnte er trotzdem nicht lange in Vaters Schlafecke bleiben. Für ihn war sein Vater immer noch ein starker Mann, der zusammen mit ihm Fußball spielte, den Puck über die Eisfläche jagte und im Europa-Park in den „Blue Fire" stieg, wenn er auch mehr Schiss hatte als sein Sohn – nur um den zu ermutigen. Auf den hilflosen Mann im besten Alter zu blicken – das war nicht in seiner Macht. Aber nicht deswegen mied Thomas seinen Vater.

Zum Glück war Tamara immer noch im Haus. Sie hat ihm kurz erzählt, was die letzten zwei Tage passiert ist.

„Weiß man, wer der Mann im Bad war?", wollte Thomas von Tamara wissen.

„Ja, aber mir hat die Polizei es nicht gesagt. Die will übrigens morgen zu Ihrer Mutter."

Tamara schaffte es nicht, den jungen Mann mit „du" anzusprechen, was er ihr eigentlich gleich am ersten Tag ihrer Bekanntschaft anbot.

„Aber du hast ihn doch gesehen. Wie sah er aus?", hakte Thomas nach.

„Groß, sehr groß sogar, attraktiv, würde ich sagen. Das Gesicht habe ich nur teilweise gesehen, weil er nach vorne gebeugt saß und die langen Haare es verdeckten."

Thomas' Blick wurde trüber.

Tamara bemerkte den Stimmungswandel und schwenkte um.

„Hat das Krankenhaus Sie telefonisch erreicht? Das ist doch die Klinik, in der Lisa im März war. Oder?"

Thomas antwortete nicht.

„Hat eine Biene Ihre Mutter wieder gebissen?", fügte sie hinzu.

„Tamara, die Bienen beißen nicht."

Tamara bemerkte nicht, dass Anna, Thomas' Freundin, hinter ihr aufgetaucht war.

„Ja, ich weiß, die Bienen beißen nicht, die Bienen stechen." Früher wäre Tamara rot angelaufen, sie hätte sich geschämt. Mittlerweile störte sie nicht, dass sie oft, ganz automatisch, einige Wörter oder auch Sätze eins zu eins aus ihrer Muttersprache übersetzte – und dann bissen halt die Bienen oder jemand schaltete das Licht nicht aus, er machte es tot.

„Ich fahre jetzt in die Klinik, dann wissen wir mehr. Anna, du musst nicht mitgehen. Ruh dich aus", schaute Thomas zu seiner Freundin rüber.

„Kommt nicht in Frage", Anna zeigte bestimmend mit dem Finger auf ihren Freund.

Tamara hatte das unzertrennliche Paar nicht oft gesehen, merkte aber gleich, dass Anna den jungen Mann abgöttisch liebte und versuchte, ihn von allen möglichen Unannehmlichkeiten abzuschotten. Immerhin war sie mit zweiundzwanzig eine erwachsene Frau, er – ein zwanzigjähriges Küken, das erst vor kurzem das Elternnest verlassen hatte.

Nicht mehr hätte sich Tamara gewünscht, Thomas würde wenigstens eine Viertelstunde beim Vater bleiben. Er aber hat ihn nur begrüßt und ist gleich in die Klinik zur Lisa gefahren.

*

Lisas Augenlider flatterten. Thomas hörte leises Flüstern und setzte sich auf die Bettkante.

„Timo." Das Flüstern war kaum wahrnehmbar.

Thomas nahm die von Infusionsnadeln freie Hand seiner Mutter und streichelte sie ganz sanft.

„Timo." Lisa öffnete kurz die Augen und schloss sie wieder.

Neuer Versuch.

„Timo." Lisas Augenlider klappten nicht mehr zu.

„Nicht Timo. Tomi. Ich bin's, Mama. Tomi. Dein Sohn Tomi."

Lisa starrte den jungen Mann an. Ihr Blick wanderte zur Wand, fand den Riss und fixierte ihn.

„Welchen Monat haben wir? März?"

„Nein, Mama. Wir haben August."

August? Der Traum war vorbei.

„Ich bin doch in der Lungenklinik in Beuren?"

„Genau."

„Dann muss es März sein."

„Es ist August, Mama. Du warst im März hier zur Behandlung. Und jetzt bist du wegen eines Notfalls hier."

„Notfall?"

„Du wurdest gestern Mittag auf dem *Kaufland*-Parkplatz von einer Biene gestochen. Kannst du dich noch erinnern? Du hast es noch geschafft, ein halbes Fläschchen ‚Celestamine' zu schlucken, bevor du kollabiert bist. Du hattest Glück im Unglück. Mama, hörst du mich?"

Lisa nickte.

„Ein Mann hat gerade neben dir geparkt und dich beobachtet." Thomas zwang sich, in Lisas Augen zu schauen. „Er hat sofort den Notarzt alarmiert. Sonst würden wir uns hier nicht unterhalten."

Ein lautes Schluchzen zerriss die mit Medikamenten gefüllte Luft.

Also war es doch kein Traum? Weiß ER Bescheid? Woher denn ... Er hat bestimmt gewartet und ist dann gegangen. Vielleicht hat er angerufen? Sie hatten ausgemacht, nur im äußersten Fall zu telefonieren.

Übrigens, wo ist mein Telefon?

Sie schaute auf die Nachtkommode, stützte sich auf den Ellenbogen ab und versuchte die Schublade zu öffnen.

„Suchst du was, Mama?"

„Telefon."

„Ist wahrscheinlich im Auto liegen geblieben. Das steht vermutlich immer noch auf dem *Kaufland* - Parkplatz. Ich habe den zweiten Schlüssel vom Wagen. Wir holen ihn ab. Brauchst du noch was?"

„Die Handtasche." Beim Gedanken, dass ihr Sohn das Telefon in seine Hände bekommen wird, auf dem eventuell eine Nachricht von IHM drauf war, begann ihre Brust zu schmerzen. Sie legte eine Hand drauf und atmete tief ein und aus.

„Hast du wieder Schmerzen? Ich rufe die Schwester. Wäre sowieso Zeit für die nächste Infusion."

Thomas drückte auf den roten Knopf.

Lisa versuchte die Information, die sie gerade gehört hat, einzuordnen, aber es fiel ihr schwer, in der Gegenwart zu bleiben, ihre Gedanken katapultierten sie zurück in die Vergangenheit. Dort fühlte sie sich wohl. Als Anna das

Zimmer betrat, mit zwei Tassen und einer Papiertüte in der Hand, war Lisa schon auf dem Weg dorthin, in das gemütliche Gestern, in dem alles noch gut war. Sie kriegte noch mit, wie Anna sie umarmte und ihrem Sohn über die Wange strich. Anna. Anna. Anna. Lisa hatte plötzlich einen wichtigen Grund, sich vom Heute zu verabschieden und in die wohligen Wellen der Erinnerungen zu tauchen.

Ganz deutlich sah Lisa wieder die junge Frau – damals war Anna zwanzig gewesen – vor ihrem Schreibtisch im Krankenhaus Rittenburg stehen. Anna brauchte einen Termin für die nächste Untersuchung. Eigentlich waren Lisas Kolleginnen aus der Ambulanz für die Terminierung zuständig, aber der Grippetaifun mähte gleich mehrere Mitarbeiterinnen nieder.

„Ich kann Ihnen nur im Mai was anbieten. In drei Monaten also." Lisa hatte die junge Frau angelächelt.

„Gut. Nur bitte nicht in der Kalenderwoche zwanzig und, falls es geht, vormittags."

Verwundert hob Lisa den Blick.

„Haben Sie alle Ihre Termine im Kopf?"

„Die wichtigsten schon."

„Respekt."

„Wieso? Ist ja nur eine Frage der Ordnung und Übung."

„Ich glaube, die wenigsten aus Ihrer Generation können das. Die greifen ja zum Taschenrechner, wenn sie fünf mal fünf multiplizieren müssen. Und ohne das Smartphone verlassen sie das Haus nie – sie werden, glaube ich, nicht mehr zurückfinden."

Anna lächelte nur. Sie grinste nicht. Sie lächelte. Sie lächelte immer.

„So schlimm ist das auch nicht. Alle werden erwachsen. Die einen halt später."

„Gut, ich hätte was in der Kalenderwoche einundzwanzig. Aber erst am späten Nachmittag. Eine Woche früher hätte ich zwei Termine, aber da können Sie ja nicht."

„Da sind Pfingstferien. Ich bin zwar mit der Ausbildung fertig ..."

„Lassen Sie mich raten. Sie sind fertig, aber ihr Freund noch nicht."

In diesem Moment könnte sich Lisa eine auswischen. *Was geht dich das an?*

Anna lächelte weiter.

„Falsch geraten. Ich habe keinen Freund."

So ein ausgeglichenes, nettes, intelligentes Mädchen hatte Lisa sich für ihren Sohn gewünscht. Der zwar mit paar Mädels schon zusammen war, aber ganz kurz. Die waren, wie er sich ausgedrückt hatte, zu sehr auf Action eingestellt. Er hatte eigentlich auch nichts dagegen, doch nicht an jedem Wochenende.

„Wissen Sie was, Frau Spahn? Ich habe eine Idee. Vielleicht finden wir doch was früher für Sie. Warten Sie bitte daneben in unserem Ruheraum, der Warteraum ist heute überfüllt. Ich melde mich gleich."

Lisa schaute auf die Uhr. Sie hoffte, Thomas wäre schon dort, im Raum daneben. Ihr Sohn wurde gestern hier in der Klinik an der Hand operiert, nichts Schlimmes. Er wird aber erst nächsten Monat achtzehn und zählte medizinisch gesehen zu den Kindern. Bei Kindern schrieb das Gesetz auch bei kleinen Eingriffen Vollnarkose vor. Thomas blieb über Nacht im Krankenhaus und wartete jetzt, bis die Mutter ihren Dienst beendete und ihn nach Hause fuhr.

Ein alter Trick half Lisa, den passenden Termin für Anna zu finden. Den Trick hatte sie früher noch nie angewandt, die Ambulanz-Damen – öfters. Sie rief Frau Merte an, die seit Jahren „Stammkundin" war, und fragte, ob für sie auch die Kalenderwoche zwanzig im Mai in Frage käme, da hätte der Oberarzt auch mehr Zeit für sie als im April. Frau Merte meinte, sie hätte eigentlich den Termin nur vorsichtshalber reserviert, der Mai wäre ihr sogar lieber.

Beim Abendessen am selben Tag gluckste Thomas' Smartphone auf dem Beistelltisch. Es war bei Netzlers längst ausgemachte Sache: Beim Essen ging keiner ans Telefon. Alle kippten die Köpfe in die Richtung, aus der das Glucksen kam. Thomas drehte sich aufgeregt zu den Eltern.

„Sorry, darf ich ganz kurz ran? Es ist sehr wichtig."

Jürgen grinste über beide Ohren.

„Hat es dich erwischt, junger Mann?"

Als Thomas über das Display strich, sprang das Foto von Anna in den Raum.

Später beim Abräumen fragte Lisa den Sohn, ob das eine Nachricht von der Dame aus dem Ruheraum war.

„Ja. Wir haben unsere Nummern ausgetauscht."

„Oh ... Das ging aber schnell." Lisa spielte die Unschuldige.

„Ich saß bei dir in der Klinik im Ruheraum, habe gerade Mathe gemacht und mein Sankt-Pauli-Mäppchen rausgeholt. Sie fragte mich, ob ich Fan von FC St. Pauli bin. Sie ist es auch. Als ich ihr erzählt habe, dass ich oft nach München, Heidenheim oder Nürnberg gehe, wenn SP dort auswärts spielt, meinte sie, sie würde ihre Lieblingsfußballmannschaft auch gern mal live sehen. Jetzt schreibt Anna gerade, dass ich für das nächste Spiel auch für sie eine Karte besorgen soll. Sie geht mit."

Aus einem Spiel wurde eine Meisterschaft. Zwei Jahre waren nun die beiden zusammen. Als Thomas letztes Jahr das duale Studium begonnen hatte und über eigenes Geld verfügte, zogen sie in die gemeinsame Wohnung. Lisa war stolz, zur Verkuppelung beigetragen zu haben.

9
Donnerstag

Bevor er sich auf den Weg in die Lungenklinik machte, rief Sauter von zu Hause dort an. Frau Netzler ginge es besser, allerdings wäre sie noch im schlaftrunkenen Zustand. Nach der Visite um zehn könnte er sie kurz sprechen.

Er hoffte vor dem Gespräch mit ihr noch rauszufinden, was genau mit ihr passierte.

Sauter saß am Balkontisch, schlurfte an seinem Kaffee und blätterte im Notizbuch. Gestern Abend hatte er genug Zeit, um seine Einträge zu ordnen und zu analysieren. Wie er auch erwartet hat, kam Kristina nicht vorbei. Sie schickte aber eine SMS. Ob sie schon am Freitag ihre Sachen holen könnte? Er hoffte, dass die Kleider in Wirklichkeit nur ein Vorwand waren und sie hoffentlich – genau wie er – an die Versöhnung dachte.

Dem Hauptkommissar ist schnell klargeworden, dass er alleine nicht in der Lage ist, allen Spuren im Fall Timo Kleiber nachzugehen. Er brauchte Unterstützung. Im Normalfall waren die Polizisten ohnehin zu zweit unterwegs. In der gegenwärtigen turbulenten Zeit gab es allerdings öfters Abweichungen von Vorschiften. Und jetzt – in der Haupturlaubszeit – sowieso. Zwei Kollegen verweilten zu allem Überdruss gleichzeitig in der Reha-Klinik. Beide nach dem Herzinfarkt. Letzten Sonntag hat Sauter einen besucht. Als er im Foyer auf ihn wartete, stieß er in einer Broschüre auf ernüchternde Tatsachen: Die Polizisten bildeten die zweitgrößte Klientelfraktion der Reha-Einrichtung.

Täglicher Stress, Übermüdung, fehlende Rückendeckung seitens der Politik in heiklen Situationen – auch das stärkste Herz steigt bei solchen stürmischen Angriffen aus. Überraschenderweise fand Sauter auf der höchsten Stufe des Herzkrankenpodiums die Köche. Bei denen waren die Ursachen ganz andere. Fürchterliche Arbeitszeiten, kaum Bewegung.

Er wird den Chef anrufen, den Leiter des Morddezernates, und um Hilfe bitten, entschied Sauter. Aber erst nachdem er mit Lisa Netzler gesprochen hat. Solange er kein Motiv hatte, standen zu viele Verdächtige auf seiner Liste. Sogar der Mann der Pflegekraft, wie hieß sie nochmal? Ach ja, Tamara.

Er griff zum Telefon. Der Kollege Oberkommissar Kalmach war noch nicht im Präsidium.

Das Laborergebnis müsste jetzt da sein. Wenn Herrn Kleibers Blutproben tatsächlich allergiespezifische Bienen- oder Wespenantikörper enthalten, wie Doktor Gruber vermutete, stellte sich die Frage, ob es ein Zufall war, dass Timo Kleiber von einer Biene gestochen wurde.

Im Labor meldete sich nur der Notdienst. Die Wanduhr im Wohnzimmer zeigte acht Uhr. *Bin ich der Einzige, der schon auf den Beinen ist?*

Bis Beuren waren es höchstens vierzig Minuten Fahrzeit. Morgens vielleicht ein bisschen mehr. In den Schulferien eher weniger. Erstaunlich, wie viel dünner der Verkehr auch in der Stadt in diesen sechs Wochen Ferien geworden war, wenn keine Schulbusse, und vor allem keine Eltern-SUVs, die ihre Sprösslinge zur Schule kutschierten, die schmalen Straßen verstopften.

Auf dem halben Weg nach Beuren hielt ihn eine Baustelle auf, dann die nächste. Die Gemeinden schienen in den Sommermonaten alle Schlaglöcher stopfen zu wollen, die von den Schwertransporten, vor allem im Winter, in die Fahrbahn gesprengt wurden. Das Radio spuckte die aktuellen Ereignisse aus der ganzen Welt raus. Sauter wechselte den Sender. Der lieferte dieselben Nachrichten wie die erste Radiostation. Auch der dritte. Und der vierte. Sauter kam der Gedanke, dass seit langem diese fünf Minuten Nachrichten aus dem Autoradio zu der einzigen Informationsquelle für ihn geworden sind. Wie für so viele Mitbürger. Noch vor Jahren hatte er im Internet zu einem bestimmten Thema mehrere Quellen durchforscht, oft aus dem nichteuropäischen Ausland. Und sich eine eigene Meinung gebildet. Wann hat er damit aufgehört?

Kurz vor Beuren meldete sich Kalmach. Jürgen hatte in seinem Privatfahrzeug keine Freisprechanlage und wollte das Gespräch nicht entgegennehmen. Nur im Notfall verstieß er gegen die Regeln. Er hielt Ausschau nach einer Haltemöglichkeit.

Sein elf Jahre alter „Opel" hatte nicht nur keine Freisprechanlage. Auch der andere Schnickschnack fehlte. Für ihn war das Auto das notwendigste Übel, um seine dienstlichen Pflichten erfüllen zu können. Mehr noch, er hielt die Autos allgemein für die Massenvernichtungswaffen besonderer Art. Für Waffen, die nicht nur die Umwelt belasten – auch den Menschen zum Sklaven machten und ihm seine von der Natur geschenkte Bewegungsfreiheit raubten.

Was hat der Erdensohn schon alles aus dem Boden geholt, fragte sich Sauter manchmal. Nicht nur Öl, Kohle und Gas. Sand, Metalle, Kies, seltene Stoffe – alles, was unter der Erde Milliarden Jahre ruhte – stand jetzt oben auf der Kugel. Als Häuser, Brücken, Straßen, Fabriken, Autos. Als ob der Zeitgeist die Erde umdrehte und in diverse Gussformen ausschüttelte. Wie lange wird dieses Auswringen noch dauern?

Er steuerte die Bushaltestellenbucht an und rief den Kalmach zurück.

„Gruber hat Recht gehabt. Befund eindeutig – Bienengift", sprudelte der Hörer los.

„Guten Morgen übrigens, Kollege."

„Was? Oh ... Guten Morgen, Volker."

„Ich bin in zehn Minuten in Beuren in der Klinik. Faxe bitte den Befund an Doktor Gruber. Nein, auf mein Smartphone reicht nicht."

Wenn es auch altmodisch aussah, Sauter musste ein Stück Papier in der Hand haben. Auch an seinem Notizheft hielt er fest, während die meisten Kollegen mit dem Tablet rumliefen. Klar, das Suchen in der elektronischen Hülle ging deutlich schneller, lenkte trotzdem nur ab.

Er stellte den Wagen auf dem kostenlosen Parkplatz ab. Diese Klinik war bestimmt eine der wenigen, die fürs Parken kein Geld verlangte. Die meisten Krankenhäuser zapften im Überlebenskampf alle möglichen Quellen an. Für den Hauptkommissar war es das größte Rätsel: Eins der reichsten Länder der Welt, das in Geld schwamm, schaffte es nicht, sein Gesundheitswesen finanziell zu stabilisieren. Vor den Wahlen kauten die Politiker wieder mal auf dem alten Kaugummi rum, sei es Bürgerversicherung oder steuerfinanzierte Versorgung; nach den Wahlen lehnten sie sich für die nächsten vier Jahre zurück. Kein Wunder. Wer macht schon Gesetze gegen sich? Und die breite Masse schluckte den aufgewärmten Brei runter und ließ sich von Spielkonsolen und dem Fernsehen weiter verblöden. Sie ging nicht wie die Franzosen auf die Straße – als die Regierung des EU-Nachbarn das Rentenalter erhöht hatte, versperrten sie für mehrere Tage die wichtigsten Verkehrsadern. Die Proteste waren von den französischen Gewerkschaften organisiert worden. Und was könnte man von hiesigen Arbeitnehmervertretungen erwarten – einige von denen fraßen sogar aus dem gleichen Trog wie ihre eigentlichen Klassenfeinde und ließen sich auf deren Kosten unterhalten.

Das ging dem Kommissar durch den Kopf, als er zum Haupteingang lief. Die Klinikleitung versuchte, wenigstens die Fassade farbenfroh zu gestalten, das Haus wirkte hell und einladend. Zwei Gartenarbeiter fütterten gerade die kahle Wiese mit frischen Rasensamen *(bei dieser Hitze, im August?)*, was die in nahestehenden Bäumen untergetauchten Vögel mit besonderem Interesse verfolgten.

Doktor Grubers Sekretärin hielt ihm zwei Seiten entgegen. „Das kam gerade für Sie."

„Kann Ihr Chef mir das entziffern?" Sauter zeigte auf den Befund.

„Er ist auf Visite. Wird so gegen zehn zurück sein."

„Falls er früher kommt, geben Sie mir Bescheid. Ich warte drüben am Kiosk."

Der Kaffee am Klinikkiosk schmeckte überraschend gut. Frische hochwertige Bohnen, moderne, richtig eingestellte Maschine. Sauters Augen flogen über die erste Befundseite gleich zum letzten Satz auf Seite zwei, zur Zusammenfassung. Keine Zweifel mehr. In Timo Kleibers Blut wurde Bienengift nachgewiesen. Ob das die alleinige Todesursache war, das muss ihm der Doktor noch erklären.

Der meldete sich aber nicht. Kurz nach zehn stand der Kommissar auf und lief zum Leitstand der Station eins. Wenn er auch, bevor er sich mit Lisa Netzler traf, gerne ihren Arzt gesprochen hätte.

„Zimmer 115. Den Gang links. Auf dem Türschild oben steht zwar eine andere Nummer, die ist für die Techniker. Die untere, die kleinere, ist die Zimmernummer. Blöd, aber wir haben uns dran gewöhnt. Ich würde Sie gerne begleiten, darf aber nicht weg – einer muss immer am Leitstand bleiben." Die Schwester Laura lächelte breit. „Doktor Gruber meinte, Sie dürfen höchstens zwanzig Minuten mit Frau Netzler sprechen."

Hätte die Schwester ihn auf die Zahlenwillkür am Zimmerschild nicht hingewiesen, stünde er tatsächlich vor einem Rätsel.

Frau Netzler hat sich mit beiden Ellenbogen auf die harte Matratze abgestützt und starrte auf die Wand. Als Sauter sich vorgestellt und nach Erlaubnis gefragt hat, sich zu setzen, nickte sie und rutschte etwas höher.

„Sind Sie Privatpatientin, Frau Netzler?"

Sie hob fragend die Schultern.

Viel wird sie mir heute nicht erzählen, musste der Kommissar sich eingestehen.

„Weil Sie im Einzelbettzimmer untergebracht sind."

Lisa hob wieder die Schultern.

Das hieß, ihr Zustand war ernst genug, um sie als Kassenpatientin ins Premiumzimmer zu legen.

Sauter vermied es, direkt nach Timo Kleiber zu fragen. Eigentlich interessierte ihn nur der tote Mann in ihrem Badezimmer.

„Frau Netzler, wissen Sie, was mit Ihnen passiert ist?"

Jetzt hob sie nur eine Schulter. „Mein Sohn hat es mir gestern erzählt."

„Was genau?"

Hat er auch Timos Tod erwähnt?, dachte Sauter.

„Dass ich von einer Biene im Auto gestochen wurde und kollabiert bin. Hab nur eine halbe Dose vom Medikament aus dem Notfallset genommen. Ein Passant hat den Notarzt gerufen."

Schon nach dem ersten Satz machte Sauters Herz einen Sprung.

Von Biene gestochen!

Das bedeutete doch, dass die beiden, Lisa Netzler und Timo Kleiber, gleichzeitig von Insekten gestochen wurden. Er im Bad in ihrem Haus, sie im Auto. Sauter war mehr schockiert als ein Wanderer, der in der wildesten Wildnis weit abseits der Zivilisation plötzlich auf einen gepflasterten Pfad stieß.

Er hatte viel Mühe, sein Erstaunen zu unterdrücken.

„Sie hatten ein Notfallset dabei. Das heißt, Sie wussten, dass Sie gegen die Bienen allergisch sind." Er versuchte gleichgültig zu klingen.

„Ja, seit letztem Sommer."

„Haben Sie sich behandeln lassen?"

„Ich bin immer noch in Behandlung."

„Was heißt das?"

„Im März war ich eine Woche hier in der Klinik stationär. Seitdem muss ich alle vier Wochen zum Hausarzt. Der spritzt mir das Bienengift. Nach zwei Jahren wird hier im Krankenhaus sozusagen ein Probestich gemacht, mit echter Biene. Die Biene muss ich selber mitbringen. Keine Ahnung, wo ich die herkriege."

Im März? Hat der Doktor Gruber gestern nicht erwähnt, dass Timo Kleiber auch im März hier war? Es brummte plötzlich in Sauters Magen.

„Haben Sie in dieser Woche im März hier jemanden getroffen?" Sauter wollte nicht direkt Timo Kleibers Namen ansprechen.

Die Frage zersprengte den monotonen Dialog. Lisa erzitterte leicht.

„Wie meinen Sie das?" Sie schien Zeit gewinnen zu wollen.

„Ob Sie irgendwelche Bekannten, Kollegen hier gesehen haben?"

„Was hat das ..." Sie machte eine Pause, biss sich auf die untere Lippe. „Ja, das habe ich."

Sauter schaute ihr direkt in die Augen.

„Letztes Jahr im Dezember war ich hier in der Ambulanz", begann Lisa nach längerer Pause wieder zu sprechen. „Zum Allergietest. Im Wartezimmer habe ich Timo Kleiber getroffen, einen guten Freund meines Mannes. Er war auch zum Allergietest gekommen."

„Kannten Sie ihn gut?"

„Damals noch war ich ..." Sie merkte, dass sie auf die falsche Spur abbog, und versuchte gegenzusteuern. „Unsere Familien waren befreundet. Mein Mann hat Timo auf einer Fortbildung kennengelernt, dann haben wir ihn zufällig beim Spazieren am Bodensee mit Frau und Kind getroffen, zusammen was Kleines gegessen. Jahrelang haben wir uns oft gesehen, zusammen Geburtstage und Jubiläen gefeiert. Bis Timo und Bettina eins nach dem anderen drei Enkelkinder bekommen haben. Bettina ist Timos Frau."

„Waren Sie auch mit Bettina befreundet? Ich meine, trafen Sie sich mit ihr auch ohne die Männer?"

„Nein, mit ihr konnte ich nicht viel anfangen."

Angespannt kritzelte Sauter in seinem Notizheft.

„Sie haben gesagt, nachdem die Kleibers Enkel bekamen, schlief die Freundschaft ein..." Der Kommissar schaute von seinem Block hoch.

„Wir trafen uns noch paar Mal, aber es war nichts mehr von der früheren Leichtigkeit und Unbekümmertheit geblieben."

„Haben Sie Herrn Kleiber danach getroffen? Nach dem Dezembertermin in der Ambulanz?"

Lisa schloss die Augen und sagte lange nichts.

„Ja, drei Monate später, im März. Er war zur gleichen Zeit wie ich stationär hier." Sie entschloss sich für die Wahrheit.

Ihre Augen blieben geschlossen.

„Und?"

„Was und?" Lisa öffnete die Augen, schaute aber am Kommissar vorbei zum Fenster.

„Wie war das Wiedersehen?"

„Wie meinen Sie das?" Lisa versuchte, eindeutige Antworten zu vermeiden.

„So wie ich es gesagt habe."

„Ich habe ihn erst zwei Tage nach der Aufnahme gesehen, obwohl wir auf derselben Station waren. Bettina hat ihn gerade besucht."

„Haben Sie mit ihr gesprochen?"

„Nein, sie hat mich nicht gesehen?"

„Warum nicht?"

„Ich wollte die beiden nicht stören."

Wieder machte der Kommissar eine Notiz und schaute auf die Uhr. Jederzeit könnte die Schwester auftauchen und ihn hinausbitten. Er musste aber unbedingt noch eine Frage stellen.

„Frau Netzler, können Sie sich vorstellen, was Timo Kleiber vorgestern in Ihrem Haus gemacht hat?"

Lisas rechte Wange zuckte. Wieder schloss sie die Augen.

„Vorgestern?"

„Genau, vorgestern. Am Dienstag."

„Am Dienstag? Vielleicht hat er Jürgen besucht", brachte sie nach längerer Denkpause aus sich raus.

„Sie meinen, Ihren Mann?"

Sie nickte.

„Besuchte er ihn oft?"

Kopfschütteln.

„Wie oft?"

Schulterzucken.

Sauter schaute auf die Uhr. Die zwanzig Minuten waren vorbei.

„Wie ist er ins Haus gekommen? Er hat sicherlich keinen Schlüssel. Oder doch?"

„Tamara, die Pflegerin, hätte ihn reinlassen können."

„Hat sie nicht. Die war schon weg."

Plötzlich änderte sich ihr Ton. Unter die Gleichgültigkeit mischte sich grobe Aggressivität. „Fragen Sie Timo doch!"

Die Tür ging auf und die Schwester kam ins Zimmer. Sauter erhob sich langsam.

„Das hätte ich gerne gemacht. Wenn er nicht tot wäre!"

Lisas Reaktion bekam Sauter nicht mehr mit. Die Schwester bugsierte ihn aus dem Zimmer.

*

Timo ist tot. Unmöglich! Was ist passiert? Wann? Wo?

Lisas Hirn, durch Medikamente benebelt, ließ den Atem rasen. Das hämmernde Herz drohte zwischen den Rippen durchzubrechen. Sie drückte beide Hände auf den Brustkorb, als ob sie damit das Hämmern stoppen wollte.

Wie ist Timo überhaupt ins Haus gekommen? Außer Tamara und dem Pflegedienst hat keiner den Schlüssel. Thomas war in Italien. Wer hat ihn reingelassen? Hat Tamara die Tür offen gelassen? Unwahrscheinlich.

Lisa hat sich schon gestern gewundert, als Doktor Gruber ihr mitteilte, ein Polizist möchte sie sprechen. Wahrscheinlich wegen ihres Autos, das auf dem „Kaufland"-Parkplatz stehen geblieben war? Oder ist was mit Jürgen passiert? Mit Sibille, Jürgens Mutter? Oder vielleicht ein Vorfall in der Klinik? Jetzt hat sie vom Kommissar die Antwort knallhart serviert bekommen.

„Geht es Ihnen nicht gut?" Die Krankenschwester, die gerade den Polizisten aus dem Zimmer begleitet hat, hielt sie an der Hand und fühlte ihren Puls. „Ihr Herz springt ja gleich raus. Wollen Sie was zur Beruhigung?"

Lisa nickte und zog die Decke über den Kopf.

„Ich spritze das Beruhigungsmittel in die Infusion, dann wirkt es schneller."

Lisa hörte noch die Stimme der Schwester, den Sinn bekam sie nicht mehr mit.

Timo ist tot. Noch vor ... was haben wir denn heute? Mittwoch? Donnerstag? Noch vor zwei Tagen um diese Uhrzeit war alles in bester Ordnung. Nun war sie selber als Notfall in der Klinik, knapp dem Tod entkommen, und Timo IST tot. Das Beruhigungsmittel begann zu wirken und Lisas Hirn flüchtete in die angenehme Vergangenheit.

*

Timos Anruf war überraschend gekommen. Wenn sie auch hoffte, dass er sich melden würde. An jenem Dienstag im März, drei Tage nach der Entlassung aus der Klinik, klingelte das Festnetztelefon. Um halb drei.

„Ich würde gerne Jürgen besuchen. Geht das?" Timo ließ die Begrüßung weg, trotzdem klang seine Stimme nicht unhöflich.

„Selbstverständlich, Timo. Er wird sich freuen."

„Dann bis gleich." Er legte auf.

Eine halbe Stunde später zwitscherte die Türklingel. Timo stand draußen ohne Mütze, ohne Jacke, im leichten Hemd, obwohl es draußen frisch war. Seit dem Freitag, ihrem letzten Abend in der Lungenklinik, hatte sich das Wetter schlagartig verschlechtert, als ob es die Leute bestrafen wollte für die vorzeitige unverdiente Wärme.

Er küsste sie auf die Wange.

„Du bist am Samstag so plötzlich verschwunden." Lisa wollte sofort ihre Frage loswerden, die sie seit Samstag beschäftigte.

„Jürgen ist mein Freund. Und du bedeutest mir zu viel, um dich zu verletzen. Wo ist er?" Er schaute ihr nicht in die Augen. Der geradlinige Timo wich ihrem Blick aus?

Timo machte einen Schritt zur Seite.

Schweren Herzens lief Lisa den Flur entlang ins Wohnzimmer hinter die Trennwand.

„Jürgen, schau mal, wer da ist."

Jürgens Augen leuchteten auf. Seit ewig mal wieder.

„Ich mache Kaffee. Timo, für dich wie immer mit Sahne ohne Zucker?"

Überrascht schaute Timo zu ihr rüber und nickte.

„Darf er lange reden?", fragte er sie.

„Je mehr, umso besser. Gute Übung für die Stimmmuskeln."

Sie zog die Schiebetür zu und ließ die beiden alleine.

Als sie mit dem Tablett zurückgekommen war, hörte sie ein grelles Lachen. Aus Jürgens Mund. Sie lächelte selber. Bestimmt schwammen die beiden gerade in Erinnerungen an ihre Fortbildungszeit, als sie die nicht ganz hellen Mitschüler, aber auch einige Lehrer aufgezogen hatten. Sie stellte das Tablett mit dem Kaffee auf den Beistelltisch und ging in die Küche.

Eine halbe Stunde später, als sie das leere Geschirr abholen wollte, hielt sie die plötzlich erstarkte Stimme ihres Mannes auf, die durch die halboffene Tür sickerte.

„Das ist sehr wichtig für mich. Ich liebe sie zu sehr." Lisa nahm noch den letzten Satz wahr.

Timo antwortete nicht.

Meinte er mit „sie" mich? Oder nicht? Leise blieb Lisa vor der Schiebetür stehen, aber die Männer hatten anscheinend ihre Unterhaltung beendet.

Bald war Timo gegangen. Er war auch so über eine Stunde lang geblieben.

Im Flur legte er seine schöne Hand um ihren Hals, zog sie an sich und küsste sie sanft auf die Lippen.

„Nächsten Dienstag. Um drei. Geht's bei dir?" Er schaute direkt in ihre hellblauen Augen.

Und dann war er weg.

10
Donnerstag

„Der Chef wartet auf Sie", bellte die Sekretärin in den Hörer. Vor einer Stunde hat Sauter dem Leiter des Morddezernats, Mayer, einen Bericht geschickt und um eine Unterredung gebeten.

Mayer kam gleich zur Sache.

„Verstehe ich richtig, dass Timo Kleiber und Lisa Netzler zum gleichen Zeitpunkt von Bienen gestochen wurden?"

„Mehr oder weniger. Herr Kleiber ist zwischen vierzehn und sechzehn Uhr gestorben. Der Notruf vom *Kaufland*-Parkplatz wegen Frau Netzler kam um 14:55." Sauter setzte sich an den Tisch und schlug seinen Notizblock auf.

„Kann es sein, dass die beiden doch mehr verbindet als nur die Freundschaft der Männer?"

„Das versuche ich gerade rauszufinden."

Gemächlich scrollte Mayer auf dem Bildschirm auf die nächste Seite.

„Wie hat sie eigentlich auf Kleibers Tod reagiert?"

„Leider habe ich ihre Reaktion nicht mitbekommen, weil gerade als ich den Tod erwähnt habe, die Schwester mich aus dem Zimmer rausgeschmissen hat. Die mir zugeteilte Zeit war längst rum. Aber während des Gesprächs ist ihr – am Anfang gleichgültiger – Ton immer aggressiver geworden, sobald es um den Kleiber ging."

„Kann sein, dass sie selber dahintersteckt. Er ist ihr Liebhaber, will sich trennen – das Übliche halt."

„Daran habe ich auch schon gedacht. Rein theoretisch wäre das möglich. Gerade habe ich mit dem städtischen Krankenhaus telefoniert, in dem sie als Chefarztsekretärin arbeitet. Sie hatte am Dienstag Frühschicht und hätte um eins gehen sollen. Wurde aber vom Chef aufgehalten, der ihr auftrug, die Unterlagen für seine Privatpatienten vorzubereiten. Um 14:22 Uhr stempelte sie aus. Wann sie den Parkplatz verlassen hat, lässt sich nicht nachvollziehen, weil gerade am Dienstagnachmittag der Parkserver ausgefallen ist. Da auf dem Server keine sensiblen Daten drauf sind, werden diese nicht gesichert."

„Volker, glaubst du noch an Zufälle?"

Wenn sie alleine waren, haben Mayer und Sauter sich mit dem Vornamen angesprochen. Noch vor zehn Jahren buckelten sie in einem Team, dann sprintete Rudi Mayer die Karriereleiter hoch; Volker Sauter war die operative Arbeit viel lieber.

„Immer weniger. Aber die gibt es doch manchmal." Sauter stand auf und ging zum Fenster. Er schaute nur kurz in den trostlosen Hinterhof und setzte sich auf den breiten Fenstersims. „Bis zum Parkhaus sind es circa fünf Minuten zu Fuß, je nachdem wo Lisa Netzler ihr Auto abgestellt hat. Also, ist sie, sagen wir, gegen halb drei losgefahren. Bei dieser Hitze waren die Straßen leer, in den Ferien ist der Verkehr sowieso spärlicher. Dann hätte sie zehn Minuten später in der Stolperstraße sein können. Zu ihrem Haus gibt es keine Zufahrt – also noch eine Minute zur Eingangstür. Plus, nehmen wir mal an, paar Minuten im Haus. Dann hätten wir schon 14:42 Uhr. Ein Kilometer zurück zum *Kaufland*, fast alles Bundesstraße, Tempo siebzig bis einhundert, eine Ampel. Um 14:47 Uhr könnte sie im Supermarkt gewesen sein. Viel Kundschaft war sicherlich nicht im Laden."

„Das heißt, bis 14:55 Uhr, als der Notarzt gerufen wurde, hätte sie alles erledigen können: nach Hause fahren, den Kleiber umbringen und zum Parkplatz rasen. Übrigens, im Bericht steht, dass Timo Kleiber aller Voraussicht nach mit Chloroform betäubt wurde, bevor ihn die Biene stach. Was ist das für Zeug?"

„Seltener Stoff. Wurde früher als Narkosemittel benutzt. Kann sein, dass in den Katakomben des Krankenhauses Reste vergessen wurden. Ich war mal im Bunker unter der Klinik: meterdicke Wände, Toiletten, Wasserversorgung – alles für den Ernstfall. Wurde noch im kalten Krieg in den 1970ern errichtet. Möglich ist alles."

„Sag mal. Es heißt doch, die Bienen sterben, nachdem sie einen Menschen gestochen haben. Im Bad hat die Spurensicherung aber keine toten Insekten gefunden ..."

„Ich habe gestern ein bisschen nachgeforscht. Das mit dem Sterben stimmt schon. Nach dem Stich, beim Versuch, sich zu befreien, reißt sich die Biene oft den Unterleib heraus. Aber sie stirbt nicht gleich, es kann Tage dauern. Und falls jemand sich zum Stichpunkt im Bad befand, hätte er auch das Insekt entsorgen können. Im Gegensatz zu Lisa Netzlers Wagen. Gerade hab ich von Kollegen einen Anruf bekommen – ein totes Insekt auf dem Beifahrersitz."

Sauter dachte nach.

„Rudi, ich habe auch mit dem Chefarzt telefoniert."

„Mit dem Vorgesetzten von Frau Netzler?"

„Ja. Ich wollte wissen, ob Lisa, bevor sie um 14:22 Uhr ausgestempelt hat, die ganze Zeit im Vorzimmer war. Er meinte, sie ist kurz nach zwei in sein Büro gekommen und hat die fertigen Unterlagen auf den Tisch gelegt. Von allen

Patienten. Außer von einem. Weil sie endlich gehen musste. Dabei ging es nur noch um zehn Minuten. Sie hatte es sehr eilig. Andersrum …"

„Ja?"

„So aufopferungsvoll, wie sie sich um ihren Mann kümmert … Dann so was."

„Stille Wasser sind tief. Haben wir schon mehrmals erlebt."

„Das stimmt, Rudi. Noch was. Frau Schiller, die Krankenschwester, meinte, Frau Netzlers Kollegin, Petra Rahm heißt sie, das habe ich überprüft, auch eine Chefarztsekretärin, besucht den Herrn Netzler regelmäßig."

„Den Ehemann von Lisa?"

„Genau. Mit der Dame sollte ich mich mal unterhalten."

„Was ist mit Frau Kleiber?"

„Deswegen bin ich ja hier. Ich habe mehrere heiße Spuren. Lisa Netzler, Frau Kleiber, Petra Rahm. Dann die Pflegerin – sie hat einen Hausschlüssel. Kann sein, er ist in fremde Hände gelangt. Noch ein Schlüssel ist in der Pflegefirma hinterlegt. Dort sollte man auch vorbeischauen. Ich brauche Unterstützung."

Rudi Mayer atmete tief ein und dann in einem Zug aus.

„Sicher. Wie wär's mit dem Oberkommissar Kalmach?"

„Perfekt. Der greift mir sowieso schon unter die Arme."

„Falls es übers Wochenende keinen Durchbruch gibt, müssen wir am Montag nochmal ..."

Plötzlich stockte Mayer, als er den unschlüssigen Ausdruck auf Volkers Gesicht sah.

„Ich habe gedacht, du bist wieder solo." Der Chef schaute ihn verlegen an.

„Bin ich. Kann aber sein, dass am Freitagabend mein Beziehungsstatus sich ändert. Kristina kommt vorbei, angeblich um ihre Sachen abzuholen."

„Okay, halte mich auf dem Laufenden."

„Mache ich. Gruß an die Family."

Im Großraumbüro lief Andi Kalmach dem Hauptkommissar Sauter entgegen.

„Ich habe was für dich", fing Volker Sauter an.

„Ich für dich auch. Ich habe mich ein bisschen im Internetloch umgeguckt. Unser verehrter Doktor Gruber aus der Lungenklinik."

„Was ist mit dem?"

„Komm mal." Ohne auf den Kollegen zu warten, lief Kalmach zum Tisch und entsperrte den Bildschirm. „Der *Allgäu-Express*, Jahr 2010. Seite vier, Lokalnachrichten." Er tippte mit dem Finger auf die Überschrift „Anzeige gegen Oberarzt zurückgezogen".

„Gruber?"

„Höchstpersönlich."

„Und?"

„Ich habe den Namen und das Foto der Patientin, die ihn angezeigt hat, mir schicken lassen. Und jetzt schau mal her." Er öffnete ein zweites Fenster im Internet-Browser. „Die Webseite unseres städtischen Krankenhauses. So. Wir klicken auf *Medizinische Abteilungen*, dann auf *Chirurgie*, auf *Sekretariat.*"

Auf Sauter schaute eine attraktive Frau um die vierzig. Aschblonde Haare, schmale Wangen, trübe Augen.

„Die Frau, die Gruber angezeigt hat?"

„Genau. Frau Petra Rahm."

„Moment mal." Sauter holte seinen Block raus. „Es kann selbstverständlich ein Zufall sein, aber eine Frau Petra Rahm besucht regelmäßig Jürgen Netzler, in dessen Haus die Leiche gefunden wurde."

„Wenn ich mehr Zeit hätte, würde ich der Sache genauer nachgehen." Kalmach schaute zum Sauter rüber.

„Die hast du. Ich war gerade beim Chef. Du bist ab jetzt in meinem Team. Aber deine erste Adresse – Frau Kleiber. Mich interessiert unter anderem, ob sie wusste, dass Frau Netzler im März auch in der Lungenklinik war."

Erst im Auto fiel Sauter ein, dass er gar nicht gefragt hat, wegen was Gruber angezeigt wurde. Er machte auf seiner neu sortierten Liste eine Notiz. Ganz oben unter Nummer eins stand Lisa Netzler. Mit der muss er nochmal sprechen. Und zwar sofort. Auch den Doktor Gruber wird er unter die Lupe nehmen müssen. Er steuerte das Auto Richtung Beuren, in die Lungenklinik.

Zu seiner Überraschung war Lisas Bett leer. Sauter klopfte an die Tür der Nasszelle, wartete kurz und drückte die Klinke runter.

So was hat Sauter noch nicht gesehen – die Nasszelle verband zwei benachbarte Zimmer. Wenn ein Patient das WC nutzte, verriegelte die Automatik die Tür des anderen Zimmers. Der Kommissar versuchte diese zu öffnen. Gesperrt.

Lisa war nicht da. *Ist sie geflüchtet?* Er lief zum Leitstand. Hinter dem Computer saß eine andere Schwester als heute Morgen. *Schichtwechsel,* dachte der Hauptkommissar.

Er zeigte seinen Ausweis.

„Die Frau Netzler ist – wann war denn das?", die Schwester blickte auf das Uhrsymbol auf dem Bildschirm.

„Wir haben jetzt sechzehn Uhr. So um drei rum ist sie in die Bibliothek gegangen. Müsste dort sein."

„Geht es ihr so gut, dass sie alleine laufen darf?"

„Sogar muss. Die Krise ist vorbei. Die Lunge braucht Arbeit und frische Luft."

Die Luft in der Bibliothek war nicht viel frischer als auf dem Stationsflur.

„Können wir hier reden? Im Zimmer fällt mir die Decke auf den Kopf." Lisa erweckte den Eindruck, als ob sie auf den Polizisten gewartet hatte.

Sauter zeigte auf die hintere Ecke, weit von anderen Patienten. Lisa erhob sich langsam und schob vor sich den lackierten Rollständer, an dem eine Infusionsflasche hing.

„Frau Netzler, hatten Sie vorgestern eine Verabredung?"

„Vorgestern?" Lisa schien die Wochentage immer noch nicht eindeutig zuordnen zu können.

„Ja, am Dienstag, als der Unfall passierte."

„Wieso?"

„Sie hatten Frühdienst, hätten um Punkt 13:00 Uhr Schluss machen wollen, als Ihr Chef Sie gebeten hat, die Unterlagen für seine Privattermine vorzubereiten. Sie gingen um 14:22 Uhr, dabei haben Sie die Befunde nur von einem Patienten nicht geschafft – das hätte aber nicht länger als zehn Minuten in Anspruch genommen. Sie hatten es sehr eilig. Wo wollten Sie hin?"

„Ich musste die Pflegerin ablösen."

„Zehn Minuten hin oder her. Die Krankenschwester ist ja um zwei gegangen."

Lisa schwieg.

„Wo haben Sie am Dienstag geparkt? Ich meine, auf dem Parkplatz? In der Nähe zur Schranke?"

„Nein. Wenn ich Frühdienst habe, sind die nahen Plätze zwar frei. Ich habe aber in der letzten Reihe das Auto abgestellt, im Schatten. War sehr heiß die Tage."

„Sie haben aber relativ schnell den Parkplatz verlassen", Sauter bluffte.

„Es war sehr warm... Warten Sie mal. Ich bin an der Schranke stecken geblieben, weil mein Chip nicht funktioniert hat. Ich habe die Pforte angerufen. Wissen Sie, da gibt es diesen Knopf an der Säule."

„Mit wem von der Pforte haben Sie gesprochen?"

„Mit der Frau Krause", die Antwort kam wie aus dem Geschoss.

„Das war jetzt aber schnell", staunte Sauter. „Haben Sie sich mit der Dame abgesprochen?"

Hitzig drückte Lisa ihre Augenlider zum schmalen Schlitz zusammen.

„Die hat mich ‚Blöde Kuh' genannt. So was vergisst man nicht."

Der Kommissar notierte den Namen – Krause – in seinem Block.

Plötzlich leuchteten Lisas Augen auf. Sie neigte sich zum Polizisten rüber.

„Sie meinen doch nicht im Ernst, dass ich... Dass ich nach Hause gefahren bin und... und..."

Ihre Gleichgültigkeit war wie weggeblasen.

Nachdem ihr Sohn Thomas vor einer Stunde, kurz bevor der Polizist wieder auftauchte, ihr den Todesschuss gegeben hat, indem er ihr alle Einzelheiten erzählte, ist sie in die Bibliothek gelaufen, vor der drückenden Enge des Patientenzimmers fliehend. Ihre Krankheit ist in den Hintergrund gerutscht. Thomas hat zwar den Namen des Toten nicht erwähnt. Er hat ihn nur beschrieben, so wie Tamara ihm den Mann beschrieben hat. Sie hatte keine Zweifel, wer das war.

Timo war nicht einfach tot. Er wurde ermordet. Zum gleichen Zeitpunkt, als sie auf dem Parkplatz um ihr Leben kämpfte. Timo wurde nicht einfach umgebracht. Er wurde in ihrem Haus ermordet, in ihrem Bad, im Bad, in dem er sie zum ersten Mal zum Wahnsinn getrieben hatte.

*

„Nächsten Dienstag. Um drei", hatte Timo an dem ersten Dienstag nach der Entlassung aus der Klinik, als er überraschend Jürgen besuchen kam, zu ihr gesagt. Und sie dabei auf die Lippen geküsst. Mehr nicht. Lisa wusste nicht, was genau nächsten Dienstag passieren wird. So aufgeregt war sie vor fünfundzwanzig Jahren nicht, als ihre Eltern übers Wochenende weggefahren waren und sie Jürgen zum Übernachten eingeladen hatte. Oder war es Glück? Ihr Schicksal schien plötzlich gar nicht so schlimm zu sein wie noch gestern, ihre täglichen Aufgaben erledigte sie die ganze Woche nach wie vor pflichtbewusst, aber mit einem zufriedenen Lächeln.

Den ersehnten Dienstag hatte sie Minute für Minute verplant. Jürgen machte ihr einen Strich durch die Rechnung, als er nach einem zweiten Kaffee fragte. Sonst trank er nur eine Tasse, wenn überhaupt. Meistens machte er ein Nickerchen um diese Uhrzeit. Die Kaffeemaschine schien extra langsam durchzulaufen, als ob sie den Kalk aus allen Ecken zusammenkratzte und in den Auslauf schob; Jürgen genoss das Getränk ganz gemütlich. Als er fertig war, zeigte der große Uhrzeiger auf zehn. Zehn vor drei.

Sie klebte einen Zettel an die Tür draußen – „Nicht klingeln. Offen", drückte das Schnäpperle – den kleinen Heber – am Türrahmen nach unten und lief in die Dusche. Schon am Vortag hatte sie die passenden Kleider ausgesucht; an der Unterwäsche blieb sie hängen. Legte zuerst das schwarze mit Silber strahlende Höschen aufs Bett. Da fiel ihr ein, dass es der Lieblingsschlüpfer ihres Ehemannes war. Letztendlich entschied sie sich für das schlichte eintönige Stück in Hellrosa, das auf ihrem sonnengebräunten Körper kaum erkennbar war. Als richtige Sonnenanbeterin nutzte sie jede freie Minute, um die wärmende Energie auf der Terrasse einzufangen und zu speichern. Das zahlte sich jetzt aus.

Die Seife roch nach Liebe. Sie hielt die Brause vor die Brust und schloss die Augen. Ohne diese zu öffnen, führte sie die Brause an den Armen und Beinen hoch und runter, über die Schulter und den Rücken. Als sie sich umdrehte und mit der Hand das Wasser aus den Augen wischte, stand er im Badezimmer. Außer der Unterhose hatte er nichts an. Wie lange war er schon da?

Timo reichte ihr die Hand. Jetzt stand er dicht vor ihr.

„Willst du auch duschen?", fragte sie mit bebender Stimme.

„Nein, habe ich im Betrieb gemacht."

Sanft legte er seine rechte Hand auf ihren Nacken, beugte sich runter und küsste sie auf die Lippen. Wie letzte Woche. Nur dass jetzt der Kuss länger dauerte und seine Zunge ihre in Gefangenschaft nahm. Er war viel größer als sie, aber anscheinend störte ihn diese unbequeme Haltung nicht. Seine rechte Hand ließ ihren Nacken frei und rutschte den Rücken runter. Sie hatte das Gefühl, ihre beiden Po-Hälften verschwanden in der Handfläche. Er drückte sich mit dem fettlosen Bauch an ihre Brüste; die Brustwarzen wachten auf und sandten ein Signal nach unten, zwischen die Schenkel, die nach außen fielen und für seine linke Hand die Pforte öffneten.

Die kleine Knospe, als ob sie Angst hätte, sein Mittelfinger könnte sie verfehlen, sprang nach vorne: Hier, hier bin ich! Sein Finger landete einen Volltreffer; gleichzeitig glitt der rechte Mittelfinger von hinten in die Spalte. So was hatte sie noch nie erlebt: Der eine Finger drückte sanft auf den pulsierenden Kitzler, der andere massierte sie von innen, die Handfläche lag auf der Stelle, die noch keiner berühren durfte, auch ihr Mann nicht. Ihre Arme hingen hilflos auf seinen Schultern, ihre Beine gingen immer mehr auseinander; sie merkte erst jetzt, dass seine Zunge nicht mehr in ihrem Mund war – sie streichelte ihren Hals, was sie zum Zittern brachte. Im Moment, als er ihren Nippel zwischen die Zähne nahm und leicht zubiss, spuckte der glühende Ofen aus ihrer Scheide die überflüssige Hitze raus, die nun die Beine runterfloss und durch die Zehen im Boden verschwand.

Lisa hing auf ihm. Er machte eine kurze Pause, zog seinen rechten Finger raus und knetete ihre Pobacken. Der linke Finger wanderte in die frei gewordene Spalte, dabei drückte er mit dem Ballen auf die schreiende Knospe. Seine Zunge kreiste um die linke Warze. Als er wieder leicht zubiss, drückte sie den Busen gegen seinen Mund. Seine Zähne knabberten an der angeschwollenen Brustwarze, immer stärker, immer schneller. Diese schmerzende Wonne! Plötzlich glitt seine Rechte hoch; er klemmte die rechte Warze zwischen den Daumen und Zeigefinger, ließ kurz locker, presste wieder zusammen. Ganz sanft und langsam, dann fester und schneller. Ihre Knie gaben nach.

Als er sie ins Bett trug, zeigte die Wanduhr zwanzig nach drei. Erst zwanzig nach? Sie war überzeugt, dass es deutlich später war. So viele Höhepunkte in einer Viertelstunde hatte sie noch nie erlebt! Sie wollte ihm zeigen, dass sie in der Schule der Liebe auch nicht bloß die Hinterbank gedrückt hatte, aber er hatte von ihren Brüsten immer noch nicht genug.

„Ich habe dir gesagt, ich will sie haben. Und wenn ich was will..." Dabei hatte sie nur Körbchengröße A, die zweitkleinste.

Der Dienstag war seitdem zu einem Fest geworden. Selbst als sie vierzig Grad Fieber hatte, ließ sie die Glut aus ihrem Körper von Timo raussaugen. Nur zwei Mal in diesen sechs Monaten fiel der Dienstag aus. Beide Male war es Timo, der das Treffen abgesagt hatte...

Der Dienstag war ihr Leben gewesen. Seit kurzem wurde dieser Wochentag zu ihrer Qual.

*

Sauter durchbohrte sie mit seinem scharfen Blick.

„Wenn Sie es nicht waren, woher wissen Sie vom Geschehenen?" Auch er nahm dieses schreckliche Wort – Mord – nicht in den Mund. „Von mir haben Sie es nicht."

„Mein Sohn war vor einer Stunde da."

Erst jetzt registrierte Lisa, was sie eben gesagt hat, und versuchte es wieder geradezubiegen.

„Tamara hat ihm alles erzählt – wie sie Timo gefunden hat, und zwar im Bad gefunden, in allen Einzelheiten erzählt."

„Seit wann ist Ihre Tamara eine Rechtsmedizinerin?"

„Sie ist Ärztin", puschte Lisa, als ob das eine Erklärung wäre.

„Die in der Lage ist, einfach so festzustellen, dass der Mann ermordet wurde." Das war keine Frage mehr.

„Weder mein Sohn noch Tamara haben mit der Sache was zu tun. Halten Sie die beiden da raus." Lisa faltete ihre Hände zusammen.

„Das lässt sich sicherlich überprüfen." Wie leid ihm die niedergeschlagene Frau auch tat, er konnte den Ermittler in sich nicht ersticken.

Lisas Tränendüsen machten ihre Schleusen auf. Sie versuchte die Bächlein mit der Zunge abzufangen, aber die liefen an den Mundwinkeln vorbei das Kinn runter.

„Hat Ihr Sohn, Frau Netzler, Ihnen auch erzählt, dass Timo Kleiber mit Hilfe des Bienengiftes umgebracht wurde?" Sauters Stich zeigte seine Wirkung – Lisa legte ihre beiden Hände auf die Brust und schnappte nach Luft.

Sauter neigte sich zu ihr rüber, als sein Telefon zu vibrieren begann. Am Eingang hat er das Gerät auf lautlos gestellt, wenn auch die Aufforderung auf dem Schild eindeutig war: Handys komplett ausschalten. Das Display zeigte „Anruf von Einsatzzentrale" an. Solche Anrufe bedeuteten nur Ärger.

„Was? Was ist mit Herrn Netzler?", schrie er einen Augenblick später in den Hörer und rannte zum Auto, ohne die Frau Netzler zu beachten, die er mit aufgerissenem Mund stehen ließ. Daran, dass er noch unbedingt den Dr. Gruber sprechen wollte, dachte er gar nicht mehr.

„Jürgen Netzler ist verschwunden", hallte Tamaras Stimme ihm nach.

11
Donnerstag

„So ein Mist." Volker Sauter stand in der abgetrennten Schlafkammer vorm Pflegebett, auf dem ein Mann in knochiger Hülle mit blassgrauen eingefallenen Wangen friedlich schlief. So einen tiefen Schlaf konnte keiner vortäuschen.

Hinter ihm stand die Krankenpflegerin Tamara mit geröteten Augen, die Hände wie zum Beten zusammengefaltet.

„Kommen Sie, wir gehen auf die Terrasse." Sauter lief vor.

Die Sonne brannte nicht mehr runter, aber die unter dem Glasdach angestaute Luft schoss sofort Schweißperlen auf seine Stirn. Das war ihm trotzdem lieber als das rhythmische Atmen im Wohnzimmer.

„Sie verarschen mich nicht, hoffe ich", fuhr er die Pflegerin an.

Die Frau, die sowieso schon am Ende war, begann zu schluchzen.

„Sorry." Sauter setzte sich. „Für mich war das auch ein Schlag. Ich höre."

Tamara ließ sich schwer in den gepolsterten Gartenstuhl fallen.

„Normalerweise hängt der Hausschlüssel an meinem Bund mit anderen Schlüsseln. Heute habe ich ihn abgetrennt, weil Thomas für seine Freundin einen nachmachen wollte. Hat übrigens nicht geklappt – der Handwerker verlangt die vom Hersteller ausgestellte Karte. Mit der Karte kann er auch ohne Muster einen neuen anfertigen. Also hat Thomas den Schlüssel bald zurückgegeben.

Genauer gesagt habe ich *meine Schlüssel* abgetrennt und auf die Fensterbank gelegt und Thomas das Etui mit dem Hausschlüssel mitgegeben. Beim Gehen habe ich nicht mehr dran gedacht, und da mein Mann mich abgeholt hat, ist es mir erst zu Hause aufgefallen, dass ich nur das Etui mitgenommen habe. Der Rest ist auf dem Fenstersims liegen geblieben. Ich bin zurückgefahren."

Höchstens eine Stunde war Tamara weg. Sie hatte die Eingangstür aufgeschlossen und ihr Schlüsselbund von der Fensterbank gefischt. Da fiel ihr die offene Tür ins Wohnzimmer auf. Die war sonst grundsätzlich zu. War Thomas früher zurückgekehrt? Er war zu seiner Wohnung gefahren, um frische Anziehsachen zu holen, und sollte bis Spätabend beim Vater bleiben.

Sie schaute ins Zimmer rein. Der Zugang zur Terrasse war zu. Eher instinktiv spähte sie hinter die Trendwand und ... erstarrte. Ihre Beine gaben nach, sie rutschte auf den Boden, robbte in den Flur und wählte die 112. Zum Glück war der Polizist in der Telefonleitung mit dem Fall, der sich in der Stolperstraße 49 abspielte, vertraut und alarmierte sofort den Hauptkommissar Sauter.

Später, sobald ihr Puls unter die Sechzigergrenze fiel, schlich Tamara sich wieder an die Trennwand und streckte den Kopf in die Schlafkammer. Nicht den ganzen Kopf, nur einen Teil, nur das rechte Auge. Ihr Herz, das vor kurzem noch aus dem Brustkorb sprang, setzte plötzlich seine Impulse aus. Nur vereinzelte Schläge schickten noch das Blut durch die Adern.

Schockiert beobachtete sie, wie ein Mann mit Hilfe der Arme sich aufs Bett hochhievte, ganz geschickt, als ob er das ständig machte und gut darin geübt war, und dann Zentimeter für Zentimeter den dünnen Körper, nur Haut und Knochen, hochzog. Er blieb erschöpft auf der Seite liegen, mit dem Rücken zu Tamara, mit dem Gesicht zum Fenster. Keine zehn Sekunden später erreichte sein aus der schlafenden Tiefe kriechendes Atmen ihren Gehörsinn. Sie zweifelte nicht daran, wer da vor ihren Augen babymäßig schlummerte. Jürgen ...

In diesem Zustand fand ihn der Kommissar vor.

„Jürgen soll nicht wissen, was Sie gesehen haben. Auch zu Thomas kein Wort. Zu niemandem. Fahren Sie nach Hause. Ich bleibe hier." Sauter konnte die neue Tatsache noch nicht richtig einordnen.

Das Gefühl, die Fäden würden ihm entgleiten, überfiel den Hauptkommissar in seinem langen Berufsleben – über zwanzig Jahre waren es mittlerweile – nicht oft. Jetzt schlich es sich an ihn heran. Er holte sich aus der Küche ein Glas Leitungswasser – auch zu Hause, seitdem Kristina ausgezogen war, hat er keine Wasserkisten mehr geschleppt und trank nur aus dem Hahn – und rutschte hinter den Gartentisch. Er legte seine Beine auf den zweiten Sessel hoch. Die Wadenmuskeln vibrierten leicht. Er schlug die Beine übereinander. Das Zittern ließ nach. Seitdem er wieder regelmäßig das Fitnessstudio besuchte, verkraftete sein Körper jede Art Anstrengung – ob er im Büro saß oder den ganzen Tag unterwegs war – deutlich leichter. Er würde gerne öfters zum Trainieren gehen. Nicht dass er dafür keine Zeit hätte. Aber abends war das Studio von Pinguinen belagert – so nannte Sauter die seltsamen Spezies, die nur darauf bedacht waren, ihre Schultern und Bizepse zu formen, sodass der Übergang vom Oberkörper zum Kopf, der bei normalen Leuten Hals hieß, fast nicht mehr existierte. Pinguine halt.

Sauter tippte Kalmachs Nummer ein – sein Kollege war gerade unterwegs zu Frau Kleiber –, überlegte dann anders. Er brauchte Zeit zum Nachdenken. Hoffentlich wird der Herr nebenan länger schlafen.

*

Entweder hatte Bettina Kleiber ihre Gefühlslage fest im Griff oder die Trauer stellte sich bei ihr ganz hinten an. Eher das Zweite. Andi Kalmach mit seinen fünfunddreißig Jahren hatte genügend Menschenkenntnis, um das schnell festzustellen. Der älteste Sohn, der am Küchentisch in der gemütlichen Dreizimmerwohnung mit längst aus der Mode gekommenen Möbeln kauerte, sah richtig mitgenommen aus. Bettina vermittelte den Eindruck, dass sie das mit ihrem Mann Timo passierte Unheil als selbstverständlich empfand.

„Frau Kleiber, ich würde mich mit Ihnen gerne unter vier Augen unterhalten." Kalmach sprach leise, aber bestimmt.

Der Sohn schaute hoch. „Wir haben in der Familie keine Geheimnisse voreinander."

Und ob, dachte Kalmach. Laut sagte er:

„Ihre Mutter kann entscheiden, ob sie Ihnen unser Gespräch wiedergibt."

Der junge Mann stand auf. „Ich bin im Wohnzimmer."

Energisch schlug Bettina ihren linken Ärmel zurück und hielt die Uhr vor die Augen.

„Wir haben eine Viertelstunde."

„Dann müssen wir uns später oder morgen nochmal treffen." Andi Kalmach mischte etwas Schärfe in seine Worte.

Bettina überlegte kurz und lief in den Flur, wählte am Festnetztelefon eine Nummer. „Frau Kaiser, macht es Ihnen was aus, wenn ich entweder heute später komme oder morgen? Danke für Ihr Verständnis. Bis morgen."

Zurück in der Küche sagte sie zum Polizisten:

„Ich habe noch einen Nebenjob in der Arztpraxis." Sie hob entschuldigend die Hände.

„Hat Ihr Mann nicht genug verdient, wenn ich fragen darf?"

„Doch. Aber drei Kinder, Enkelkinder."

„Die Kinder sind doch längst erwachsen", fing Kalmach an, unterbrach sich aber, als er die ablehnende Leere in Bettinas Augen sah.

Kalmach schob die Dame in die Schublade „Helfersyndrom" und stellte die Frage, wegen der er eigentlich hier war.

„Frau Kleiber, haben Sie eine Vorstellung davon, was Ihr Mann am fatalen Dienstag bei Netzlers gemacht hat?"

„Ich nehme an, den Jürgen besucht." An diese Version glaubte sie selber nicht – das hat ihre sarkastische Betonung auf ‚den Jürgen' verraten.

„Besuchte er ihn oft?"

„Nicht, dass ich wüsste. In den letzten Jahren zumindest."

„Wussten Sie, dass Frau Netzler, also Lisa Netzler, im März in der Lungenklinik in Beuren war – genau zum Zeitpunkt, als Ihr Mann dort behandelt wurde?"

Bettinas Augen blitzten giftig.

„Ach so ... Alles klar."

„Was ist Ihnen klar? Und Sie haben meine Frage nicht beantwortet."

„Nein, ich wusste es nicht." Bettina machte eine Pause, als ob sie eine schwierige Matheaufgabe löste. „Was mir klargeworden ist? Wieso mein Mann nach dem Klinikaufenthalt sich so verändert hat."

„Inwieweit?" Andi Kalmach spürte, dass er die Frau an die Grenze herangeführt hat, nach der sie gesprächiger wird.

Bettina blickte kurz in den Flur, versicherte sich, dass die Tür zum Wohnzimmer geschlossen war.

„Timo war schon immer, wie soll ich es sagen, nein, nicht sexbesessen, aber... Ihm reichte auch in unserem Alter – er zweiundfünfzig, ich zwei Jahre älter – das eine Mal pro Woche nicht. Ich ließ ihn gewähren, auch zwei, drei Mal in der Woche. Solange er in meinem Bett war, spielte es keine große Rolle. Ihm genügte es nicht. Für ihn war eben das wichtig, was normalerweise bei Frauen an der ersten Stelle steht: nicht das Ziel, der Weg dorthin. Ihn interessierte nicht sein Höhepunkt, oder nicht nur; er, Timo, konnte Stunden mit dem Vorspiel verbringen. Damit hatte ich meine Probleme."

„Vermute ich richtig, dass nach der Klinik Ihr Mann... hm... plötzlich weniger Interesse an Ihnen zeigte?"

„Die ersten zwei Wochen lief es wie gewohnt. Dann hatte er sich plötzlich im Ehebett mit dem Samstag abgefunden. Frauen haben ein Gespür für so was. Ich habe seinen Wochenablauf genauer beobachtet und festgestellt, dass er dienstags besonders gut gelaunt war, sehr zuvorkommend. Kennen Sie das Gefühl: Wenn jemand ein schlechtes Gewissen hat, wird er plötzlich viel netter und biegsamer. Er roch auch anders, nicht nach Parfüm, nach ... wissen Sie, so wie ein Kind riecht.

Dienstags kam er Punkt halb sechs nach Hause, wie an anderen Werktagen, aß weniger als gewöhnlich, manchmal blieb er nur beim Tee. Ungefähr vor zwei Monaten wurde unser neuer Kühlschrank geliefert, ich fand die Bestellung nicht und wählte seine mobile Nummer. Das Handy war ausgeschaltet. Ich rief im Betrieb an – Timo war seit halb drei weg."

„Haben Sie ihn abends gefragt, wo er war?"

„Nicht direkt. Er hatte sich rausgeredet, irgendwas mit der Autowerkstatt, aber ich glaubte ihm nicht."

„Wieso haben Sie ihn nicht darauf angesprochen?"

„Weil ich Angst hatte. Ihn zu verlassen – das hätte ich nicht geschafft. Eine Gewissheit zu haben, dass er im fremden Bett seinen Spaß holte, wäre noch schmerzhafter."

Bettina schwieg eine Weile. Auch Kalmach sagte nichts.

„Sie, ich meine, Lisa Netzler, hat sich schon vorher an meinen Mann rangemacht. Auf unserer Silberhochzeit hat er mehr mit ihr als mit mir getanzt. Kein Wunder, bei ihrem Aussehen und ihrer Figur."

Die etwas mollige Frau fasste sich vorne an den Schwimmringen: „Die wenigsten Männer stehen auf so was."

Dann tu doch was dagegen! Andi hatte den Punkt am Ende seines Gedankenzuges noch nicht gesetzt, da fuhr Bettina fort:

„Ich weiß, was Sie denken. Die fette Sau, statt sich im Fitness-Studio zu quälen, beschmiert sie ihre Nebenbuhlerin mit Dreck." Die Bitterkeit in Bettinas Sätzen nahm rapide zu. Sie peitschte dem Polizisten Vorwürfe ins Gesicht, die eigentlich nicht für ihn bestimmt waren. „Versuchen Sie mal drei Kinder aufzuziehen. Kaum waren sie groß, kamen die Enkel. Auch drei. Die wollen alle schön angezogen sein, schicke Autos fahren, moderne Möbel in neuen Wohnungen haben. Ich habe heute bis vier in der Keksfabrik gearbeitet. Wenn Sie nicht gekommen wären, würde ich jetzt in der Arztpraxis die Kloschüssel schrubben. Bis acht. Wann soll ich mich um meine Figur kümmern? Und wenn du noch ahnst, dass dein Liebster sich den Spaß im fremden Bett holt, dann sind alle guten Vorsätze für die Katz und die Tafel Schokolade, kaum angebrochen, hängt schon an deinen Hüften."

Spontan griff Andi zur Brusttasche, holte die Zigarettenschachtel raus und schaute bohrend in Bettinas Augen. Sich zu drangsalieren, um den dreißigjährigen Kindern den Weg mit Rosen zu bestreuen, für sich aber die billigste Wurst beim Discounter zu holen und das gesparte Geld den Sprösslingen zuzustecken, die sich dann beim teuersten Superbioladen eindeckten – wie viele Eltern merkten gar nicht, dass sie zu Geiseln geworden waren. Die Kleibers überboten alle, denn auch zwei Autokredite und die Hypothek des ältesten Sohnes liefen auf ihre Rechnung.

Eine verbitterte Frau, die ihr Leben für die Kinder aufgeopfert hat, war zu vielem fähig. Eine verbitterte Frau, die betrogen wurde, war zu allem fähig.

„Frau Kleiber, wo waren Sie am Dienstag zwischen vierzehn und sechzehn Uhr?"

„Wie immer, auf der Arbeit." Die Antwort kam sofort. „Glaube ich ..."

„Klingt nicht besonders überzeugend."

„Ich bin morgens zu Arbeit gegangen. Gegen Mittag habe ich gewaltige Kopfschmerzen bekommen – wie so oft die letzten Monate dienstags – und bin früher nach Hause gefahren."

„Wann genau?"

„So gegen dreizehn Uhr, nehme ich an. Genau, gegen dreizehn Uhr. Der Wochenmarkt bei uns im Ortsteil hat bis eins offen, da haben die Händler gerade ihr Zeug zusammengepackt."

„Und zu Hause haben Sie eine Kopfschmerztablette genommen und sich ins Bett gelegt?" Kalmach setzte nach.

„Woher wissen Sie das?"

„Haben Sie ein Auto, Frau Kleiber?"

„Ja. Aber das hat seit Wochen unsere Tochter. Zum Einkaufen fahre ich mit meinem Mann... Oh... Bin gefahren. Manchmal fahren mich die Kinder."

„Haben Sie ein Handy?"

„Nein, nur WhatsApp. Die Kinder schicken mir Bilder."

Oje! Andi machte in seinem Gedächtnis eine Notiz: die Taxiunternehmen und die Telefonverbindungen überprüfen. Mehr konnte er jetzt nicht machen.

*

In höchstens zehn Sätze packte Oberkommissar Kalmach Bettinas Geschichte. Er hat Sauter sofort nach dem Gespräch mit der Witwe angerufen.

„Ich nehme an, Lisa Netzler und Timo Kleiber hatten ein Verhältnis. Seine Frau vermutete, dass er im fremden Bett seinen Spaß holte, wusste aber nicht, wer die Dame war. Jedenfalls gibt sie nicht zu, es gewusst zu haben.

Timo Kleibers Frau ist am Dienstag um eins von der Arbeit nach Hause gegangen, hatte Kopfschmerzen, wie so oft dienstags, wenn ihr Mann sich woanders vergnügt hat.

Alibi hat sie keins, aber ich glaube nicht, dass sie was mit dem Tod ihres Mannes zu tun hat. Dafür ist sie nicht helle genug, wenn auch unendlich verbittert; nicht nur wegen ihres untreuen Mannes." Oberkommissar Kalmach erstattete Sauter, der auf der Dienstleiter eine Stufe höher stand, einen kurzen Bericht. „Außer sie steckt mit jemandem unter einer Decke. Einen Sohn habe ich gesehen, der scheint mir zu apathisch für solche Sachen zu sein."

„Nicht schlecht, Andi. Es wird ja immer spannender. Lassen wir mal den Clan Kleibers in Ruhe. Vorläufig. Es gibt neue Erkenntnisse aus dem Hause Netzlers." Hauptkommissar Sauter erzählte kurz von Tamaras Entdeckung, von der plötzlichen Bewegungsfähigkeit ihres Patienten, von seiner Unterhaltung mit Lisa.

„Das bedeutet, dass Lisa zur gleichen Zeit, als Timo in ihrem Bad umgekommen ist, in ihrem Auto von Bienen überfallen wurde … Meine Güte. Es wird tatsächlich mehr als spannend, findest nicht, Volker?"

„Ich bin immer noch in der Stolperstraße und warte, bis Jürgen aufwacht. Will ihn heute noch sprechen. Du versuch bitte so lange, Lisas Kollegin, die Chefarztsekretärin Petra Rahm, ausfindig zu machen. In der Klinik ist sicherlich ihre Nummer hinterlegt. Wenn nicht, gehe über ihren Chef. Wobei, was erzähle ich dir. Du findest ja eine Nadel im Heuhaufen, ich meine, im Internet. Ich rufe dich selber an."

Sauter wusste, dass auf Andi zu Hause die Ehefrau und zwei Kinder warteten. Wobei die Kinder sicherlich schon im Bett waren. Wenn er aber selber durch die Gegend raste, erwartete er dasselbe von den Kollegen. Oder hoffte zumindest darauf.

„Sonst reicht es auch morgen", fügte er hinzu.

Der Hauptkommissar wünschte sich etwas Ruhe, vielleicht auch Schlaf zu finden, als er auf Netzlers Terrasse in den bequemen Gartenstuhl tauchte. Sein Hirn ratterte ohne Unterbrechung. Wenn Jürgen in der Lage war, das Bett eigenständig, ohne fremde Hilfe, zu verlassen, war er auch in der Lage, die Treppe hochzukrabbeln? Lisas Bluse mit dem süßlichen Duft einzusprühen? Mit Timo war die Sache komplizierter. Dem Mann im Liegen die Zuckersoße auf die Schulter zu schmieren war unmöglich. Außer Timo saß schon auf dem Boden, betäubt von Chloroform. Wer hat dann das Fenster aufgemacht? Konnte Jürgen sich an der Wand hochziehen? Fragen über Fragen. Solange er mit ihm nicht gesprochen hat, solange er nicht rausgefunden hat, wie stark der Mann tastsächlich war, gab es keine Antworten. Jetzt war Vorsicht geboten, ein falsches Wort könnte die lebendige Spur verwischen.

Sprunghaft hievte sich Sauter aus dem bequemen mit salatfarbigem Polster umhüllten Gartenstuhl, der mit der gleichfarbigen Markise unter dem Glasdach harmonierte – die Hausherrin hatte eindeutig einen besonderen Geschmack. Er holte sich aus der Küche noch ein Glas Leitungswasser – es schmeckte ihm sogar besser als der teuerste Sprudel aus dem Laden – und steckte vorsichtig den Kopf hinter die Trennwand.

Jürgen lag mit offenen Augen auf dem Rücken. Nach Tamaras Darstellung hatte er sich auf die linke Seite gelegt, nachdem er das Bett hochgeklettert war. In dieser Lage hat auch Sauter ihn gesehen. Jetzt hat sich seine Position geändert. Das heißt doch, dass er sich tatsächlich selbständig bewegen kann. Außer, jemand hat ihm geholfen. Plötzlich durchfuhr den Kommissar ein Gedanke, er lief am Bett vorbei und öffnete die Verbindungstür zur Einliegerwohnung. Wieso war er früher nicht auf die Idee gekommen?

Der abgedunkelte Raum hauchte kühle Luft entgegen – im Unterschied zur schwülen Atmosphäre in der kleinen Schlafecke herrschte hier anderes Klima. Das rechteckige Wohnzimmer war leer, kein einziges Möbelstück stand drin. Nur die Kochnische – jeder Zentimeter der schmalen Ecke – war mit eleganten Schränken gefüllt. Mit keinem billigen Zeug, das die meisten Vermieter in die Mietwohnungen pressten. Die Tischplatte war aus echtem Marmor, die Spüle präsentierte das Logo eines Premiumherstellers aus der Schweiz. Auch der Herd, die Spülmaschine, der kleine Kühlschrank, sogar die eingebaute Mikrowelle – alles bekannte teure Marken. Könnte es sein, dass diese Wohnung extra für eine bestimmte Person hergerichtet war? Wer war überhaupt der Mieter gewesen? Oder die Mieterin? Die Mieter haben jedenfalls einige Spuren im Wohnzimmer hinterlassen, vor allem an den Wänden, die übermäßig abgenutzt waren. Anders als der dunkelbraune Parkettboden, auf dem kein einziger Kratzer zu sehen war.

Das kleine Badezimmer umhüllte den Kommissar mit sanftem Salatgrün. Alles im Raum – die Bodenfliesen, die deckenhohen Wandfliesen, die Kloschüssel, das Waschbecken, die Leuchte, die Duschwanne mitsamt dem Glas – alles leuchtete im Hellgrün, mit kaum wahrnehmbaren Tonübergängen. Sauter überkam das Gefühl, er befinde sich irgendwo draußen, in der freien Natur, und seine Fußsohlen berührten nicht die kalten Fliesen, sondern schwebten über das saftige Wiesengras.

Er machte das Licht aus und drehte sich zur Wohnungseingangstür um. Drückte auf die Klinke. Die Tür war zu. *Wer hat alles einen Schlüssel zur Wohnung?* Es könnte doch sein, dass jemand diesen Zugang nutzte, um unbemerkt in Jürgens Schlafkammer zu gelangen. Wer? Mit welchem Ziel? Seine Gedanken wurden immer chaotischer.

„Bekommen Sie oft Besuch?", er ging ins Wohnzimmer zurück und stellte sich vors Bett.

Der Mann auf dem Bett reagierte nicht.

„Herr Netzler?" Sauter mischte etwas Metall in seine Stimme.

Jürgens Augen bewegten sich synchron. Er schüttelte mit dem Kopf. „Es war doch schon immer so, dass du so lange für die anderen interessant bist, solange du geben kannst. Oder etwa nicht?"

„Da fehlt mir die Erfahrung. Also besucht Sie niemand?"

„Im ersten Monat waren alle Kollegen hier. Jetzt kommt keiner mehr." Im Vergleich zu gestern schien Jürgens Stimme an Kraft gewonnen zu haben.

„Als was haben Sie denn vor dem ... hm ... früher gearbeitet?" Sauter vermied absichtlich das Wort „Unfall".

„In der Softwarebranche. Anwendungen für Steuerungstechnik. Zuerst habe ich selber Programme geschrieben, zum Schluss nur Projektarbeit gemacht."

„Hat Sie außer den Kollegen niemand aufgesucht?"

„Der Nachbar schaut ab und zu vorbei, dieses Tanzäffchen."

„Meinen Sie den Herrn ...", Sauter blätterte in seinem Block, „den Herrn Schmitz?"

„Dieser Spinner. Seit Jahren in Rente, kriegt nichts auf die Reihe, aber immer die anderen belehren. Alleine sein Vorschlag in der Zeitung, die Autofahrer sollen im Winter vor dem Schneefall ihre Autos waschen, damit kein Dreck beim Schneeunterfegen auf den Boden fällt, war krank genug. Wenn ich den Aufkleber auf seinem Briefkasten gesehen habe – ‚Atomstrom? Danke, nein!' – kriegte ich so ... einen ... Hals."

Der Kommissar hielt den Atem an. Eigentlich hätte Jürgen jetzt seine Hand zum Hals heben sollen, aber der vollendete nach kurzer Pause den Satz, ohne eine merkbare Bewegung zu machen. Nur ein leichtes Schulterzucken! *Vielleicht habe ich mir auch das eingebildet.*

„Selber fährt er sogar zur Bäckerei mit dem Auto – sechshundert Meter, habe mal mit dem Fahrrad die Strecke gemessen", fuhr Jürgen fort. „Er fährt, sozusagen, ökologisch spazieren. Noch vor Jahren hat er von der schwäbischen Küche geschwärmt, dann auf mediterrane Produkte abgefahren, letzten Monat auf asiatisch umgeschwenkt. Nimmt man ihn ernst, darf man die Lebensmittel aus dem Supermarkt gar nicht essen. Auch Bio ist purer Ramsch, nur Superbio vom einheimischen Bauern taugt was. Er kann gut reden – seine Frau schaufelt ja das Geld quasi nach Hause."

„Was macht sie denn beruflich?"

„Sie hat ein Fitness-Studio für besonders Gesundheitsbewusste. Mit Yoga, Pilates, Qigong, oder wie das ganze Zeug sich nennt."

„Wenigstens wird es nicht langweilig mit ihm, oder?"

„Das stimmt", ein sarkastisches Lächeln zog Jürgens Mundwinkel auseinander. „Der weiß auch alles, was in der Siedlung passiert. Bei seinem letzten Besuch hat er die Frau Malsam, die zwei Reihen weiter wohnt, mit Dreck beworfen. Weil sie ihren zwanzig Jahre älteren Mann mit einem jüngeren betrügt. Soviel ich weiß, hat Frau Malsam schon lange die Scheidung eingereicht und zieht mit allen drei Kindern zum neuen Partner. Na ja, Herr Schmitz hat bei jedem was auszusetzen, er wird jeden an den Pranger stellen, egal, worum es geht."

Sauter blätterte sein Notizbuch um. Seite fünf. Vier Seiten hat er bereits mit seinen Bemerkungen gefüllt, die einzeln vielleicht interessant waren, im Ganzen jedoch nicht zum Durchbruch führten.

Hätte der Nachbar ein Motiv, wenn er mitbekommen hat, was sich bei Netzlers abspielte, die Sachen geradezubiegen? Dass Lisa und Timo ein Verhältnis hatten, schien immer wahrscheinlicher zu sein. Die Tatsachen sprachen für sich: Sie waren zusammen vor sechs Monaten in der Lungenklinik; Lisas aggressiver Ton, sobald es um Timo ging; Bettinas Verdacht.

„Wenn Sie keiner außer Herrn Schmitz besucht ..."

Sauter wartete die Reaktion ab.

„Die Frau Rahm, Petra Rahm. Kommt sie oft?", er fixierte Jürgen mit seinem durchdringenden Blick.

Der Sarkasmus verschwand aus Jürgens Gesicht, die Mundwinkel zogen sich zusammen, die Lippen drückten aufeinander, die Miene versteinerte sich. Sauter hörte das Knirschen der Zähne.

„Ich bin müde. Würden Sie jetzt bitte gehen."

Der Hauptkommissar verließ die Schlafecke mit einem neuen Trumpf. Frau Rahm! Da steckt was dahinter. Könnte sein, dass beide ein Komplott geschlossen haben? Mit welchem Zweck? In jedem Fall hatte Sauter unerwartet zwei Trümpfe in der Hand. Den ersten auszuspielen – die plötzliche Beweglichkeit vom Querschnittgelähmten –, dazu kam er heute nicht. Morgen vielleicht!

Auf dem Weg zum Auto wählte Sauter Kalmachs Nummer.

„Andi, warst du bei Frau Rahm?"

„Ich habe bei ihr an der Haustür geklingelt. Keiner machte auf. Morgen früh werde ich noch einen Versuch starten."

„Gut so. Ich übernehme die Dame. Du kümmerst dich bitte um den Herrn Schmitz, den Nachbarn der Netzlers. Dieser Moralapostel kommt mir komisch vor." Sauter schloss das Auto auf.

Der Hautkommissar schilderte dem Kollegen kurz, was Jürgen über den ökologischen Oberrichter erzählt hat. Die Uhr auf dem schlichten Armaturenbrett zeigte 21:30. Wenn es morgen, am Freitag, so spät wird, könnte er gleich seine Hoffnung begraben, Kristina hat ernsthafte Absichten und kommt nicht wegen ihrer Sachen.

Als Sauter ausparkte, rollte ein dunkelroter „Audi" in die Lücke daneben. Am Steuer saß ein junger Mann, der Beschreibung nach Jürgens Sohn. *Tamara hat doch gesagt, sie kommt um zehn wieder und löst Thomas ab*, kam dem Polizisten in den Sinn. Jetzt war es halb zehn, das hieß, der junge Mann versuchte seine Besuche beim Vater so kurz wie nur möglich zu halten. Warum?

Am nächsten Morgen kurz nach sieben rief der Hauptkommissar Sauter in der Klinik im chirurgischen Chefarztsekretariat an und verlangte die Frau Rahm. Er war schon lange wach, hatte zwei Kaffee getrunken und saß jetzt mit dem Rasierapparat auf dem Badewannenrand.

„Sie ist seit gestern krankgeschrieben. Die meldet sich öfters krank, so für zwei, drei Tage", die Kollegin erwies sich als gesprächige Zeitgenossin. Oder sie hatte was gegen die Chefsekretärin. „Ohne Krankenschein, versteht sich. Aber dieses Mal hat es sie richtig erwischt."

„Was hat sie denn?", hakte Sauter nach.

„Sie war ja gestern bei uns im Krankenhaus in der Notaufnahme und dann bis spät in die Nacht auf der Kurzliegerstation. Wissen Sie, die Station, auf die vor allem Patienten hinkommen, bei denen der Arzt noch nicht sicher ist, ob sie stationär aufgenommen werden müssen oder nach Hause dürfen. Oder vielleicht in eine Uni- oder Fachklinik gehören. Warten Sie mal. Genau, im KIS steht, dass sie um 23:45 Uhr die Station verlassen hat."

Die etwas simple Ausdrucksweise der Empfangsdame störte den Kommissar nicht, vor allem, weil sie es mit dem Datenschutz nicht so ernst nahm.

„Was hat sie denn?", wiederholte er seine Frage. „Und was bedeutet um Gottes willen KIS?"

„KIS heißt Krankenhausinformationssystem. Petra hatte einen allergischen Schock. Bienenstich."

„Was? Wann? Wo?" Sauter sprang vom Badewannenrand auf. „Warum? Wieso? Wer?", hätte er noch schreien wollen. Das heißt doch, dass der Täter oder die Täter weiter am Werk sind.

Die schrille Stimme holte ihn zurück.

„Um das rauszufinden, müsste ich die Anamnese im Aufnahmebefund anschauen. Solche Zugriffe auf Dokumente werden protokolliert. Da werde ich mich strafbar machen."

Also, es gibt ihn doch noch, den Datenschutz. Am liebsten hätte Sauter jetzt alle Gesetze außer Kraft gesetzt, nicht nur die Datenschutzrichtlinien.

12
Donnerstag

Als ob es diese sechs Monate nicht gegeben hätte! Lisa fühlte sich genauso wie nach Jürgens Unfall. Schuldig! Sie war an allem schuldig! Die Euphorie der wöchentlichen Treffs mit Timo war verblasst, die Traurigkeit kehrte zurück. Sie war mit einem Satz in diesen schrecklichen Juni letzten Jahres zurückkatapultiert, als Jürgen mit einem Sprung in den Ozean sein eigenes und ihr Leben zerschmettert hatte. *Timo ist tot.* Nicht einfach gestorben. Nein, ermordet. Nicht auf der Straße oder in der Disko – in ihrem Haus.

Lisa lief auf wackeligen Beinen nach draußen – die Stationsschwester wird sie in der Bibliothek suchen, aber das war ihr egal –, wandelte die Straße runter und stand plötzlich am kleinen Reihenhaus, vor dem sie sich mit Timo vor sechs Monaten vor dem Regen versteckt hatte, der eigentlich nur als Vorwand gedient hatte, um sich näherzukommen. Sie fühlte wieder seine pulsierende Härte am Rücken, die gespreizte Hand auf ihrem Busen. Nur statt des Verlangens kehrte schmerzende Traurigkeit ein.

*

Timo hatte ihr nicht nur das gegeben, wonach sich eine aufs Abstellgleis gestellte Fünfundvierzigjährige sehnte – die männliche Wärme und körperliche Befriedigung. Nein! Timo hatte ihr etwas genommen. Die Schuld! In diesen sechs lebendigen Monaten, die sie mit ihm zusammen war, hatte sie aufgehört sich zu geißeln, sich zu quälen, sich seelisch zu peitschen. Jetzt war wieder alles gegenwärtig.

Sie stellte sich wiederholt Fragen, die sie unmittelbar nach Jürgens Badeunfall geplagt hatten. *Wieso bin ich nicht zum Arzt gegangen, wieso habe ich mit Jürgen nicht darüber gesprochen, wieso habe ich mich so egoistisch verhalten?* Die Option, dass – hätte sie das alles gemacht – der Unfall trotzdem passiert wäre, hatte sie gar nicht in Erwägung gezogen.

Sie hatten es so wunderschön die letzten Jahre vor Jürgens Unfall gehabt. Thomas war erwachsen geworden, ihr Mann und sie hatten nun mehr Zeit füreinander, mehr Zeit und Geld für Reisen, Konzerte, Restaurantbesuche.

Den Sommerurlaub am Meer hatten sie schon immer genossen. Sie hatten sich jeden Nachmittag im Zimmer eingesperrt, in der Hoffnung, dass Thomas am Strand blieb, und ließen sich vom einmaligen Gemisch aus Sonne, Meer und Liebe versklaven.

Als *ES* zum ersten Mal passiert war, hatte Lisa gedacht, es wäre ein Zufall, ein einmaliger Ausrutscher. Sie schliefen an diesem Nachmittag wie immer miteinander, sie kam – wie so oft – zweimal auf ihre Kosten. Er einmal. Und nickte ein. Alles wie immer, wie in jedem Urlaub, wie zu Hause im ehelichen Ehebett. Er schlief immer nach dem Sex ein; manchmal holte er sich nach dem Erwachen sein zweites Mal.

Er schlief, und sie hätte vom urplötzlichen Verlangen an die Wand klettern können; sie hätte sich in diesem Zustand von jedem befriedigen lassen können. Er schlief und sie, von Angst getrieben, er könnte sie in diesem tranceähnlichen Zustand erwischen, schloss sich im Badezimmer ein.

Sie hoffte, das kühle Wasser aus der Brause würde das Zittern stoppen, aber ihre Hände gehorchten ihr nicht und überfielen die schreiende Perle. Sie befriedigte sich mehrmals, bis das Zittern nachließ. Danach wurde es noch schlimmer – sie wurde von Scham und Schuldgefühl überwältigt. Sie fühlte sich wie eine Schülerin, die im Supermarkt beim Klauen erwischt wurde. Mit einem Unterschied: Die Schülerin hatte Angst vor Strafe, Lisa hatte Angst vor sich selber.

Noch war sie von einem einmaligen Ausbruch ausgegangen. Als sich alles eins zu eins zwei Tage später wiederholte, kam Panik in ihr hoch. *Trete ich jetzt in die Fußstapfen meiner Mutter?* Zum Glück hatten sie für den nächsten Tag einen Ausflug gebucht und waren bis zum Abendessen auf der Insel unterwegs gewesen. An diesem Abend ließen sie das Vorspiel aus – und siehe da, sie verspürte nichts von ihrem plötzlichen Trieb.

Am Nachmittag drauf, als Jürgen sie mit seiner Zunge auf den Himmel hievte, musste sie sich wieder ins Bad retten und die Hand anlegen. Aber die Erkenntnis, dass ohne das Vorspiel sie sich gut beherrschen konnte, gab ihr Hoffnung. Wenn nur nicht dieses die Seele zermahlende Schamgefühl wäre!

Lisa hatte angefangen zu tricksen. Blieb länger am Strand oder im Restaurant beim Mittagessen, duschte ewig, in der Hoffnung, Jürgen würde – von der südlichen Sonne erschöpft – einschlafen. Am Pool bat sie ihn öfters, ein Bier zu holen. Nahm einen Schluck davon und reichte ihm den Rest, wohl wissend, dass er es für die größte Verschwendung hielt, Lebensmittel wegzuschmeißen. Das Bier wirkte auf ihn wie hochdosierter Baldrian – seine Augen wurden schwer und fielen zu. Im Bett trieb sie ihn mit dem Mund zum Höhepunkt, was für sie vorher ein Tabu war. Das alles änderte nichts an der Tatsache, dass die ausgebliebene Nähe, das ausgefallene – für ihn das genussvollste – Vorspiel Jürgen mürrischer stimmte und die Wolken am Ehehorizont immer enger zusammenschob.

Die trübe Hoffnung, dass die Rückkehr zum grauen Alltag nach der lockeren Urlaubsstimmung die Lage verbessern würde, hatte sich nur teilweise erfüllt. Sie zwang sich ein paar Suchbegriffe im Internet einzugeben und war erschrocken von der Ähnlichkeit der beschriebenen Symptome. Vor allem entsetzte sie der Verweis darauf, dass für dieses Verhalten oft eine genetische Veranlagung verantwortlich war. Lisa hatte schon immer eine ungemütliche Empfindung, wenn sie an ihre Mutter Elisa dachte.

Feste Beziehungen passten nicht in Elisas Welt. Das war nicht immer so, aber eine gewisse Zeit schon. Die Jahre, die sie mit Lisas Vater aushielt – genauer, er mit ihr –, waren ein Rekord für sie. Kaum hatte die Tochter sich den Namen des neuen Bettgenossen ihrer Mutter gemerkt, wurde der vom anderen abgelöst. Elisas Verhalten sorgte dafür, dass ihre Tochter auch als zwanzigjährige Frau keinen Mann in ihre Nähe ließ.

Nur einer, bevor Jürgen sie ins unbekannte Land des körperlichen Genusses entführt hatte, durfte Lisa berühren. Nicht ohne Mutters Zutun. Elisa, neben der immer deutlich ältere Herrn verkehrten, schwenkte plötzlich um. Eines Tages brachte sie – mittlerweile fünfzig – einen zehn Jahre jüngeren Freund, Darius, mit. Der wiederum schleppte seinen Kameraden Jan ins Haus, der zehn Jahre jünger als Darius und zehn Jahre älter als Lisa war. Also dreißig. Und so geschah es, dass an einem Samstagabend, oder eher schon Nacht, Lisa im Wohnzimmer mit Jan gesessen hatte, während ihre Mutter mit Darius im Schlafzimmer die neue Matratze testete.

Jan war nebenberuflich Musiker gewesen und hatte auf dem verstaubten Keyboard, das sie aus dem Keller geholt hatten, Lisas Lieblingsmelodien gespielt. Sie stand neben ihm, sang leise mit und fühlte sich glücklich. Jan schaltete die Synchron-Funktion ein, die Automatik übernahm die Akkorde und er legte seine frei gewordene rechte Hand auf ihre nackte Kniekehle. Sie zuckte nicht zusammen, im Gegenteil – sie empfand die beruhigende Wärme, die sie wie eine Verlängerung der Musik streichelte und sich nach oben unter den kurzen Rock durchtastete, sich auf die Pobacke legte und diese leicht knetete. Sie kriegte nicht mit, wann er das Keyboard auf „Song" umschaltete und die zweite freigewordene Hand auf ihr linkes Knie legte. Der erste automatisch abgespielte Titel war zu Ende, der nächste lief an, und er streichelte ihre Innenschenkel im Rhythmus der Musik – hoch und runter, hoch und runter. Ihre Beine gingen etwas auseinander. Hoch und runter, hoch und runter. Mit dem Schlussakkord blieb er oben und drückte mit dem Handballen leicht – synchron zum ersten Takt des neuen Songs – auf die Stelle, an der sie irgendwas Besonderes vermutete. Schade, dass er nicht wie am Keyboard die Automatik dazuschalten und die dritte Hand rausholen konnte. Denn ihre aufgewachten Brüste meldeten Handlungsbedarf an. Ihren Wunsch erfüllend, ließ seine Rechte die Pobacke los und glitt unter das T-Shirt, schnallte den BH ab und nahm die Warze zwischen Daumen und Zeigefinger. Als sie spürte, dass der Stoff zwischen den Schenkeln unter seinem Handballen feucht geworden war, überkam sie – anders als erwartet – keine Scham, nur endlose Dankbarkeit.

Jan führte sie zum Sofa und setzte die von ihr so gewünschte „dritte Hand" ein – seine Zunge war nicht nur zum Reden geeignet. Bis zur morgendlichen Dämmerung erteilte er ihr Sonderunterricht unter den intimen Keyboard-Rhythmen. Sie machte sich keine Gedanken, wie ihr erstes Mal gleich sein wird. Er aber zog sich gar nicht aus.

Mit kleinen Variationen hatten sie diese Akkorde jeden Samstag gespielt. Er machte den letzten Schritt nicht. Bis er sie an einem schwülen Juliabend auf die Terrasse führte, auf den schmalen Teppich legte und, ohne seine Hose auszuziehen, sie mit dem Gegenstand ausfüllte, den sie bei Männern vermutete, aber noch nie gesehen hatte. Die unerwartete Wende ließ ihr keine Zeit, den kurzen Augenblick, der ein Mädchen von einer Frau trennt, richtig zu registrieren.

Am Tag vor diesem Abend hatte sich Lisas Mutter Elisa von ihrem Freund Darius getrennt. Jan ließ sich nach dem Geschehen auf der Terrasse nicht mehr blicken.

Der nächste Mann, der sie berühren durfte, war Jürgen gewesen. Ihn hatte Lisa Schritt für Schritt auf den hohen Level von Jan herangeführt. Jürgen war ein fleißiger Schüler, und nach Jahren der praxisbetonten Ausbildung übertraf er seine Lehrerin. Sie konnte sich zurücklehnen und jede seine Berührungen genießen. Vor allem, wenn Jürgen ihren Busen zum Glühen brachte. Er legte zunächst seine Hand drauf – die halbe Kugel passte genau rein. Kreiste langsam, kaum spürbar über die Brust, bevor er die Warze anhauchte – so behutsam, wie die Mutter auf die Wunde ihres Babys blies, das auf der Erkundungstour in der Küche die heiße Ofentür anfasste. Wartete geduldig, bis die Warzenknospe sich ihm öffnete, wie die Tulpe an einem warmen Frühlingsmorgen. Berührte sie vorsichtig mit der

Zunge, bis sich die kaum sichtbaren – nur mit der Zunge spürbaren – Drüsen um die Warze herum meldeten. Behutsam nahm er die blühende Knospe zwischen seine Zähne, knabberte leicht an dem nur ihm zugänglichen winzigen Pünktchen am Berggipfel, ließ wieder los und saugte leicht dran. Dann war die andere Warze dran. Die erste aber durfte in dieser Zeit nicht schwänzeln – er nahm sie zwischen die Fingernägel, nur das kleine Pünktchen an Ende.

Dieser Wechsel zwischen Knabbern und Saugen reichte für ihren krönenden Abschluss – er musste nur die Hand auf ihren Venushügel legen und leicht draufdrücken.

Vor dem allem hatte sie nun Angst.

Nach der Internetrecherche hatte sie als Erstes daran gedacht, einen Arzt aufzusuchen. Hatte sogar im Telefonverzeichnis der Klinik die Nummer des Oberarztes aus der Psychosomatischen Abteilung nachgeschlagen, der, hoffte sie, ihr hätte helfen können. Er würde aber ihre Beichte im zentralen EDV-System ablegen, zugänglich für die meisten Mitarbeiter der Klinik – man könnte sie auch gleich ans schwarze Brett hängen. Die Diskussion, dass die Mitarbeiterdaten geschützt werden mussten, wurde seit Ewigkeiten geführt. Geändert hatte sich nichts. Letztendlich rief sie den Oberarzt doch an. Ihre Kollegin bräuchte einen Termin in einer psychotherapeutischen Praxis, man müsste aber Monate warten, ob er jemanden empfehlen könnte, auch nicht unbedingt in Rittenburg, auch im anderen Kreis, schwindelte sie. Der Mediziner gab ihr eine Adresse, merkte aber an, den Termin zu beschleunigen sei nicht in seiner Macht.

Sie ließ sich damals in der Praxis sogar auf die Warteliste setzen.

Die zuerst etwas unfreundliche Dame am Telefon, die sich gewiss täglich Beschwerden der Patienten anhören musste, die monatelang auf den ersten Termin warteten, meinte zum Schluss:

„Sobald sich eine Lücke ergibt, schiebe ich Sie rein. Man hilft doch Kollegen gern."

Nach einer ungemütlichen Pause fragte Lisa:

„Was meinen Sie mit Kollegen?"

„Sie arbeiten doch auch in der Medizin?"

„Wie kommen Sie drauf?"

„Ich sehe Ihre Nummer auf dem Display. Die ersten zwei Zahlen – die vier und die sieben –, das heißt doch, Krankenhaus Rittenburg."

Tatsächlich, die Klinik hatte eine eigene Telefonlage. Alle Nummern begannen mit vier und sieben. Daran hatte Lisa nicht gedacht.

„Entschuldigung, ein dringender Anruf auf der zweiten Leitung, ich melde mich. Danke."

Sie legte auf. Als später die Dame zurückgerufen hatte, nahm Lisa nicht ab.

Timo hatte ihr die Angst genommen, anders zu ticken, auffallend zu sein. Die zwei Stunden in der Woche waren wie ein Kapitel aus einem fremden Leben gewesen, das sich in ihr Schicksal einfügte. Sie verschwendete auch keinen Gedanken mehr an ihren Mann, der keine drei Meter von ihnen entfernt war – direkt unter ihnen, nur die dicke Betonplatte trennte sie. Am Anfang der Beziehung mit Timo lenkte diese Nähe sie noch ab, dann war sie voll in diesen zwei Stunden untergegangen.

Jetzt war die Schuld wieder da. Und der Tod. Hat Timos Tod was mit ihrer Beziehung zu tun? Der Polizist verdächtigte alle. Auch sie. Auch Tamara. Auch Thomas. Ihr Sohn hat ihr von Timos Tod erzählt – irgendwie neutral, unbeteiligt. So wie er die Monate nach Jürgens Unfall war.

Für Thomas war das mit seinem Vater passierte Unheil nicht weniger schockierend gewesen als für Lisa. Jürgen war für ihn mehr als ein Vater. Nach Thomas' Geburt wirkte ihr Mann zunächst abwesend, als ob er sich nicht entscheiden konnte, den Kleinen endlich ins Herz zu schließen und seine Zuneigung zu zeigen. Seine Zurückhaltung änderte sich, sobald Thomas drei Jahre alt wurde. Die beiden gingen zum Schlittenfahren, zum Baden, ins Hallenbad. Jürgen fing an, Fußball zu spielen – fast jeden Abend jagten der Vater und der Sohn den Ball auf dem Bolzplatz –, hatte das Skifahren gelernt, nur um mit dem Jungen das Wochenende in den Bergen zu verbringen.

Thomas war richtig stolz auf seinen Vater gewesen, als zum Saisonschluss im Fußballverein die Kinder gegen die Eltern spielten und Jürgen, nachdem die anderen Väter kaum die Beine über den Platz geschleppt hatten, als einziger Erwachsener weiterkämpfte und die meisten Tore schoss.

Mit Hilfe des Vaters hatte Thomas den Schullesewettbewerb gewonnen, mit ihm lernte er Französisch, und als Thomas plötzlich in Mathe zurückfiel, erfand Jürgen eine eigene Erklärungsmethode. Er behandelte den Sohn immer als einen erwachsenen Mann, verlangte von ihm nie Sachen, die er selber nicht mochte.

Als Thomas seinen Vater zum ersten Mal nach dem Unfall gesehen hatte, sagte er kein Wort. Er saß stundenlang vor dem Krankenbett, nickte nur oder schüttelte den Kopf. Weder ein „Ja" noch ein „Nein" brachte er zustande. Lisa hoffte, dass dieser unerträgliche Zustand sich mit der

Zeit ändern wird. Hatte aber das Gefühl, es wurde mit jedem Tag nur schlimmer.

*

Lisa schaute nochmal zum Reihenhaus rüber und lief zurück in die Klinik. Am Stationsstützpunkt hielt sie die Pflegerin an.

„Frau Netzler, im Fernsehraum wartet ein Mann auf Sie."

„Der Polizist?"

„Nein, den habe ich noch nicht gesehen. Er ist viel älter als der Kommissar."

Die Angst umhüllte ihre Glieder, nahm die Schläfen in die Zange. Sie fühlte sich schuldig. Schuldig gegenüber ihrer Familie, gegenüber Timo. Auch gegenüber seiner Frau Bettina und deren Kindern.

An einem Dienstag hatte Lisa mal ihren Geliebten gefragt, wie Bettina reagieren würde, sollte seine Affäre auffliegen.

Timo dachte lange nach, sprang aus dem Bett und holte einen Meterstab aus der Tasche.

„Schau mal", er legte den Daumen auf die Zahl zweiundsiebzig. „Das ist das Durchschnittsalter der Männer in Deutschland."

„Und?"

„Das", er legte den zweiten Daumen auf die Zahl zweiundfünfzig, „ist mein Alter. Und jetzt vergleich mal die Entfernung von null bis zum ersten Daumen mit dem Abstand zwischen den beiden Daumen. Genau. Ich habe mehr hinter mir, als mir geblieben ist. Statistisch gesehen.

Das Pendel kann in die eine wie in die andere Seite ausschlagen."

Was wollte er damit sagen? Dass er genug sich um die anderen gesorgt hatte und nun selber an der Reihe war?

Das Pendel blieb nur zwei Monate später stehen. Für immer.

Lisa lief in den Fernsehraum. Am Fenster stand ein großgewachsener Mann. Mit dem Rücken zu ihr. Sie erkannte ihn sofort. Ihre Beine gaben nach.

13
Freitag

Obwohl beide Stellplätze vor der Doppelgarage frei waren, parkte Sauter direkt neben dem Eingang. Er stieg aus dem Dienstfahrzeug und klingelte an der Haustür. Niemand reagierte.

Langsam lief er ums Haus in den Garten. Andi Kalmach versank im Doppelsessel auf der Terrasse; neben ihm auf dem Boden stand eine Tasse mit Kaffee. Die ungeöffnete Zigarettenschachtel lag auf dem Tisch und der Aschenbecher war leer.

„Eine harte Nacht gehabt, was?", Sauter schubste den Kollegen an die Schulter.

Andi nickte. „Ja", murmelte er. „Ach so, nicht das, was du meinst. Die Kleine bekommt die ersten Zähne, das kriegen nachts alle mit. Ich habe zwar acht Stunden geschlafen, fühle mich aber wie zermahlen."

„Acht Stunden? Viel zu viel. Überleg mal. Nimm einen sechzigjährigen Mann, der täglich acht Stunden geschlafen hat – also ein Drittel des Tages. Das bedeutet, zwanzig Jahre seines Lebens hat er im Bett verbracht. Hätte er den Schlaf auf sechs Stunden reduziert, wären aus zwanzig Jahren fünfzehn geworden, das heißt, er hätte fünf Jahre Leben gewonnen."

„Du hast gut zu reden. Manchmal bringen sechs Stunden mehr als zehn. Aber du bist bestimmt nicht wegen dem hier." Kalmach lehnte sich im Stuhl zurück und streckte die Beine aus.

„Stimmt." Sauter ließ sich auf eine Gartenbox nieder, in der anscheinend die Stuhlauflagen aufbewahrt werden, und legte die Beine auf die andere Box.

„Versteckst du deine Schätze da drin?" Er klopfte mit der Faust zuerst auf die eine, dann auf die andere Box.

„Du wirst es nicht glauben, was sich alles an Gerümpel gesammelt hat. In nur drei Jahren. Vorher haben wir alle unsere Sachen locker in der Dreizimmerwohnung untergebracht. Hier im Haus ist der Keller vollgestopft, die Garage, der Speicher. Unglaublich."

„Du musst was wegschmeißen und nicht ewig aufheben."

„Leichter gesagt als getan. Meine Frau dreht jede Sache zehn Mal um, bevor sie sich von ihr trennt. Wo sie nicht ganz unrecht hat. Kaum habe ich was weggeschmissen, schon könnte ich es gebrauchen."

Sauter zuckte mit den Schultern, was bedeuten sollte: „Ihr habt aber Probleme", und holte ein Foto aus seiner Tasche.

„Das ist doch die Dame, die Gruber, den Arzt aus der Lungenklinik, vor Jahren angezeigt hat? Wir haben mit dir den Zeitungsbericht im Internet gesehen." Kalmach nahm das Bild in die Hände.

„Genau, das ist Frau Petra Rahm, die du gestern Abend zu Hause nicht angetroffen hast. Und weißt du, wo sie war? Richtig, im Krankenhaus. Und rate mal, warum?"

„Jetzt sag bloß nicht, sie wurde von einer Biene gestochen."

„Schlauer Bursche. Tatsächlich. Die Frau Rahm war auf der Kurzliegerstation. Diagnose: allergischer Schock nach einem Bienenstich. Anscheinend war der nicht so schlimm wie bei Frau Netzler, denn um Viertel vor zwölf verließ sie das Krankenhaus – da warst du längst im Bett."

„Wann und wo ist es passiert?"

„Das werde ich versuchen rauszufinden. Irgendwas ist an der Geschichte faul."

„Du bist aber nicht gekommen, um mir das zu erzählen."

Sauter tippte auf das Foto.

„Nimm es zum Nachbarn der Netzlers mit. Zum Herrn Schmitz. Ja, ich weiß, ich hätte das Bild abfotografieren und dir schicken können. Oder du hättest es runterladen können. Erstens bin ich sowieso an deinem Haus vorbeigefahren. Zweitens wirkt das Foto ganz anders, wenn der Zeuge oder auch der Täter es nicht auf dem Smartphone sieht."

„Da stimme ich dir ausnahmsweise zu." Kalmach neckte öfters seinen Kollegen wegen seiner kühlen Beziehung zu modernen Gerätschaften.

„Okay, ich mach mich auf die Socken. Gib mir sofort Bescheid, wenn der Schmitz was Neues ausplappert." Sauter bog um die Ecke.

*

Frau Rahm öffnete die Tür nach dem ersten Klingeln, als ob sie auf jemanden gewartet hätte. Um den Hals hatte sie ein Handtuch gewickelt; ihr rechter Arm hing in der Schlinge. Obwohl sie krankgeschrieben war, trug sie reichlich Make-up. Nur eine schmale Linie deutete die Stelle an, an der normalerweise die Augenbrauen sitzen. Dadurch wirkte ihr Gesicht härter. Ihre aschblonden Haare hatte sie zu einem Schwanz zusammengebunden. Das etwas zu enge T-Shirt spannte über ihrem üppigen Busen.

„Hauptkommissar Sauter", stellte sich der Polizist vor. „Sie machen die Tür auf, ohne nachzufragen."

„Wer unbedingt reinwill, kommt so oder so rein." Frau Rahm schien nicht überrascht zu sein.

Sauter zeigte auf den Arm.

„Wann ist es passiert?"

„Gestern Mittag. Gegen zwei Uhr. Ich habe gerade mein Auto vor der Garage abgestellt und wollte aussteigen, um das Tor aufzuschließen. Da kam das Teufelstier angebrummt und stach mich in die Hand."

„Sie meinen, die Biene?"

„Oder Wespe. Der Allegiertest wird es zeigen."

„Halten Sie es für einen Zufall?"

„Was meinen Sie?"

„Sie haben doch mitbekommen, was mit Lisa Netzler passiert ist?"

Petra zuckte, ihr Gesichtsausdruck versteinerte sich. Obwohl sie versuchte, die Gleichgültige zu spielen, sendeten ihre Augen Signale aus, unter denen kein Mitgefühl zu erkennen war.

„Im Allgemeinen. Sie war ja eine Nacht bei uns in der Klinik."

„Haben Sie sich ihre Befunde angeschaut? Sie haben ja Zugang zu dem ... wie heißt es denn? KAS?"

„Sie meinen, KIS. Krankenhausinformationssystem. Selbstverständlich habe ich Zugriff auf alle Daten. Das mache ich aber nur, wenn der Patient einen Fall in unserer Fachabteilung hat. Unberechtigtes Anschauen von Patientendaten war schon längst durch eine Dienstanweisung untersagt, was allerdings die wenigsten davon abschreckte, im fremden Leben zu wühlen. Seit kurzem werden solche Zugriffe protokolliert. Weiß nicht, ob die Protokolle ausgewertet werden, aber alleine die Tatsache, dass das System dir, sozusagen, auf die Finger schaut, hat eine abschreckende Wirkung. Früher, wenn ein Klinikmitarbeiter oder eine VIP-Person stationär aufgenommen wurde, hat sich die Neuigkeit wie ein Lauffeuer verbreitet. Mit feinen Details, wohlgemerkt."

„Sie haben meine Frage nicht beantwortet. Haben Sie Lisas Unterlagen angeschaut?"

„Nein, das habe ich nicht. Worum geht es eigentlich?"

Sauter schaltete seinen durchbohrenden Blick ein.

Petra Rahm hatte viele Ähnlichkeiten mit Lisa Netzler. Um die eins achtzig groß, vierzig, fünfundvierzig Jahre alt, aschblonde Haare, gewichtsmäßig genau so viel, um eine Frau anziehend erstrahlen zu lassen. Ihre Beine musste sie auch nicht verstecken. Vor allem aber der Schleier ungelöster Traurigkeit, der sich in Augen der beiden Frauen einnistete, machte sie ähnlich.

Man merkte, dass ihr Hirn in der Lage war, Sachverhalte schnell zu erfassen; ihre Ausführungen waren kurz und präzise. Eigenschaften, die für eine Chefarztsekretärin Gold wert waren.

„Frau Rahm, wohnen Sie alleine?", der Hautkommissar wechselte das Thema.

„Ja, warum?"

Statt einer Antwort schoss Sauter die nächste Frage raus.

„Wissen Sie, was im Haus bei den Netzlers passiert ist?"

„Selbstverständlich weiß ich es. Ist ja schon lange her, über ein Jahr."

„Ich meine nicht den Badeunfall von Jürgen Netzler."

„Was dann?"

„Sagt Ihnen der Name Timo Kleiber was?"

Frau Rahm schaute lange auf ihre auf den Oberschenkeln ruhenden Hände, bevor sie antwortete.

„Ich glaube, sie waren mal eng befreundet, Timo und Jürgen. Aber gesehen habe ich ihn nicht."

Sauters Telefon vibrierte. Gestern in der Klinik hatte er den Ton abgeschaltet und vergessen ihn wieder zu aktivieren.

Andi Kalmach war dran.

„Ich habe gedacht, ich rufe dich sofort an. Ich unterhalte mich gerade mit Herrn Schmitz. Interessantes Detail. Frau Rahm besucht tatsächlich regelmäßig den Herrn Netzler, aber erst seit vier, fünf Monaten. In den ersten Monaten nach dem Unfall hat der Nachbar sie nicht gesehen."

„Danke. Gut gemacht."

Sauter drehte sich zu Frau Rahm.

„Frau Rahm, Sie besuchen ja Jürgen Netzler regelmäßig."

„Das stimmt", sie antwortete nicht sofort. „Ich verstehe nicht..."

„Gibt es einen Grund dafür?"

„Wir waren gute Freunde."

„Waren?"

„Sind immer noch, aber angesichts der Umstände..."

„Könnten Sie bitte präziser sein."

Petra Rahm schaute zur Seite und schwieg.

„Sie kommen aber erst seit ein paar Monaten regelmäßig ins Haus. Warum?" Sauter ließ nicht locker.

„Ich möchte nicht über die privaten Angelegenheiten reden." Petra antwortete stur wie ein Schulkind.

„In einem Mordfall gibt es, Frau Rahm, keine privaten Angelegenheiten."

Die Traurigkeit in ihren Augen wich rapide einem anderen Gefühl, welches Sauter nicht zuordnen konnte. Entsetzen? Angst? Schadenfreude?

„Mord? Jürgen?"

„Timo Kleiber wurde umgebracht. Und zwar im Haus der Familie Netzler. Wann waren Sie das letzte Mal dort?"

„Am Freitag nach der Arbeit. Wie immer. Die Pflegerin ging um zwei, Lisa kaufte ein. Bis sie zurückkam, war ich schon weg."

„Würden Sie mir jetzt erklären, wieso Sie erst seit ein paar Monaten Jürgen besuchen kommen? Was ist passiert, dass Sie plötzlich im Hause aufgetaucht sind?"

„Wenn SIE es darf, darf ich es auch! Und so plötzlich war es auch nicht." Petras Stimme füllte sich auf einmal mit Aggressivität und Verachtung.

„Mit SIE meinen Sie Lisa?"

„Wen denn sonst." Nun übernahm die Verbitterung das Kommando in Petras Augen.

„Haben Sie gewusst, dass Timo und Lisa ..."

In diesem Moment piepte Sauters Telefon.

„Noch ein Detail, Kollege", legte Andi Kalmach sofort los. „Die Netzlers haben ja eine Einliegerwohnung. Wer hat wohl drin gewohnt? Die Dame, mit der du dich gerade unterhältst."

Sauter setzte sich auf den Stuhl, beugte sich nach vorne, flocht seine Hände zusammen. Er sah aus, als ob er bereits einen anstrengenden Tag hinter sich hatte. Dabei war es erst zehn Uhr morgens. Petra beobachtete ihn neugierig.

„Frau Rahm, entweder wir reden jetzt ohne diese Einsilbigkeit oder wir fahren ins Präsidium."

Lange Zeit sagte keiner was.

Frau Rahm atmete tief ein.
„Ich mache Kaffee. Milch? Zucker?"

*

Frustriert schaute Petra nach vorne auf die Leinwand. Der Referent platschte die nächste Formel drauf, dabei hatte sie die vorherige noch nicht kapiert. Das machte sie nervös und unsicher. Gerade deswegen – um die Unsicherheit loszuwerden – meldete Petra sich für diesen Kurs an. Excel. Die drittschönste Sache der Welt, wie der Dozent scherzte. Wenn man die Sache verstand, dann vielleicht. Für sie waren diese Formeln, Funktionen, Argumente, Formate ein böhmisches Dorf. Eigentlich war sie sehr fit in EDV-Programmen und wusste, dass sie mit Excel viel schneller die Auswertungen für den Chef hinbekommen würde. Früher hatte das Controlling die fertigen Daten allen Abteilungen bereitgestellt. Nach letzter Umstrukturierung bekam Petra nur die Rohdaten aus dem Krankenhausinformationssystem, die sie nun selber aufbereiten musste. Die einzige Hilfe, die es seitens der Klinikleitung gab, war dieser zweitätige Excel-Kurs.

In der Mittagspause fragte Petra die Kollegin aus der Neurologie, neben der sie am Stehtisch Platz nahm und die gerade eine belegte Seele vertilgte:

„Hast du auch das Gefühl, dass, je mehr du zuhörst, du umso weniger verstehst?" Petra sprach Lisa Netzler mit Du an, obwohl sie sich nur ein paar Mal über den Weg gelaufen waren.

Lisa lächelte.

„Ist auch nicht einfach."

„Brauchen wir überhaupt das ganze Zeug, was der Referent uns erzählt?"

„Der Mann hat schon Recht, wenn er sagt, dass er den ganzen Grundlagenkram weglassen und gleich mit Auswertungsfunktionen beginnen kann. Sobald aber nur ein Wert in deiner Tabelle nicht stimmen wird und du nicht weißt warum, wirst du wahnsinnig."

„Und du versteht das alles?"

„Nicht alles, aber vieles. Und nur deswegen, weil mein Mann tagtäglich seit Jahren mit dem Programm arbeitet. Er hat mir vor dem heutigen Kurs schon einiges erklärt und ich habe es zu Hause ausprobiert."

Petra meinte resigniert: „Ich habe keinen Mann, der mir das Zeug beibringen kann."

„Wenn du es nicht eilig hast, können wir nach dem Unterricht bleiben. Vielleicht kapierst du es schneller, wenn ich es dir erkläre."

Das war vor zwei Jahren. Sie gingen, nachdem Lisa ihr geduldig den Stoff erläutert hatte, noch in die Bar und tranken einen Wein. Petra war angetan von der Leichtigkeit, mit der Lisa durchs Leben lief. Am zweiten Tag der Fortbildung hatten sie sich nebeneinandergesetzt und seitdem sich fast täglich in der Klinik zum nachmittäglichen Kaffee am Kiosk verabredet.

Am Tag, der die neue Phase ihrer Beziehung einleitete, hatte Petra ihr Treffen abgesagt. „Ich habe einen Besichtigungstermin für die Mittagspause ausgemacht."

„Besichtigung? Für eine Wohnung oder was?" Lisa war etwas überrascht.

„Mein Ex-Mann hat einen Käufer für unser Haus gefunden. Nach der Scheidung ist er ausgezogen. Jetzt bin ich an der Reihe. Die Zeit drängt. Bis zum Monatsende muss ich raus." Petra war nicht in bester Stimmung.

„Was suchst du? Ich meine, wie groß soll die Wohnung sein?", fragte Lisa.

„Egal. Ich muss für die erste Zeit irgendwo unterkommen."

Lisa überlegte kurz.

„Wir haben eine kleine Einliegerwohnung, die steht leer. Als wir das Haus gebaut haben, wollten wir sie vermieten, um die finanzielle Belastung abzumindern. Aber mein Mann ist zum Teamleiter aufgestiegen, wir brauchten das Geld nicht mehr unbedingt und so hat noch niemand im Zimmer gewohnt."

„Das wäre grandios. Und ein Zimmer reicht mir."

„Es gehören noch ein Bad und eine Kochecke dazu. Das Haus ist leicht in den Hang gebaut, aber die Sonne kommt auch in die Wohnung durch."

„Lisa, du brauchst keine Werbung zu machen."

„Gut, aber ich muss es mit Jürgen, meinem Mann, besprechen."

Eine Woche später versuchte die Umzugsfirma, das Kunststück zu bewerkstelligen und Petras Sachen in der kleinen Wohnung unterzubringen. Letztendlich schoben die witzlosen Arbeiter die meisten Kartons in die Garage. Es war ja nur vorübergehend...

Petra war eine selbstbewusste attraktive Frau, die nichts aus der Bahn werfen konnte. Dachte sie. Als sie nach der ersten Nacht in der neuen Wohnung aufgewacht war, war ihr erster Gedanke gewesen, ob ER auch schon wach ist und vielleicht auf der Terrasse sitzt. Sie würde gleich nachsehen. Lisa hatte gestern gemeint, Petra müsse sich nicht in ihrer Kammer verstecken und dürfe auch den Garten benutzen.

Jürgen war nicht einfach attraktiv. Er war ein Mann, der jeder Frau das Gefühl gab, vollkommen zu sein. Dabei wechselten sie gestern Abend nur ein paar Worte miteinander. Er legte keinen Wert auf sein Äußeres und das machte ihn so anziehend. Die lässige Kleidung, die er auch ins Büro anzog, unterstrich zusätzlich seine Offenheit.

In Träume versunken lag Petra im Bett und lächelte. Noch vor einer Woche hatte sie geschworen, keinen Mann mehr in ihr Leben zu lassen. Jetzt überlegte sie, was sie anziehen sollte, um, falls sie ihm zufällig über den Weg laufen wird, nicht wie eine Vogelscheuche auszusehen.

Dass sie endgültig dem Charme des netten Vermieters verfallen war, wurde ihr einen Monat später deutlich.

Lisa und Jürgen hatten Petra zu einer Bergwanderung eingeladen.

„Ich bin nicht richtig fit", wollte sie sich rausreden, genauer, den Eindruck zu erwecken, sie wolle sich rausreden.

„Macht nichts. Dann bin ich endlich mal dieses Gefühl los, ich bremse ihn immer aus. Zu zweit kriegen wir ihn um, dann soll er sich an unsere Geschwindigkeit anpassen", freute sich Lisa.

Petra lief den kurvigen Weg hinter Lisa und Jürgen hoch, blieb öfters stehen, tat so, als ob sie die einmalige Sicht von oben auf den Bodensee bewundere. In Wirklichkeit rann ihr das Wasser den Rücken runter und das Herz machte seltsame Sprünge. Es reichte doch nicht, gelegentlich die Gymnastikgeräte im Fitnessstudio zu belegen.

Jürgen bemerkte gleich, dass für ihre neue Begleiterin diese einfache Tour zu anstrengend war.

„Mädels, kommt, wir machen eine Pause. Solange die Nebelsuppe den See nicht verdeckt hat."

Lisa schob die Augenbrauen hoch: Wegen mir machst du dir keine Sorgen.

Sie verließen den Pfad und liefen zur kleinen Wiese am Waldrand. Als Petra über einen Baumstamm kletterte, reichte Jürgen ihr die Hand, sie sprang ab und prallte mit ihrem Busen an seine Brust. Sie hatte das Gefühl, das Kribbeln an ihrem Bauch war so heftig geworden, dass er es auch mitbekommen hatte. Er hauchte ihr eine Strähne aus der feuchten Stirn – *dieser Geruch aus seinem Mund! Kann mir vorstellen, wie er beim Küssen riecht*, genoss Petra den Gedanken –, hielt sie am Ellenbogen fest und legte seinen Arm auf ihre Hüfte. Nur für einen Moment …

Die nächsten Tage träumte sie von dieser nur einen Augenblick dauernden Berührung und hätte alles gegeben, um diesen Atemzug zu wiederholen. Wenn sie aus der Klinik nach Hause gekommen war – sie arbeitete nur halben Tag –, hoffte sie, dass er auch schon da wäre. Dabei wusste sie genau, dass er vor sieben selten auftauchte.

Lisa schien nichts mitzubekommen, fragte auch nicht nach, ob es Fortschritte bei der Wohnungssuche gäbe, lud sie nach wie vor zu gemeinsamen Unternehmungen ein.

Sogar in die Sauna in den geräumigen Keller hatte sie Petra mitgenommen. Zuerst gingen die beiden Damen in die Schwitzkabine, die Platz für mindestens sechs Leute bot. Petra hatte gedacht, Jürgen würde später kommen, sobald die Frauen draußen waren. Er gesellte sich aber schon ein paar Minuten später dazu – er kam bedeckt mit dem Handtuch in die Kabine, legte es ab und machte sich auf der obersten Liege breit.

Petra war diese Hitze nicht gewohnt, sie ging zunächst eine Stufe tiefer und wollte schon rausgehen.

„Jürgen, mein linkes Schulterblatt ist wieder verspannt, die Hand fühlt sich kalt an. Kannst du bitte auf die Stelle ein paar Mal draufdrücken", bat Lisa ihren Mann.

Zuerst sah Petra ihn nur von hinten. Dann drehte er sich um ...

Nach diesem Abend war Petras Hirn nur mit einem Wunsch, nein, mit dem Verlangen, ausgefüllt: sich an seinen Körper zu schmiegen, von seinen Händen berührt zu werden. Nur selten kam ihr der Gedanke, dass Jürgen eigentlich der Mann ihrer Freundin war, die ihr aus der Patsche geholfen und sie in die eigene Familie aufgenommen hatte. Sie hätte nicht gedacht, so schnell aus ihrer Lethargie zu erwachen.

Petra studierte seitdem jede Woche Lisas Dienstplan. Wenn die Hausherrin um sieben Uhr ihre Arbeit begonnen hatte, wählte Petra den Acht-Uhr-Dienst und wartete hinter der Tür ihrer Wohnung, bis im Flur die Garderobe geöffnet wurde und Jürgen seine Schuhe holte. Er frühstückte nie – als er merkte, dass seine Hüften immer mehr Fett ansammelten, setzte er auf das Sechzehn-Stunden-Fasten. Das hieß, nach dem Abendessen um neunzehn Uhr nahm er frühestens um elf vormittags die nächste Mahlzeit ein. Das Ergebnis war vor allem für Petra sichtbar. Und nicht nur das: Sie konnte aufzählen, an welchem Tag er welches Hemd getragen hatte.

Dieses morgendliche Spiel regte sie auf seltsame Weise auf. Alleine der gemeinsame Weg zur Garage, die etwa einhundert Meter vom Haus entfernt war, sorgte für ihr großes Glück. Einmal hatte sie eine Panne an ihrem Auto vorgetäuscht. Er nahm sie in seinem Wagen zur Bushaltestelle mit. Drei Minuten pures Glück!

Lisa schien die erwachte Begierde ihrer Freundin nicht zu bemerken. Sonst hätte sie ihr gewiss den Vorschlag vor Ostern nicht gemacht.

„Wir gehen zum Skifahren nach Österreich ins Zillertal. Willst du mit?", lud sie Petra ein.

„Im Frühjahr zum Skifahren?"

„Ist ja erst Anfang April. Schnee ist genug da. Platz in der Berghütte auch. Außer uns gehen noch zwei Familien mit, keine Kinder."

„Ich weiß gar nicht, in welcher Kiste meine Skier stecken." Ihre Sachen blockierten immer noch eine Garage.

„Jürgen wird dir bestimmt helfen."

Davon konnte Petra nur träumen. Eine halbe Stunde zu zweit. Alleine. Als Jürgen letztendlich einen Teppich ausrollte, in dem die Skier versteckt waren, stellte sie sich vor, auf diesem Teppich in der Garage von ihm umarmt zu werden. Lisa, als ob sie die Gedanken ihrer Freundin aus der Entfernung gelesen hatte, kam mit einer Flasche Wasser in die Garage und holte sie auf den Boden der Tatsachen zurück. Er war nicht ihr Mann!

Petra nahm über Ostern zwei Tage frei und hängte sie an die vier Feiertage dran. Im riesigen Ferienhaus durfte sie sich ein Zimmer auswählen, denn das ganze Obergeschoss war leer. Die Stimmung war prächtig.

Schon ewig hatte Petra nicht auf den Skiern gestanden.

„Ich bleib mit Petra auf der Übungspiste. Fahrt zu. Wir treffen uns in einer Stunde an der Mittelstation", schlug Jürgen vor. Petra glaubte, in den Himmel aufzusteigen. Lisa nickte ihrem Mann dankend zu.

Schweren Herzens erinnerte sich Petra an die Zeit, als sie und ihr Mann – wann war denn das? Vor fünfzehn Jahren – verliebt, glücklich, betrunken von Sonne, Schnee und

Zuneigung, nach jeder Abfahrt sich geküsst hatten, manchmal unverschämt lange. Jetzt hätte sie ein einziger Kuss – auch auf die Wange – zur überglücklichsten Frau der Welt gemacht.

„Sieht gut aus, Petra. Das Skifahren verlernt man nicht." Hätte sie gewusst, dass Jürgen nach zwanzig Minuten die Übungseinheit für beendet erklären wird, hätte sie sich ungeschickter angestellt.

„Komm, wir fahren nach unten. Dort treffen wir den Rest." Jürgen kurvte Richtung Mittelstation.

So nah würden sie sich vielleicht nicht mehr kommen.

Die Abende im Ferienhaus waren für sie mit weniger Glück ausgefüllt. Wenn Petra sich vorstellte, dass eine Etage tiefer, nur durch einen dünnen Boden getrennt, Lisa in Jürgens Armen lag, schnürte dieses Bild ihr die Brust zu. Sie glaubte zu hören, wie das Bett unten quietschte und die steigende Leidenschaft sich durch die Decke durchschlug.

Deswegen war sie insgeheim froh gewesen, dass der Urlaub sich dem Ende zuneigte. Am letzten Abend schlug Lisa vor, den Abschluss im Restaurant zu feiern. Ein Ehepaar stimmte zu, das zweite wollte die letzten Stunden am Kamin im gemütlichen Berghaus verbringen. Auch Jürgen blieb.

Bevor Lisa auch sie einladen konnte, kam Petra ihr zuvor: „Dann koche ich was Leckeres."

Sie legte sich richtig ins Zeug, zauberte aus den Lebensmittelresten ein Hauptgericht und den Nachtisch. Die Stimmung war bestens. Die Männer hatten sich anscheinend entschlossen, den ganzen Alkohol zu vernichten, denn sie langten kräftig zu. Auch den Damen schenkten sie ständig nach. Petra merkte, dass ihre Zunge schwerer wurde, und stellte das Weinglas weg. Es war erst neun Uhr, als das

Ehepaar sich ins Zimmer zurückzog. Jürgen brachte mit schwerer Stimme noch raus:

„Ich gehe jetzt duschen. Und..." Er machte eine Handbewegung in Richtung Schlafzimmer. Petras Blick folgte seiner Bewegung und blieb an der Tür hängen. Entschieden stand sie auf, huschte ins Zimmer, zog sich aus und legte sich auf die rechte Bettseite, auf der, wie sie vermutete, Lisa schlief.

Jürgen kam keine Minute später ins Zimmer – anscheinend hatte er keine Kräfte mehr für ausgiebiges Duschen. Die Kleider hatte er im Bad liegen lassen und hatte nur die Unterhose an. Petra lag zu ihm mit dem Rücken, er schlang seinen Arm um ihren Bauch und wollte sich in die schnarchende Tiefe stürzen. Sie fischte sein Prachtstück aus dem Slip, das sofort zum Leben erwachte, und führte es in sich ein. Sie versprach sich, nur das eine Mal zu genießen. Konnte aber nicht aufhören.

Vermutlich hatte der Alkohol eine verzögernde Wirkung auf Jürgen, denn auch nach zwanzig Minuten präsentierte sein Strang die unbiegsame Härte. Petra löste sich von ihm, schubste ihn auf den Rücken und setzte sich auf ihn.

„Spätestens jetzt hätte Jürgen merken sollen, dass es nicht Lisa war, wie er später behauptete. Ich meine, sobald er diese Dinge in den Händen hielt." Petra schenkte dem Hauptkommissar Kaffee nach, stellte die Kanne auf den Tisch und zeigte auf ihre Brüste. „Die sind mindestens zwei Körbchengrößen mächtiger als Lisas."

In dieser Stellung – Petra rittlings auf ihm – dauerte es nicht lange bis zum Höhepunkt und Jürgen schlief sofort ein. Petra wollte noch paar Minuten seinen Körper genießen. Blöderweise nickte auch sie ein. In dieser Position erwischte Lisa das Pärchen – beide nackt, sie auf ihm liegend.

Eindeutiger könnte die Darstellung nicht sein. Lisa machte keine Szene. Das war das Schlimmste.

Zurück fuhr Petra im anderen Auto als bei der Hinfahrt – mit Netzlers Freunden. Sie versuchte, mit Lisa zu reden, aber die blockte ab: Für sie war eindeutig klar, dass Petra ihren betrunkenen Mann verführt hatte.

Eine neue Wohnung von heute auf morgen zu finden war aussichtslos. Petra verbrachte die meiste Zeit bei Bekannten, übernachtete nur selten in ihrem Zimmer. Und wenn, dann träumte sie davon, dass nachts die Tür aufgehen würde – Jürgen hatte sicher einen Ersatzschlüssel zur Einliegerwohnung – und er unter ihre Decke schlüpfen, sich an sie schmiegen, sie küssen, sie seine sanften Hände spüren lassen würde. Sie würde ihm wie ein braves Mädchen folgen und alle ihre Fähigkeiten vorführen – bei dem einen Mal im Zillertal in der Berghütte waren sie ja fast zu nichts gekommen.

Tagsüber versuchte sie den Netzlers aus dem Wege zu gehen. Wenn sie ihre Sachen abholte oder dringend waschen musste, kam sie vormittags vorbei. Zwei Monate später – nach dem Unfall auf Madeira – rutschte die Geschichte im Berghaus in den Hintergrund. Lisa hatte sich beurlauben lassen und verbrachte viel Zeit in der Landeshauptstadt in der Klinik am Bett ihres Mannes. Petra schlief wieder öfters in der Wohnung. Eines Morgens fand sie im Briefkasten einen kleinen Umschlag. Die Absenderadresse war dieselbe wie die Empfängeradresse. Insgeheim hoffte Petra, dass Lisa mit ihr doch reinen Tisch machen wollte, ahnte aber, was im Kuvert steckte. Kündigung wegen Eigenbedarf.

Bald wurde das hochmoderne Pflegebett ins Erdgeschoss geschoben. Drei Wochen später zog Petra aus.

Sauter lehnte sich zurück und schloss die Augen. Er hatte die Frau absichtlich nicht unterbrochen. Seine Erfahrung sagte ihm, dass in solchen Situationen man lieber zuhören sollte.

„Haben Sie gewusst, dass Timo und Lisa ein Verhältnis hatten?" Seit langer Zeit öffnete er wieder den Mund. Er verschwieg allerdings, dass es nur eine Vermutung war.

„Ich habe die beiden nie zusammen gesehen. Aber Frauen spüren so was. Ich habe Lisa ja nicht mehr oft vor die Augen bekommen, nur auf gemeinsamen Besprechungen im Krankenhaus. Lisa hat sich ungefähr sechs, sieben Monate nach dem Badeunfall stark verändert, ich sah, dass ihr Leben wieder einen Sinn bekommen hat. Wer aber der Mann war – das wusste ich nicht."

„Und seitdem besuchen Sie den Herrn Netzler?"

Petra Rahm ließ die Frage unbeantwortet.

*

Andi Kalmach machte es sich auf der Bank neben dem leeren Spielplatz bequem. In den Sommerferien waren die meisten Kinder mit ihren Eltern Richtung Süden unterwegs. Auch Andis Frau holte aus ihm das Versprechen raus, dieses Jahr, sobald die Ferien vorbei sind und die Reisen billiger werden, sich nach einem Hotel am Meer umzuschauen. Drei Jahre waren sie nicht mehr im Urlaub. Bei zwei Kindern und einem Gehalt gab es wichtigere Ausgaben im Familienbudget.

Von hier beobachtete Kalmach den Garten des Herrn Schmitz und die runtergelassenen Rollläden im Nachbarhaus. Dahinter lag ein Mann im Pflegebett, der wahrscheinlich die ganze Geschichte ausgelöst hatte. Nichts bewegte sich in den beiden Häusern.

Andi sah seinen Kollegen Sauter, der vom Parkplatz zu Netzlers Haus lief, und winkte ihm zu.

„Dein Besuch hat sich aber in die Länge gezogen." Andi stand auf. „Kein Wunder. Wenn die Frau Rahm im Leben genauso aussieht wie auf dem Foto ... Komm, wir gehen in den Schatten. Hat sich wenigstens das Nachsitzen gelohnt?"

„Ich weiß es nicht. Petra Rahm hat sich in den Jürgen Netzler verknallt und liebt ihn heute noch. Kann gut sein, dass sie einen Rachefeldzug gestartet hat. Aber was ist das Motiv? Stand ihr Timo Kleiber im Wege? Auf dem Wege wohin?"

„Sie besucht Jürgen erst seit den letzten Monaten. Hat sie sich dazu geäußert?"

„Nein, sie bezeichnet es als private Angelegenheit."

„Bei einem ...", setzte Kalmach an.

„Ja, das habe ich ihr gesagt. Bei einem Mord gibt es keine privaten Angelegenheiten. Das Verhältnis zwischen den beiden Frauen war zerrüttet, nachdem Petra im Skiurlaub zu Lisas betrunkenem Mann unter die Decke geschlüpft war. Lisa entdeckte die beiden erschöpft in einer, sagen wir, interessanten Position. Dass die Frau Rahm zu diesem Zeitpunkt bei Netzlers zur Miete wohnte, hat dir der tüchtige Nachbar ja erzählt."

„Nicht nur das. Ich werde dir bei Gelegenheit einige wichtige Passagen wiedergeben. Zunächst das Wichtigste. Halt dich mal fest. Am Dienstag gegen halb drei hat er gesehen, wie Frau Netzler die Haustür aufmachte. Er sah sie nur teilweise von der Seite, ist sich aber ziemlich sicher, dass es die Statur der Nachbarin war. Allerdings hatte sie eine Kappe auf. Früher hat er sie noch nie mit einer Mütze gesehen. Wenn ich an Frau Rahms Foto denke – die sieht doch ziemlich ähnlich aus. Du hast sie doch beide live gesehen. Was sagst du?", wollte Kalmach wissen.

„Ich würde sagen, die sind ungefähr gleich groß, haben eine schmale Figur, nur dass Petra vorne deutlich mehr hat." Er spreizte beide Hände vor seiner Brust.

„Das würde bedeuten, dass nicht unbedingt Lisa Netzler am Dienstag vor der Tür stand."

„Oder, dass Lisa Netzler kurz nach halb drei nach Hause gekommen ist, Timo Sauter umgebracht hat und dann zum *Kaufland* gefahren ist. Hat Herr Schmitz gesehen, ob die Frau das Haus verlassen hat und wann?" Sauter kombinierte wieder.

„Nein, er war auf der Terrasse und trank seinen Kaffee aus unkonventioneller Erzeugung für sechzig Euro das Kilo. Nächstes Mal gehe ich am Nachmittag zu ihm, dann kann ich wenigstens dieses außergewöhnliche Getränk kosten", ironisierte Andi.

„Dann hat er an diesem Tag auch Timo Kleiber nicht gesehen?"

„An diesem Dienstag nicht, aber sonst sehr oft. Immer dienstags zwischen drei und fünf."

„Und was meinte der Allessehende, was hat Kleiber im Haus gemacht?"

„Er meinte, Kleiber hat seinen Freund besucht", lächelte Kalmach. „Da er bei dieser Frage rot anlief, gehe ich davon aus, dass er eher an Herrenbesuch glaubte."

„Was schätzt du: Könnte unser Moralapostel versucht haben, Lisa und Timo auf den richtigen Weg zu bringen?"

„Wenn er auch wollte – glaube nicht. Der würde sich schon beim Gedanken daran in die Hose machen." Andi war nicht wählerisch bei seiner Wortwahl. „Aber möglich ist alles."

„Trotzdem ... Hat er übrigens was vom Tod mitbekommen? Beziehungsweise ihn erwähnt?" Sauter ließ keine Möglichkeit aus.

„Nein, er war am Mittwoch am frühen Vormittag ins Geschäft seiner Frau gefahren, hatte dort etwas zu erledigen. War also nicht da, als unsere Kollegen Netzlers Haus belagert haben. Wenn andere Nachbarn es auch gesehen haben, hat ihm keiner was erzählt."

„Interessantes Detail", fuhr Kalmach fort. „Schmitz meinte, dass Netzlers Sohn Thomas sich in letzter Zeit irgendwie komisch benimmt."

„Konkret?"

„Immer wenn Schmitz den jungen Mann gesehen hat, hat er sich bei Thomas nach dem Befinden seiner Eltern erkundigt. Früher hat Thomas ihm gerne und höflich geantwortet. Dann plötzlich nicht mehr. Einmal hat er sogar so was wie ‚Wie wird es denen gehen' von sich gegeben und klang dabei irgendwie verächtlich."

Sauter holte sein Notizheft raus.

„Der Junge steht auf meiner Liste. Wirst du ihn übernehmen? Am besten sollten wir uns zu zweit mit allen unterhalten, aber die Zeit rennt uns davon. Ich muss mit Jürgen Netzler reden. Und später nochmal mit seiner Frau. Und an die Frau Rahm hätte ich jetzt auch noch ein paar Fragen. Es könnte spät werden", gab der Hauptkommissar mürrisch zu. Sollte er heute Abend Kristina verpassen, würde er sich höchstpersönlich steinigen.

„Und noch was." Sauter blätterte in seinem Notizbuch. „Lisa behauptet, am Dienstag bei Ausfahrt vom Klinikparkplatz mit einer Empfangsdame – Frau Krause – telefoniert zu haben. Finde diese Frau, vielleicht kann sie sich an Lisas Anruf erinnern. Sie könnte Lisa Netzler sehr behilflich sein. Sonst wird es für sie ernst. Klingel auch bei anderen Nachbarn. Das Haus Netzlers steht zwar versetzt, der Eingang ist nur von der Seite des Schmitz zu sehen. Vielleicht hat doch jemand was beobachtet."

Rätsel, Rätsel, Rätsel. Aber zuerst musste Sauter das Geheimnis der plötzlichen Beweglichkeit vom Jürgen lüften. Eventuell liefert diese neue Erkenntnis den Schlüssel zur Lösung. Wenn er aus dem Mann die Wahrheit rausschleudern könnte wie den Honig aus der Wabe ...

14
Vor sechs Monaten

Jürgen war müde. Sehr müde. Obwohl er den ganzen Tag reglos in seinem Bett lag – dem letzten Schrei der Pflegetechnik –, fielen seine Augen immer wieder zu. Sein Hirn arbeitete auf Hochtouren. Die Hirnzellen waren vollgepackt mit Erinnerungen, Enttäuschungen, Träumen, Wünschen. Vor allem zwei Sachen beschäftigten seine Denkzentrale: seine Hände und seine Frau.

Die Worte des Chefarztes, Schubert hieß er, mit mehreren akademischen Titeln, holte er jeden Tag aus dem Gedächtnis: „Das Knochenmark ist deutlich unter der HWS beschädigt. Wieso der ganze Körper ab Schultern und tiefer gelähmt ist – ist mir ein Rätsel. Die Hände müssten in jedem Fall beweglich sein …"

Die Hände müssten beweglich sein! Er versuchte sich zu konzentrieren, die Hirnenergie zu den Fingern zu leiten. Manchmal wachte er nachts auf und hatte das Gefühl, seine Fingerkuppen streichelten über das Bettlaken. Nur Einbildung! Die Enttäuschung war dann umso größer, und die Tränen liefen in kaum wahrnehmbaren Bächlein runter und versickerten in den Mundwinkeln. Die Mundwinkel – genauer gesagt die Lippen und die Zähne – waren zu seinem mächtigsten Werkzeug geworden. Lisa war es, die die Idee hatte, einen schwenkbaren Arm ans Bett dranzumachen und ein Tablet drauf zu befestigen. Beim ersten Versuch fiel ihm der Stift, mit dem er das Gerät bediente, schon nach zehn Sekunden runter. Mittlerweile konnte er zwei, drei Stunden im Internet surfen. Und vor allem lesen. Das war die Rettung. Lisa besorgte ihm Bücher im PDF-Format. Das Umblättern funktionierte perfekt. Manchmal schaute er sich Livestreams von Sportereignissen oder Filme an, aber eher selten.

Noch stärker entfaltete sich sein Hörvermögen. Wenn das Fenster gekippt war, erreichten ihn sogar Gespräche – am Anfang nur einzelne Worte, später auch vollständige Sätze – aus Richtung der Nachbarterrasse. Die Stimme der Frau Schmitz hätte er wahrscheinlich auch beim geschlossenen Fenster gehört. Sie war stets laut und belehrend – wenn Jürgen nicht wüsste, dass sie gegenüber ihrem Mann am Tisch saß, hätte er denken können, sie gibt einem Kind tägliche Anweisungen. Den Müll rausstellen, die Wäsche in den Trockner schmeißen, Brot holen, die Blumen gießen. Vom Herrn Schmitz hörte er nur leises Gemurmel. Nur einmal hatte der Nachbar seine Stimme erhoben. Und wie!

„Du hast von allem eine ganz genaue Vorstellung", Herr Schmitz schrie seine Frau an. „Und wenn dir was nicht passt, dann wirst du ungenießbar." Was die Rebellion brachte, kriegte Jürgen nicht mit, denn die Terrassentür wurde mit einem Krach zugeschmissen, sodass das Nachbarhaus erzitterte. Wahrscheinlich nichts, denn am nächsten Morgen blies die Dame wieder ihren belehrenden Wind über die Hecke.

Jürgen hatte bereits ab dem frühen Morgen – dank seiner spitzen Ohren – den Ablauf seiner Frau verfolgt: wie Lisa die Tür zum Bad aufmachte, den Wasserhahn aufdrehte, die Zahnbürste einschaltete, manchmal nahm er das Prasseln der Duschbrause wahr. Den Fön benutzte Lisa nur jeden zweiten Tag. Sobald sie die Kaffeemaschine einschaltete, wehte das einmalige Aroma zu ihm rüber – seine Rezeptoren fingen jeden Geruch ab. Er durchlebte mit ihr zusammen diese morgendliche Prozedur, bis sie die Tür zuschlug und er ihren Schritten auf dem Kiesweg lauschte.

Lisa war eigentlich nicht das größte Problem, das seinem Hirn keine Erholung gewährte. Er liebte sie abgöttisch. Er liebte sie auch im Moment, als im österreichischen Berghaus Petras Brüste in seinen Händen lagen und sie auf ihm. Am Morgen danach hatte ein Blick in Lisas trauriges Gesicht gereicht, um zu verstehen: Sie wusste alles. Auf der Heimfahrt unterhielt sie sich mit ihm, als ob nichts passiert war. Daheim kam sie abends zu ihm ins Bett, nahm ihn in ihre Arme und wiegte ihn so lange, bis er einschlief. Ob Lisa ihm geglaubt hatte, dass er besoffen war und sein benebeltes Denkorgan überzeugt war, mit der eigenen Frau zu schlafen? In jedem Fall tat sie so.

Vielleicht hatte sie seinen Ausrutscher als Revanche, als Buße für ihre eigene plötzliche Zurückhaltung attestiert, die in ihr Ehebett einzog und einen Schatten auf ihre makellose Beziehung warf. Jetzt, Monate nach dem Unfall, erschien ihm die schlagartige Veränderung im Verhalten seiner Frau, die ihn auf die Palme brachte und letztendlich zum fatalen Sprung ins Meer auf Madeira verleitet hatte, als harmlos. Vielleicht gaben sich die Frauen mit fünfundvierzig mit Wenigem zufrieden. Hätte er sich nicht anpassen sollen, abwarten, eine Pause einlegen?

Diese Gedanken hatten Jürgen müde gemacht. Er las in Lisas traurigen Augen, dass sie sich die Schuld für den Unfall gab, auch wenn er noch im Krankenhaus ihr versichert hatte, dass keiner außer ihm die Verantwortung trägt. Ihre Traurigkeit machte ihn müde. Die Kleider hingen an ihrer sonst perfekten Figur, als ob drunter nur ein Gestell in willkürlicher Form steckte – das bedrückte ihn noch mehr.

Als Lisa ihm mitgeteilt hatte, dass sie für eine Woche in die Lungenklinik gehen musste, erschrak Jürgen zuerst. Eine Woche ohne sie? Er würde durchdrehen – wenn auch Tamara ihn nicht wie einen gewöhnlichen Patienten behandelte, das fühlte er. Andererseits überlegte er selber oft, Lisa unter einem Vorwand für ein paar Tage wegzuschicken. Die Chance war von alleine gekommen.

Sie hatten während ihres Klinikaufenthalts im März jeden Tag miteinander telefoniert. Am Mittwoch – das registrierte Jürgen genau – hatte ihre Stimme im Hörer auf einmal anders geklungen. Lisa versuchte zwar ihre Stimmbänder traurig und gleichgültig klingen zu lassen. Das gelang ihr nicht. Zu empfindlich waren Jürgens Sensoren. Am Samstag wurde sie aus der Klinik entlassen. Am Dienstag drauf war Timo ihn besuchen gekommen. Das erste Mal seit fünf Jahren.

Sie begrüßten sich, als ob sie sich erst gestern gesehen hatten. Timo war schon immer ein offener, direkter Mann gewesen, was einige Mitschüler aus ihrer Fortbildungsgruppe, in der beide zwei Jahre lang an Samstagen die Bank drückten, abschreckte. Denn er hatte nie ein Blatt vor den Mund genommen, und wenn er jemanden spießig oder dumm fand, dann sagte er das auch. Was ihm keiner übel nahm, anscheinend diente seine Attraktivität als Entschuldigung. Die Damen – drei waren es in der Gruppe – schoben sich in den Vordergrund. Jede von den dreien konnte er haben. Timo mochte aber keine Frauen, die sich ihm an den Hals warfen. Er war ein Jäger, der seine Beute selber aussuchte.

Mit Jürgen, der mit seinem scharfen Sinn für Humor augenblicklich Timos Anspielungen verstand, waren sie sofort verwandte Seelen geworden. Zu zweit waren sie unschlagbar. Wenn sie jemanden aufzogen, hatte jeder den Eindruck, die beiden hatten sich abgesprochen, jeden Satz durchgespielt. Dabei wusste der eine ganz genau, was im nächsten Moment aus dem Mund des anderen rausflutschen wird.

Timo hatte sich auf die Bettkante gesetzt, als ob er zu verstehen geben wollte, dass zwischen ihnen keine Grenze lag. Jürgen unterbrach als Erster die entstandene Pause: „Was macht die Altersvorsorge?"

Timo verstand sofort, was Jürgen meinte. Nicht die Rente, nein. Was machen die Kinder, hieß es in ihrer Sprache.

„Das Übliche halt. Genießen das Leben, während Mama und Papa Überstunden schieben und nach der Arbeit zu Nebenjobs rennen, damit die Jungs in neuen Karren durch die Gegend rauschen können."

Timo war mit keinem so offen wie mit Jürgen. Schon früher mal, vor zehn Jahren, hatte Timo zu seinem Freund gesagt:

„Wir arbeiten mit meiner Frau immer mehr, damit unsere Kinder weniger oder gar nicht schaffen. Schwachsinn, aber es wird sich anscheinend nie ändern. Kaum versprechen ich und Bettina uns, dass – nachdem wir das nächste Spielzeug finanziert haben – jetzt wirklich Schluss ist, kommt einer unserer Sprösslinge mit neuem Kaufvertrag oder mit dem ins Minus gerutschten Konto, und wir setzen unser Rennen fort. Am cleversten ist unser Ältester, der Max. Dem gelingt es immer wieder den Eindruck zu erwecken, dass wir daran schuld sind, wenn er seine Miete oder die Raten fürs schicke Auto nicht bezahlen kann. Ich tobe manchmal, gebe ihm letztendlich doch das Geld."

Anscheinend hatte sich die Situation in all diesen Jahren nicht verbessert.

„Das ist aber nichts Neues für dich. Irgendwann stehen sie auf eigenen Beinen."

Timo grinste.

„Du weißt doch, wir haben jetzt noch drei Enkelkinder, das vierte ist unterwegs. Den Einkaufszettel für die Babysachen hat unsere Tochter meiner Frau schon gebracht. Die ist fest davon überzeugt, dass es unsere Aufgabe ist, auch ihr Kind zu versorgen."

„Ja, ich weiß", fügte Timo hinzu, nachdem er das Zucken an Jürgens Mundwinkeln bemerkte. „Selber schuld. Aber ich sehe keinen Ausweg daraus, außer sich mit den Kindern zu zerstreiten. Mit Bettina hat's vor kurzem heftig gekracht, als ich meinem Sohn vorgeschlagen habe, seine Frau soll einen Job fürs Wochenende finden – unsere Bäckerei sucht ständig Personal – und wir werden in dieser Zeit auf die Kinder aufpassen. Da hat sie mir eine Szene gemacht, die hättest du sehen sollen: *Was bildest du dir ein, du kannst den anderen vorschreiben, was sie zu tun haben, die Kinder müssen bei ihren Eltern sein,* alles in dem Sinne. Was zum Lachen ist, oder eher zum Weinen: Die Schwiegertochter bringt sowieso die Kleinen am Wochenende zu uns. Am Samstag geht sie mit den Freundinnen auf den Wochenmarkt und zum Kaffeetrinken, am Sonntag zum Sport oder zum See."

Jürgen spürte, wie schmerzhaft die Sache für seinen Freund war. Timo konnte alles verzeihen und ertragen. Nur eins nicht – Heuchelei und Scheinheiligkeit.

„Bei Bettina sonst alles okay? Ihr Bein wieder intakt?" Timos Frau war mal beim Spazieren umgeknickt und hatte sich den Fuß verletzt. Seitdem plagten sie Schmerzen, vor allem beim Stehen.

„Wenn über hundert Kilo auf den Fuß drücken, wird es nicht besser." Bettina war schon immer etwas mollig, aber es war eine anziehende, erregende Molligkeit. „Ich glaube, sie merkt gar nicht, dass sie immer dicker wird, sogar fett. Sie hat aber eine Entschuldigung dafür: die Gene. Du hast ja ihre Mutter auf unserer Silbernen gesehen. Menschenmast im Bild. Wenn man sich jeden Abend vorm Schlafengehen noch ein paar belegte Brote reinschiebt und dazu ein Schokolädle, wie sie es nennt – hundert Gramm sind doch keine Schokolade, nur ein Schokolädle –, dann wächst halt das zweite Kinn immer schneller."

„Andererseits." Timo machte eine Pause. Jürgen ahnte, was jetzt kommen wird. Auch über intime Sachen hatten sie sich früher hemmungslos unterhalten können. „Ich komme so oder so ein paar Mal die Woche auf meine Kosten. Da unten hat sich nicht viel geändert. Wobei etwas mehr Beweglichkeit nicht schaden würde. Aber da lässt sich bei meiner Frau nichts mehr holen."

Dann nimm doch meine! Fast wäre es Jürgen rausgerutscht. *Du Blöder! Die eigene Frau dem besten – okay, früher mal – Freund anzubieten?* Aber dieser Gedanke fraß sich in sein Hirn, er kriegte jetzt nur einzelne Worte mit. Timo erzählte gerade von seinem verletzten Knie (*habe ich ihn gefragt, ob es nach der OP besser geworden war?* – dachte Jürgen), wie das Bein nach ein paar Stunden ermüdete und er sich hinkniete und so weiterarbeitete. Timo hatte damals den Ausbildungskurs doch abgebrochen, auf dem er sich mit den Steuerungsgeräten vertraut machen sollte, die Jürgens Firma entwickelte, und war in die Produktion zurückgekehrt, zu seiner Bohrmaschine. Die er nun fast zwanzig Jahre bediente. Wegen der Kinder natürlich beziehungsweise wegen des Geldes.

Jürgen, der bis dahin nur zugehört hatte, lenkte das Gespräch um, erzählte von Lisa, wie aufopferungsvoll sie sich um ihn kümmerte, dass ihre Tage voll und ganz ihm gewidmet sind. Dass er froh war, sie für eine Woche in die Fachklinik zur Behandlung zu schicken. Wenn ihm auch klar war, was alles in solchen Einrichtungen passieren könnte.

„Du weißt doch, neue Bekanntschaften, die zum Größeren werden. Aber Lisa hatte anscheinend kein Interesse für so was." Er schaute Timo direkt in die Augen. „Leider. Sie hat Besseres verdient, als tagtäglich diesen leblosen Körper zu bedienen. Sie ist im besten Alter und vertrocknet wie eine Blume ohne Wasser. Eine schöne Blume."

Als sie sich verabschiedeten, schaute Jürgen sehr lange seinem Freund in seine ehrlichen Augen.

Kümmere dich bitte um meine Frau! – schrie sein Blick.

Jürgen hatte es nicht ausgesprochen. Der andere hatte es nicht gehört. Aber gespürt.

Lässig verabschiedete sich Timo im Flur von Lisa. Jürgens spitzes Gehör registrierte seinen letzten Satz in voller Länge:

„Nächsten Dienstag. Um drei. Geht's bei dir?", hatte Timo zu Lisa damals gesagt.

Timo, oder der Gott, hatte seine Gebete erhöht.

Äußerlich ließ sich Lisa nichts anmerken, als sie das Abendessen brachte. Jürgen kannte seine Frau gut genug, um den kleinen Lichtstrahl in den mit Traurigkeit verschleierten Augen zu erkennen. Die nächsten Tage bewegte sie sich anders, ihre Haltung wurde aufrechter, der Gang grandioser. Jürgen fieberte dem Dienstag entgegen, vielleicht mehr als die Gattin.

Am Montagabend blieb Lisa bei ihm länger als sonst, erzählte ihm ausführlich über ihren Büroalltag, küsste ihn auf die Stirn, auf die Wange; bei den Lippen blieb sie hängen, knabberte und saugte schwer atmend an denen. Als ob sie Abschied nahm. Oder um Verzeihung bat. Nichts wünschte sich Jürgen mehr, als sie mit beiden Armen fest an sich zu drücken. Wenn nur die Hände ihm gehorchen würden! Das müssten sie doch, meinten die Ärzte.

Seine Frau liebte ihn. Er liebte sie. Nur das zählte.

Am nächsten Tag, am Dienstag, war Lisa früher nach Hause gekommen. Er schlief – anders als sonst – nicht. Sie machte ihm einen Kaffee. Er schaute sie durchdringend an und fand kein Zeichen einer Erregung. Nur als er um einen zweiten Kaffee bat, wurde sie ein bisschen hektischer. Sie war knapp dran. Er zog diesen Moment in die Länge, indem er langsam am Kaffee nippte, als ob er den letzten Augenblick festhalten wollte, an dem sie nur ihm alleine gehörte.

Sein Gehör erfasste, wie Lisa den Hebel an der Tür, oder das Schnäpperle, wie sie ihn nannte, nach unten schob, die Treppe hochlief und die Tür ins Bad öffnete. Keine fünf Minuten später wurde die Tür aufgedrückt, leichte schnelle Schritte trugen jemanden hoch. Eine Minute später wurde die Tür ins Bad aufgestoßen und er vernahm das Wasserprasseln. Die Tür wurde zugezogen und er hörte nichts mehr. Wahrscheinlich hatten die beiden die Verbindungstür zum Schlafzimmer genutzt.

Er hörte nichts, aber er stellte sich detailliert die Bilder vor. Interessant, wird Lisa gleich aufs Volle gehen oder sich Schritt für Schritt vortasten? Oder wird sie ihm die Initiative überlassen? Vielleicht setzte sie schon ihre Lieblingsstellung ein und saß auf ihm, und er hielt ihre runden festen Brüste in den Händen. Oder sie tauchte unten und ... Jürgen glaubte zu spüren, wie eine Art stromerzeugende Erschütterung durch seinen unempfindlichen Körper rauschte. Wie ein aus der Flasche zischender Sprudel. Oder war es die Erregung?

Am nächsten Tag beim Windelnwechseln glaubte er, einen neuen Geruch zu erkennen, einen neuen in seinem jetzigen Leben. Aus dem alten kannte er ihn zu gut. Ober war es nur Illusion?

Tamara schien nichts zu bemerken. Oder tat nur so.

Jürgens Leben bekam nun einen Sinn. Der Dienstag war für ihn zum Symbol geworden. Einem Symbol der Zugehörigkeit, des Genusses, der Erwartung. Seine Fantasien überfluteten sein Hirn, die Augen gewannen ihren alten Glanz zurück.

Aber er wollte mehr. Er wollte die beiden nicht nur in seinen Fantasien sehen. Er wollte sie mit eigenen Augen sehen.

15
Donnerstag, Abend

Obwohl der Mann im Fernsehraum zu ihr mit dem Rücken stand, erkannte Lisa ihn sofort. Ihre Beine gaben nach, sie schaffte es noch, sich am Türrahmen festzuhalten. Über zwanzig Jahre hatte sie ihn nicht gesehen. Der wusste gar nicht, wo sie wohnte. Wie hat er sie hier in der Lungenklinik gefunden?

Der Mann drehte seinen fast zwei Meter großen Körper langsam, wie auf schlecht geschmierten Scharnieren, vom Fenster weg. Strich das lange dünn-graue Haar aus der sonnengebräunten Stirn, die tiefe Falten zeigte. Sein Alter war schwer zu erraten, aber mindestens siebzig Lebensjahre hatte er hinter sich.

„Was machst du hier?", fuhr Lisa den alten Herrn an.

„Hallo, Lisa. Habe ich nicht wenigstens …"

„Was machst du hier?", wiederholte die Frau ihre Frage. Nach langem Schweigen fügte sie hinzu, im noch schärferen Tone: „Woher weißt du, dass ich hier bin? Du hast ja meine neue Adresse gar nicht."

Der Mann hob seine dunkle Hand ihr entgegen. Ließ sie wieder fallen. Er lief zum breiten Sessel und rutschte schwer hinein. „Ich habe nicht mehr lange …"

„Deswegen tauchst du jetzt auf, nach all den Jahren? Weil du Hilfe brauchst?"

„Ich habe mir Sorgen um dich gemacht."

„Ha … Und die fünfundzwanzig Jahre hast du dir keine Sorgen gemacht?"

„Ich war viel zu viel mit mir beschäftigt. Aber du warst mir nicht gleichgültig."

„Du hast meine Frage nicht beantwortet: Woher weißt du, dass ich hier bin?" Jetzt schrie Lisa fast.

Schweratmend strich der Mann sich über die Stirn, legte das grüne Jackett, das bei dieser Hitze sowieso überflüssig war, auf die Lehne. Man sah, wie er mit sich kämpfte.

„Deine Schwester hat mich angerufen."

„Vater!", schrie Lisa so laut, dass eine Frau ihren Kopf in den Raum steckte. Lisa war so schockiert, dass das Wort, das sie geschworen hatte, nie wieder auszusprechen, unbewusst ihrem Mund entglitt.

„Bist du verrückt geworden? Was für eine Schwester? Wovon redest du? Verschwinde! Sofort!" Lisa lief rot an.

Sie drehte sich zur Tür um.

„Deine Schwester hat mich in Malgrat de Mar angerufen. Das ist in Spanien. Ich wohne dort mit meiner Ehefrau. Schon lange. Deine Schwester hat gesagt, du steckst in Schwierigkeiten und dir wird sogar ein Mord angehängt."

Lisa blieb abrupt stehen.

„Ich stecke in keinen Schwierigkeiten." Ihre Stimme verlor etwas an Schärfe. „Und ich brauche keine Hilfe, von dir schon hundertmal nicht. Ich gehe jetzt. Leb wohl."

An der Türschwelle platschte seine flehende Stimme an ihren Rücken.

„Thomas ... Ich habe ein Schreiben von Thomas bekommen. Letztes Jahr."

Sie kam zurück zum Sessel. Den Namen ihres Sohnes, der wahrscheinlich auch ins Visier der Polizei kam, aus dem Mund des alten Mannes zu hören – das war eindeutig zu viel.

„Du hast deinen Enkel kein einziges Mal gesehen! Lass die Finger von ihm!"

Lisas Vater hob schützend die Hände.

„Er hat mir selber geschrieben, ich habe nicht versucht, mit ihm Kontakt aufzunehmen."

Ich habe ihm deine Adresse gegeben, wollte Lisa schreien.

Als kleines Kind hatte Thomas ständig gefragt, wo denn seine Opas sind. Oma hatte er wenigstens eine, Jürgens Mutter, wenn die auch ausschließlich mit sich beschäftigt war. Jürgens Vater war lange tot. Lisa war der Fragerei ihres Sohnes geschickt ausgewichen. Aber je älter Thomas wurde, umso beharrlicher wurde sein Nachhaken. Nach seinem achtzehnten Geburtstag erzählte sie ihm vom Großvater. Thomas wollte seine Adresse haben. Nach langer Beratung mit Jürgen schrieb sie ihrem Sohn die Anschrift in Spanien auf.

„Und was hat er dir geschrieben?" Lisa sprach jetzt leise.

„Wahrscheinlich das, was du mir geschrieben hättest. Was er davon hält, dass ich weder zu deiner Hochzeit noch zu seiner Taufe aufgekreuzt bin, davon, dass ich mit der Familie gebrochen habe wegen der jungen Spanierin und mich nie um euch gekümmert habe..."

„Die junge Spanierin, wenn mich meine Lebenserfahrung nicht täuscht, müsste sich längst aus dem Staub gemacht haben."

„Mit Pinella war ich fünf Jahre zusammen. Sie war Italienerin, nur wohnte sie in Spanien. Nach ihr habe ich noch zwei Beziehungen gehabt."

„Und alle glücklich überlebt." Der Sarkasmus in Lisas Stimme nahm Oberhand.

„Mit Blanca bin ich tatsächlich glücklich. Die anderen waren nur wegen des Geldes an mir interessiert. Und ich habe oft an euch gedacht, vor allem in den letzten Jahren."

„Das hättest du Thomas schreiben sollen. Er hätte sich sicher gefreut, vom eigenen Opa eine Nachricht zu bekommen."

„Das habe ich doch. Nicht sofort. Drei Monate nach seinem Brief."

Lisa antwortete nicht.

„Du wusstest nicht davon. Oder?" Der alte Mann schaute zu ihr hoch.

„Nicht wichtig. Und was hast du ihm geschrieben?"

„Alles! Was und wie es gelaufen ist. Beziehungsweise, wie ich es empfunden habe. Weißt du, mit dem Alter ergibt alles plötzlich einen anderen Sinn."

Lisas Vater nahm sein Gesicht in die Hände und beugte sich nach vorn.

*

Es war ein Rosenkrieg erster Güte gewesen. Über fünfzigtausend Mark verschlangen alleine die Anwaltskosten und die Gerichtsgebühren – ein Vermögen damals. Keiner wollte nur einen Cent nachgeben. Weder die Mutter noch der Vater hatten sich um die Tochter Lisa gerissen und so wurde das Mädchen zwangsläufig der Mutter Elisa überlassen. Blöderweise hatte Lisas Vater Dirk schon eine neue Flamme, und so drehte sich der ganze Krieg mehr um die junge Spanierin als um die Ehe der beiden und das Kind.

Dirk, der seine Frau auf dem eigenen Schiff, das er über mehrere Jahre in dritter Generation durch die Nordsee steuerte, mit dem Arzt erwischt hatte, beschwor, Elisa in die

Gosse zu vertreiben. Er wollte von keinem Ausrutscher hören und warf seine Frau aus dem Haus, sperrte ihre Bankkarten, nahm den Autoschlüssel weg. Der Richter erklärte dem aufgebrachten Kapitän, dass er nicht im Mittelalter verweile und seine Frau, die zwar keinen einzigen Tag gearbeitet hatte, das Recht auf die Hälfte des gesamten Vermögens hatte. Dirk war außer sich. Nach dem Prinzip „Der Mutter zum Trotz friere ich mir die Ohren ab" verscherbelte er das Schiff, das Haus in Hamburg, die Autos. Zwei Jahre später bekam das Einwohneramt per Post sein Abmeldeformular – er verlegte seinen Wohnsitz endgültig nach Spanien.

Noch in Hamburg hatte er vom Suizidversuch seiner Ex-Frau erfahren. Die sechzehnjährige Tochter Lisa hatte geistesgegenwärtig den Arzt alarmiert, als sie die Mutter atemlos im Bett mit einer leeren Schlaftablettenschachtel daneben fand. Die ersten Jahre nach der Scheidung hatte er Lisa zwei, drei Mal angerufen, hatte mitbekommen, dass sie in psychologischer Behandlung war, danach ein paar Mal zum Geburtstag eine Postkarte geschickt. Vor zwanzig Jahren war er endgültig vom Radar verschwunden und nun wieder aufgetaucht.

„Weißt du, was für ein Gefühl das ist, als Kind sich hilflos durch den Tag zu schleppen, mit dem Bewusstsein, dass irgendwo dein starker Vater rumtobt, nur um seiner Ex das Leben zur Hölle zu machen. Wenn du nicht wüsstest, wie scheußlich es mir ging... Aber du wusstest es!" Lisa wischte die Tränen weg und lief zur Tür.

„Ich muss los. Vor dem Abendessen kommt noch der Arzt. Ich brauche jetzt deine Hilfe nicht. Ich komme zurecht. Und ich werde meine Familie nie verraten, egal was passiert. Nie. Ich werde sie nie gegen jemanden eintauschen."

Dirk hielt immer noch seine Hände vors Gesicht. Als er sie wegnahm, sah Lisa die angeschwollenen Augen. Sie hätte wetten können, dass er nicht imstande war zu weinen.

Ohne ein weiteres Wort verließ sie die Bibliothek. Am Stützpunkt hielt sie die Krankenschwester an.

„Wenn Sie schon da sind, nehmen Sie Ihre Tabletten mit. Der Doktor ist gerade auf dem Weg zu Ihrem Zimmer."

Plötzlich fiel Lisa was ein. Das Wichtigste hatte sie vergessen.

„Ich bin gleich wieder da." Sie rannte zurück in die Bibliothek.

Ihr Vater stand, wie vor einer Stunde, vor dem Fenster, mit dem Rücken zur Tür.

„Wo bist du untergekommen? Komm morgen zwischen neun und zehn in den Pavillon im Garten. Und iss was."

Sie drehte sich um und lief, ohne seine Antwort abzuwarten, in ihr Zimmer.

*

Freitag

Lieber hätte Lisa das Ganze gleich gestern hinter sich gebracht, um sich noch eine schlaflose Nacht zu ersparen. Aber sie war nicht mehr aufnahmefähig, ihr Gemütszustand zeigte Richtung Klapse. Timos Tod, die Äußerungen des Hauptkommissars Sauter, der nicht nur sie, auch ihren Sohn verdächtigte, und, als ob es nicht genug Aufregung war, nun das Aufkreuzen des Vaters, den sie fünfundzwanzig Jahre nicht gesehen und von dem sie über zwanzig Jahre nichts gehört hatte.

Nach Dirks Verschwinden war sie lange wütend gewesen. Bis Jürgen in ihr Leben hineinschmolz und ihr seine starke Hand reichte. Zuerst buchstäblich, bei einer Wanderung mit dem Alpenverein, als die Gruppe einen Bach im Fels überquerte und sie ausgerutscht war – er hatte sie aufgefangen. Danach, als sie ein Paar geworden waren, reichte er ihr so oft die Hand auf dem gemeinsamen Weg.

Ihre Uhr zeigte zehn vor neun, aber Dirk saß schon im Pavillon. Sie nickte ihm kurz zu.

„Ich habe nicht viel Zeit. Um zehn kommt der Oberarzt zur Visite. Hoffentlich darf ich nach Hause."

„Geht es dir gut?"

„So wie es einer Frau in meinem Alter geht, die vor drei Tagen nach dem Bienenstich kollabiert ist und die zu Hause einen querschnittgelähmten Ehemann hat. Überdies wird sie noch verdächtigt, im eigenen Haus einen Mann umgebracht zu haben."

„Das mit deinem Gatten tut mir leid. Deine Schwester hat es mir erzählt."

Lisa zuckte kurz, nahm ihre Hände in ein festes Schloss, sodass die Knöchel weiß wurden.

„Nur deswegen bin ich hier. Wegen der ..." Sie schaffte es nicht, das Wort ‚Schwester' auszusprechen. „Was bedeutet das alles?"

„Nimm doch Platz." Dirk steckte die zitternde Hand in die Brusttasche, kramte drinnen und zog sie wieder raus. „Habe vor zwei Jahren mit dem Rauchen aufgehört, aber die Instinkte kann ich nicht abschalten."

Lisa blickte ungeduldig auf ihn runter. Dirk schaute aus dem Pavillon in den blühenden Garten und begann zu reden.

„Wir waren mit deiner Mutter ein Herz und eine Seele. Bis sie schwanger wurde. Eigentlich wollten wir beide das Kind, deswegen dachten wir nie an die Abtreibung. Sobald die letzte Frist für den hypothetischen Schwangerschaftsabbruch verstrichen war, ist Elisa immer mürrischer und launischer geworden, klagte über Schmerzen und Übelkeit, die sie sich – davon war ich überzeugt – nur eingebildet hat. Auch mich fuhr sie immer öfters an, ich würde mich nach jungen Damen umschauen, jetzt, wo sie durch den aufgeblähten Bauch mich abstoße. Das Gegenteil war der Fall – sie war so anziehend wie nie. Du weißt ja, wie attraktiv deine Mutter war. Hast auch was geerbt von ihr."

Lisa machte eine Grimasse. Sie brauchte keine Komplimente. Dirk merkte es nicht.

„Damals hat man nicht alle zwei Wochen ein Ultraschall gemacht, am Anfang war es nur die Urinprobe. Entweder haben wir was verpasst – wir waren ja viel mit dem Schiff unterwegs – oder das erste Bild wurde viel zu spät geschossen. Jedenfalls waren die zwölf Wochen, in denen man die Schwangerschaft abbrechen konnte, längst verstrichen, als Elisa nach einem Anfall ins Krankenhaus eingeliefert wurde. Nicht die Schwangerschaft war der Auslöser, sondern gerade die erste Ultraschalluntersuchung. Zwillinge!

Elisa versuchte mich zu überreden, illegal abzutreiben. Hatte sogar in Polen einen Arzt aufgestöbert, der für die harte deutsche Währung – es waren ja Zeiten des kalten Krieges – sich bereit erklärte, den gefährlichen Eingriff durchzuführen. Ich wusste nichts davon. Es war ein Zufall, dass sie damals im Hafen das Schiff nicht verlassen durfte – irgendwelche Formalitäten mit dem polnischen Grenzschutz.

Je näher der Entbindungstermin kam, umso hysterischer wurde Elisa. Sie wird mit eigenen Händen das eine Kind töten, bevor es den ersten Atemzug macht – das waren noch die harmlosesten Wahnsinnsausbrüche. Die Ärzte befürchteten das Schlimmste nicht nur für die Kinder, auch für die Mutter. Der Spezialist aus der Psychiatrie machte ihr einen Vorschlag: Was hält sie davon, wenn sie nur ein Kind behält und das andere in eine Pflegefamilie kommt? Der geniale Einfall – aus unserer damaligen Sicht – veränderte Elisa gewaltig. Die letzten Schwangerschaftswochen verbrachte sie sogar zu Hause."

„War ich die Ältere?", unterbrach ihn Lisa plötzlich.

„Nein." Dirk war sichtlich überrascht von dieser Frage. „Der andere Säugling. Auch ein Mädchen. Das nicht den Namen Olsen bekam, sondern Specht – den Namen seiner Adoptiveltern."

„Werden solche Sachen nicht geheim gehalten?"

„Wurden sie auch. Aber sobald das adoptierte Kind achtzehn wird, hat es das Recht zu erfahren, wer seine leiblichen Eltern waren beziehungsweise sind. Von diesem Recht hat deine Schwester Gebrauch gemacht. Vor ungefähr fünfzehn Jahren. Da war sie dreißig Jahre alt."

„Wie hat sie dich gefunden? Du warst längst im Ausland."

„Ich habe mich bei der Scheidung verpflichtet, bei Elisas Anwalt meinen aktuellen Aufenthaltsort zu hinterlegen, für den Fall, dass neue Forderungen geltend gemacht werden."

„Das bedeutet aber, dass sie zuerst meine Mutter kontaktiert hat?"

„Tatsächlich. Anscheinend hatte Elisa sie abgewiesen und es auch nicht für notwendig gehalten – genauso wie ich –, dich in Kenntnis zu setzen."

„Hast du sie getroffen?"

„Nein. Nur am Telefon haben wir uns unterhalten. Einmal. Bis vorgestern, als sie mich angerufen und von deinen Schwierigkeiten erzählt hat."

Das hättest du dir sparen können, rutschte ihr fast raus. Ihr Hirn war durch eine andere Frage voll ausgelastet: Woher weiß diese aus dem Nichts aufgetauchte Frau Specht von mir, von meinen Problemen, von Jürgen. Lisa spürte leichtes Frösteln.

„Sag mal." Der Gedanke an Jürgen brachte sie auf eine Idee. „Warum hast du dich eigentlich von meiner Mutter scheiden lassen?"

„Deine Mutter war für mich immer eine sehr begehrenswerte Frau gewesen. Als du fünfzehn warst, hat sie Probleme mit ihrem Gewicht bekommen, was sie für mich noch anziehender machte. Sie aber drehte fast durch, bildete sich ein, ich will sie nicht mehr, treibe es auf dem Schiff mit anderen – ich war ja manchmal tagelang unterwegs. Nach den langen Reisen war ich oft zu müde, um lange im Bett durchzuhalten, oft fielen mir schon nach zehn Minuten die Augen zu. Sie kriegte aber nicht genug.

Dann kam der plötzliche Umschwung. Sie verweigerte mir ihren Körper. Ohne Begründung, von heute auf morgen. Ich fand die Zuneigung bei Pinella, sie landete im Bett beim Schiffsarzt und das Trennungsrad setzte sich in Bewegung."

Lisa verdeckte das Gesicht mit ihren Händen, als ob sie die Scham und Trauer damit verstecken konnte. Sie zitterte am ganzen Leib. Die schreckliche Erkenntnis, nun durch ihren Vater bestätigt, verwüstete ihre Seele. Die Gene ihrer Mutter schlugen bei ihr voll ein! Auch sie durchlief den gleichen Weg von teilweise nymphomanischer Neigung bis zur kompletten Zurückhaltung. Sie hatte sich damals die richtige Diagnose gestellt. Einen Schritt war sie von der Heilung entfernt. Hatte ihn aber nicht gemacht. Jeder angehende Arzt hätte ihr helfen können. Das Unheil war nicht unvermeidbar.

Die Hände immer noch vor dem Gesicht haltend, lief sie aus dem Pavillon. Das Gartenhaus war außer Sichtweite, als sie sich auf die Stirn schlug und zurückrannte.

„Wie heißt denn meine Schwester?" Sie schnaufte schwer in Vaters leere Augen.

„Ob sie noch Specht heißt, weiß ich nicht. Sie hat mir bei unserem ersten Telefonat vor mehreren Jahren gesagt, sie war verheiratet. Kann sein, sie hat den Namen des Ehemannes angenommen. Mit dem Vornamen heißt sie Petra."

Dirk schaffte es noch, seine Tochter aufzufangen.

16
Freitag

Thomas Netzler war nicht zu Hause.

„Wann kommt er? Ist er beim Vater? Sie sind, nehme ich an, seine Freundin Anna?" Andi Kalmach hielt in einer Bushaltebucht an und studierte während des Telefonats die Karte auf dem Navigationsgerät.

„Müsste in einer Stunde da sein. Ist zu seinem Vater gefahren. Glaube nicht, dass er lange bleibt. Ja, ich bin seine Freundin." Anna beantwortete die Fragen in der Reihenfolge, in der Kalmach sie gestellt hat.

„Er soll bitte auf mich warten."

Kann sein, dass Thomas gerade dem Hauptkommissar Sauter, der zu Netzlers unterwegs war, in die Hände lief.

Andi entschied sich, die eine Stunde Wartezeit mit dem Besuch im städtischen Krankenhaus auszufüllen. Lisa Netzler hat behauptet, am Dienstag kurz nach halb drei den Parkplatz verlassen zu haben. Da ihr Parkchip nicht funktioniert hat, rief sie über die Sprechanlage die Pforte an. Am selben Tag fiel der Parkserver aus, – es war unmöglich festzustellen, wann tatsächlich Frau Netzler die Schranke passiert hat.

Kurz vor der Klinik geriet der Verkehr ins Stocken. Eine Spur versperrten Leute in gelben Westen mit der Aufschrift „Streik". Andi Kalmach erinnerte sich daran, dass für heute die Belegschaft des örtlichen Wohnmobilherstellers Arbeitsniederlegung angekündigt hat. Nur zwei Jahre nach dem Tod des Gründers des traditionsreichen Familienunternehmens verkauften seine Erben – die Witwe und zwei Söhne – die Firma an einen Investor. Der seinerseits sofort mit einem schlagkräftigen Kostenoptimierungsprogramm aufwartete, was nichts anderes als Stellenstreichungen bedeutete. Verscherbelt meine Generation das komplette Vermögen, das die Vorfahren durch harte Arbeit und Verzicht angespart hatten, ging Kalmach durch den Kopf, als er an den Streikenden vorbeifuhr. Hat sie dabei keine Gewissensbisse? Oder verdrängt sie endgültig die Begriffe wie soziale Verantwortung und Anstand aus ihrem Lexikon?

Der technische Leiter der Klinik, mit dem Andi im Vorfeld telefoniert hat, war nicht besonders zuvorkommend.

„Wenn ich die Anweisung der Geschäftsführung bekomme, werde ich die Telefonverbindungen vom Dienstag auswerten."

„Aber die Daten haben Sie?"

„Das kann ich Ihnen nicht sagen."

Im Sekretariat der Geschäftsführung wartete der Personalleiter auf ihn.

„Herr Kalmach", Herr Weidler war kooperativer als der technische Leiter. „Am Dienstagmittag hatten Herr Borowski und Frau Krause Dienst an der Pforte. Die Dame ist gerade im Einsatz, falls Sie diese sprechen wollen."

Die Hilfsbereitschaft des Personalleiters war einfach zu erklären. Erst vor kurzem hatten sich die Wellen gelegt, von einem Vertuschungsskandal erzeugt. Eine Klinik für eine misslungene Operation zur Verantwortung zu ziehen war aussichtslos. Für Dokumentenfälschung – schon. Auch Andis Dienststelle ermittelte damals.

Herr Weidler brachte den Polizisten zur Pforte.

„Wo können wir uns in Ruhe unterhalten?" Kalmach schaute sich in der großen Eingangshalle um.

„Kommen Sie mit." Der Personalchef öffnete die Tür mit der Aufschrift „Kasse" und lief direkt ins Nebenzimmer. „Ich hole die Frau Krause."

Wenn Kalmach mit einem Begriff die Dame beschreiben müsste, hätte er „Letzte Chance" gewählt. Weit über fünfzig, zog sich die Frau wie ein Teenager an: bunt, lässig, auffallend. Enge Sommerhose, hohe Stöckelschuhe, Frisur à la Édith Piaf, das legere T-Shirt vorne in den Hosenbund gesteckt, reichlich Kosmetik. Sie bewegte sich mit kleinen schnellen Schritten, wie die Clowns im Zirkus. An ihren Wangen und um die Augen haben sich Knitterfältchen gebildet, die sie vergeblich versucht hat mit Make-up zu vertuschen.

„Das wird aber nicht von meiner Pause abgezogen", verabschiedete sie den Herrn Weidler. „Womit habe ich die Ehre?"

„Dienstag, zwischen Viertel nach zwei und kurz nach halb drei. Erinnern Sie sich an diese Uhrzeit?" Kalmach kam gleich zu Sache.

„Ein Tag wie jeder andere. Das übliche Durcheinander. Die Besucher, die sich die Zimmernummern nicht merken können – die muss ich denen aufschreiben, Postboten, Patienten, die ihr Telefon an- oder abmelden wollen. Plus das ständige Klingeln von mehreren Telefonen. Ich mag lieber die Nachtdienste, da ist es viel ruhiger und doch nicht so einsam wie zu Hause." Sie schaute den Kommissar unanständig an.

„Mich interessiert nur die genannte Zeit." Andi Kalmach hielt ihr die Liste der Telefonverbindungen zur Parkplatz-Sprechanlage hin, die ihm der Personalleiter überreicht hat. „Diese drei Anrufe. Haben Sie diese entgegengenommen?"

„Kann sein."

„Erinnern Sie sich, wer angerufen hat?"

„Ich nehme an, die gleiche Geschichte wie immer. Viele vergessen oder tun so, als ob sie vergessen haben, das Parkticket zu entwerten und spekulieren darauf, dass man sie durchlässt, vor allem, wenn dahinten sich eine Schlange gebildet hat."

„Und was machen Sie in solchen Fällen?"

„Je nachdem. Manchmal habe ich Mitleid mit alten Herrschaften und mache die Schranke auf. Die jungen Leute schicke ich grundsätzlich zum Kassenautomaten oder, wenn sie behaupten, sie hätten bezahlt, zitiere sie hierher zur Kontrolle." Frau Krause stellte sich vor Kalmach und zog ihre Schultern nach hinten.

„Und woher wissen Sie, ob Jung oder Alt am Steuer sitzt? Fragen Sie nach dem Geburtsdatum?" Kalmach versuchte nicht auf die in die enge Hose gepressten Beine zu schauen. In die funkelnden Augen der Frau Krause auch nicht. Sein Blick wanderte nach unten, zu den in offenen Stöckelschuhen steckenden Füßen. Am mittleren Zeh glänzte ein silberfarbiger Ring. Oje ...

„Halten Sie mich für blöd? Ich sehe es auf dem Bildschirm."

Andi sprang auf.

„Auf welchem Bildschirm?"

„Die Ausfahrt genauso wie die Einfahrt wird videoüberwacht."

„Werden die Bilder gespeichert?"

„Glaube, nicht."

„Frau Krause, haben Sie am Dienstag jemanden aus der Klinik auf dem Monitor gesehen?"

„Das kann ich nicht sagen. Es melden sich oft unsere Leute. Die müssen auch zahlen. Wenn auf dem Chip kein Guthaben drauf ist, kommen sie vom Parkplatz nicht raus. Die kommen auch nicht rein. Sie machen dann auf schlau und ziehen bei der Einfahrt ein Ticket. Bei der Ausfahrt rufen sie an. So einfach. Und das wegen ein paar Euros."

„Haben Sie am Dienstag eine Dame aus der Klinik gesehen?" Diese Redseligkeit, die oft sehr hilfreich war, ging dem Kommissar auf den Wecker.

Frau Krause schaute lange aus dem Fenster.

„Wenn überhaupt – dann früher, gleich nach zwei. Ich hatte Mittagspause von halb zwei bis zwei und kam gerade mit einem Kaffee zurück. Die Frau – den Namen weiß ich nicht mehr – war etwas hektisch, weil ich nicht gleich abgenommen habe. Ich habe mich gerade am Kaffee verschluckt. Und ja, sie hatte es eilig, einen dringenden Termin oder so was."

„Haben Sie die Frau früher gesehen? Wie sah sie aus?"

„An uns laufen alle Mitarbeiter vorbei. Auch weil die Postfächer hier sind. Bestimmt habe ich sie schon gesehen, sonst hätte ich nicht aufgemacht. Ich glaube, sie hatte helles Haar, genauer kann ich es nicht sagen."

Jetzt war Andi Kalmach an der Reihe, lange aus dem Fenster zu schauen. Hat Frau Netzler zuerst den Parkplatz verlassen, schon kurz nach zwei und nicht eine halbe Stunde später, wie sie behauptete, und erst dann ausgestempelt? Das Auto hätte sie für ein paar Minuten auf dem Parkplatz vor der Notaufnahme stehen lassen oder auf einem der wenigen Kurzzeitplätze. Er hatte diese Abstellplätze gerade vor dem Haupteingang gesehen.

„Frau Krause", Kalmach reichte der Empfangsdame seine Visitenkarte, „wenn Sie sich noch an ein Detail erinnern sollten, egal wie unwichtig es Ihnen erscheint, rufen Sie mich an. Sofort."

Ohne das Nebenzimmer zu verlassen, wählte er die Nummer des Personalleiters.

„Ich brauche eine Liste mit allen Park- und Stempelzeiten der Frau Netzler in den letzten sechs Monaten. Auch alle ihre Telefonate. Am besten in elektronischer Form."

Seine Kollegen im Dezernat werden eine Software drüber jagen und alle Auffälligkeiten und Abhängigkeiten gegenüberstellen. Innerhalb von wenigen Minuten.

Es sah aus, dass für die Frau Netzler die Zeit gekommen war, ihren Anwalt zu konsultieren. Sie hat behauptet, den Parkplatz kurz nach halb drei verlassen zu haben. Tatsächlich ist sie laut Frau Krause eine halbe Stunde früher rausgefahren. Er überlegte, ob er überhaupt noch ihrem Sohn Thomas einen Besuch abstatten sollte. Doch, er fährt hin. Vielleicht stecken die beiden unter einer Decke. So komisch, wie sich Thomas benahm ...

*

Thomas war immer noch nicht da. Seine Freundin Anna bot dem Kommissar einen Kaffee an. Andi rutschte hinter den kleinen Tisch auf der winzigen Terrasse der Erdgeschosswohnung und wählte Sauters Nummer. Aus der Küche sickerte das Knattern der Kaffeemaschine durch.

Es dauerte, bis der Hauptkommissar abnahm.

„Ich bin gerade beim Thomas Netzler angekommen. Der ist noch nicht da. Seine Freundin meint, er ist beim Vater. Hast du ihn gesehen, Volker?"

„Hier ist er nicht", antwortete Sauter. „Ich bin seit dreißig Minuten im Haus. Herr Netzler schläft. Ich habe mich nochmal mit der Pflegerin unterhalten. Sie beobachtet jetzt ihren Patienten viel genauer. Anscheinend war ihr Verdacht berechtigt, denn einige Dinge fand sie heute etwas verschoben, nur minimal. Sobald er wach ist, werde ich ihn mit seiner plötzlichen Beweglichkeit konfrontieren."

„Ich komme gerade aus dem städtischen Krankenhaus. Es gibt Neuigkeiten Frau Netzler betreffend. Ich ruf dich an, sobald ich hier fertig bin."

Andi schaute sich auf der Terrasse um. Erst jetzt fiel ihm auf, wie ordentlich der kleine Garten gepflegt war. Trotz der für den letzten Augusttag ungewöhnlichen Hitze glänzte der Rasen – fünf mal sechs Meter, wie von Hand geschoren – im hellen erfrischenden Grün, die Blumen tanzten im bestimmten Muster im rechteckigen Beet, die Hecken – wie nach der Schnur geschnitten – standen wie die Soldaten in einer strengen Linie.

„Das ist die beste Erholung für mich nach dem heftigen Tag im Büro." Anna kam mit der Kaffeekanne auf die Terrasse und fing seinen Blick.

„Machen Sie den Garten selber?" Kalmach zeigte seine Begeisterung.

„Ja, habe schon im Elternhaus ein Händchen dafür gehabt. Leider ist unser Garten hier zu klein. Aber es wird noch dauern, bis wir uns einen größeren leisten können. Thomas hat noch zwei Jahre bis zum Abschluss. Sobald er fertig wird, werde ich was anderes anfangen. Vielleich auch ein Studium."

Die junge Frau wirkte viel reifer und besonnener, als sie mit ihren zweiundzwanzig Jahren sein könnte.

„Was machen Sie denn jetzt?"

„Steuerfachangestellte. Mein Vater – er ist selber Lehrer – wollte, dass ich einen anständigen Beruf lerne. Für eine Frau ideal. Nur nicht für mich. Ich muss raus in die Natur."

„Teilt Ihr Freund Ihre Begeisterung für das alles?" Andi zeigte auf den Garten.

„Ich bin mir nicht sicher, ob er die Änderungen überhaupt bemerkt hat. Sie wissen doch, die traurige Geschichte mit seinem Vater. Ich habe gehofft, der Urlaub könnte ihn aus der Lethargie zurückholen, aber wir haben den abbrechen müssen."

„Wo waren Sie denn im Urlaub? Meine Frau und ich planen auch mal wieder in den Süden zu fahren."

„In Verbania, am Lago Maggiore. Eine Traumecke. Für die Wanderer ein Paradies." Anna schloss kurz die Augen, als ob sie dabei die schönen Ausblicke nochmal genießen könnte.

„Wie lange waren Sie dort?"

„Wir sind am Samstag angereist und hätten eine Woche bleiben sollen. Am Mittwochmorgen war es aber vorbei."

„Sind Sie nicht erst am Mittwochnachmittag zurückgekommen?"

„Das schon. Thomas' Oma hat am Mittwoch früh im Hotel angerufen. Thomas war am Dienstag auf größerer Tour und stand am nächsten Tag sehr spät auf. Wir sind gleich losgefahren. Sind zwar knapp über dreihundert Kilometer, aber der Weg über die Alpen zieht sich doch. Unter viereinhalb Stunden kaum zu schaffen."

„Die Oma hat im Hotel angerufen? Nicht auf dem Handy?"

„Anscheinend gab es keinen Handyempfang. Oma hat uns das Hotel empfohlen, daher wusste sie auch, wo wir waren."

Als ob Anna merkte, dass sie zu viele Einzelheiten preisgab, erhob sie sich.

„Ich hole noch Kaffee."

Sie schenkte dem Kommissar nach, brachte die Kanne in die Küche, kam aber nicht mehr zurück. Bis Thomas erschien.

Er war etwas erschrocken, als Kalmach ihm seinen Polizistenausweis vorlegte. Anna stellte sich hinter ihn, legte die linke Hand auf seine Schulter, was heißen sollte: Solange ich hier bin, kann dir nichts passieren.

„Waren Sie bei Ihrem Vater, Herr Netzler?"

„Ja, komme gerade von ihm."

Wieso lügt er?

„Wie geht es ihm?"

„Das mit der Mutter hat ihn sehr mitgenommen."

„Das ANDERE nicht?" Kalmach fixierte den jungen Mann mit seinem scharfen Blick.

„Er hat sich nicht dazu geäußert. Alles irgendwie merkwürdig."

„Was genau?"

„Ja, alles halt."

Der junge Mann war nicht gerade gesprächig.

„Wussten Sie vom Verhältnis zwischen Ihrer Mutter und Timo Kleiber?" Kalmach rückte gleich mit Schwerwaffen raus. Wenn auch die Affäre zwischen Lisa und Timo nur eine Vermutung war.

Schweigen. Langes Schweigen.

„Wann haben Sie es erfahren?" Kalmbach spekulierte weiter.

„Ich bin mal unangekündigt nach Hause gekommen, um etwas aus meinem alten Zimmer zu holen."

„Was haben Sie gesehen?"

„Ich will darüber nicht reden."

„Haben Sie nur Timo im Haus gesehen oder mehr?" Kalmach war nicht so einfach abzuschütteln.

„Die Tür zum Schlafzimmer stand offen."

Oje. Es müsste ein Schlag für den Jungen gewesen sein – die Mutter in Umarmung eines anderen Mannes.

„Hat Ihre Mutter Sie gesehen?"

„Glaub nicht. Aber sie hat sicherlich die zugeknallte Tür gehört."

„Die Eingangstür?"

„Nein, die zum Schlafzimmer."

„Haben Sie gewusst, wer der Mann war?"

„Ich war mir nicht sicher, sie lag ja auf… Ich wartete draußen, bis er rauskam."

„Haben Sie mit ihm gesprochen?"

„Nein."

„Haben Sie ihn danach getroffen?"

„Nein."

„Haben Sie mit der Mutter darüber gesprochen?"

„Nein."

Das Gespräch verwandelte sich in ein Pingpong-Spiel. Kurze Frage hin, kurze Antwort her.

„Aber sie ahnte, dass Sie es wussten?" Kalmach hakte nach.

Thomas nickte.

„Wieso sind Sie erst am Mittwochnachmittag zurückgefahren und nicht gleich morgens, als Oma angerufen hat?"

„Das habe ich Ihnen doch gesagt", mischte sich Anna ein.

Kalmach hob die Hand.

„Herr Netzler?"

„Ich war am Dienstag beim Wandern, kam spätabends zurück. Erst gegen Mittwochmittag, als ich aufgewacht bin, erzählte mir Anna von Omas Anruf."

„Haben Sie am Dienstag in den Bergen telefoniert?"

„Ich hatte keinen Empfang."

„Sie gehen alleine in die Berge, wo es keinen Empfang gibt? Mutig." Andi konnte sich nicht zurückhalten. „Wieso sind Sie überhaupt alleine gegangen? War Anna für solche Touren nicht fit genug?"

Anna grinste sarkastisch.

Thomas schien gedanklich sich von beiden weit entfernt zu haben.

Andi wartete geduldig und wandte sich an Anna.

„Würden Sie mir erklären, warum?"

„Eigentlich haben wir geplant zu zweit zu gehen." Die junge Frau war froh, ihre Version darstellen zu dürfen. „Wir haben am Sonntag und Montag extra kleinere Wanderungen im Nationalpark Val Grande gemacht, um in Form zu kommen. Für Dienstag war dann eine Ganztagsreise auf der Tagesordnung. Immerhin ist Val Grande mit seinen über fünfzehntausend Hektar das größte Naturschutzgebiet der Alpen. Einsam, wild und menschenleer – genau, wie es auf der Webseite steht. Tiere und Vögel, dichte Wälder, verlassene Bergdörfer, grüne Hänge, Steinbrüche – alles da. Plus Berge bis auf über zweitausend Metern Höhe. Wir haben uns die Route von Premosello nach Malesco ausgesucht. Vor allem, weil man mit dem Zug den Ausgangsort erreichen kann und genauso vom Endpunkt zurückfahren. Dreizehn Stunden Wanderzeit plus Pausen plus Anfahrt-Abfahrt. Alles akribisch geplant. Wir wollten um sechs in der Früh losziehen und gegen zehn Uhr abends zurück sein."

„Am Montagabend sind wir zum Essen gegangen." Anna ließ Thomas' Schultern los und fuhr fort. „Wir haben uns das gleiche Gericht bestellt, aber im Hotel habe ich plötzlich Bauchkrämpfe bekommen. Dabei aßen wir den ganzen Tag gleiche Sachen. Außer, dass ich noch eine Cola getrunken habe, die im Auto lagerte. Aber Cola verdirbt doch nicht! In jedem Fall verbrachte ich die ganze Nacht auf dem Klo. Morgens ging es mir besser, aber als wir die Treppe vom ersten Obergeschoss runtergelaufen sind, lief mir der Schweiß den Rücken runter. Dabei hat Thomas noch meinen Rucksack getragen.

Ich wollte ihn nicht enttäuschen. Aber ich war sehr schwach. Ich schlug vor, er solle alleine gehen. Nach langem Zögern willigte er ein. Abends gegen halb elf war er zurück. Da schlief ich schon."

„Waren Sie den ganzen Tag im Zimmer?"

„Ja, ich holte mir im Kiosk eine Packung Zwieback und legte mich ins Bett."

„Das Auto. Wo war das Auto?" Kalmach wurde hellwach.

„Wir haben den Wagen am Montagabend nur etwa fünfhundert Meter weiter vom Hotel geparkt. Haben mal Glück gehabt, denn am Vortag mussten wir über einen Kilometer zum Hotel laufen."

Der Kommissar Kalmach machte sich jetzt virtuelle Notizen. Viele Notizen.

„Herr Netzler, haben Sie sich an die ausgewählte Route gehalten?" Er wandte sich wieder an den jungen Mann.

Nach langer Pause hob Thomas den Kopf.

„Ich glaube, schon. Habe mich aber etwas verlaufen und war knapp an der Zeit. Habe dann doch noch den Zug erwischt."

„Haben Sie während der Wanderung telefoniert?" Kalmach stellte die Frage nochmal. „An einem Ort hat es sicherlich Empfang gegeben."

„Ich habe das Handy ausgeschaltet."

„Ausgeschaltet? Warum?"

„Ich wollte nicht gestört werden."

„Sie haben sicherlich Fotos gemacht?"

„Macht er selten." Anna nahm ihren Freund in Schutz. „Er schaut sich lieber die Landschaft an. Auch wenn wir ins Museum gehen, rennt er nicht durch alle Säle – er bleibt vor wenigen Bildern stehen und prägt sich diese ein."

„Die Cola aus dem Auto, die Sie getrunken haben, haben Sie diese selber geholt?" Die Frage war an Anna gerichtet.

„Nein, Thomas lief schnell hin, das Auto stand ja nicht direkt vorm Hotel."

Andi Kalmach wandte sich wieder an den Thomas.

„Sind Sie die ganze Zeit alleine gelaufen? Am Dienstag, im Val Grande?"

„Ja, natürlich."

„Schade. Schade für Sie. Ich bitte Sie, die Stadt nicht zu verlassen."

Im Auto wählte Oberkommissar Kalmach Sauters Nummer. Der antwortete nicht. Kalmach holte das Tablet raus, meldete sich am Netz an und startete den Routenplaner. Tippte das Reiseziel ein: Verbania, Italien. Dreihundertzwanzig Kilometer. Die Route führte über vier Länder. Italien – Schweiz – Österreich – Deutschland. Knapp über vier Stunden Fahrtzeit. Thomas hätte mit dem Auto um sieben morgens losfahren und kurz nach elf in Rittenburg sein können. Kalmach startete eine App und ließ die Staumeldungen vom Dienstag anzeigen. Nur auf der Strada Statale 34 del Lago Maggiore wurde stockender Verkehr gemeldet, höchstens aber zwanzig Minuten Verzögerung. Der San-Bernardino-Tunnel war frei. Wenn Thomas keine Vignette für die österreichische Autobahn hatte, war er über die Bundesstraße und die Stadt Bregenz gefahren – noch zwanzig Minuten Zeitverlust. Spätestens um zwölf – halb eins wäre er hier.

In Andis Innerem begann es zu flattern. Thomas' Freundin verbrachte den Tag im Hotelbett, also hätte sie auch nicht mitbekommen, wenn das Auto den ganzen Tag weg wäre. Der Wagen stand ja weit weg vom Gästehaus. Der junge Mann hätte um zwölf in Rittenburg ankommen und gegen drei, vier Uhr zurückfahren können. Dem Nachbarn Schmitz waren plötzliche Veränderungen im Verhalten des jungen Mannes aufgefallen. Und er wusste von der Affäre seiner Mutter.

Andi wählte nochmal Sauters Nummer. Der meldete sich nicht. Im Polizeipräsidium nahm sein Kollege Frank Beyer sofort ab.

„Frank, such mir das Autokennzeichen vom gewissen Thomas Netzler raus. Genau, der Sohn der Netzlers. Ich warte."

Minuten später meldete sich Frank.

„Auf ihn ist kein Auto zugelassen. Kann sein, dass er den Wagen des Vaters fährt, steht ja sowieso rum. Ich schau mal nach. Hm… Das Auto wurde vor einem Jahr abgemeldet."

„Dann schau mal, ob auf die Frau Anna… Einen Moment." Andi stieg aus dem Auto und lief zurück zur Eingangstür. „Anna Spahn und Thomas Netzler, so steht es auf dem Briefkasten. Also, Anna Spahn. Kann sein, dass der Wagen auf ihre Eltern zugelassen ist. Sobald du das Kennzeichen hast, jag es bitte durch alle Datenbanken. Mich interessiert der Dienstag. Vielleicht ist das Fahrzeug aufgefallen. Und nimm Kontakt mit den Kollegen aus Italien, Österreich und der Schweiz auf."

Kaum legte er auf, vibrierte sein Smartphone. Eingehende Nachricht vom Netzanbieter. Sauter wieder erreichbar. Kalmach wählte seine Nummer. Der ging aber nicht ran.

„Ich glaube, wir haben die heiße Spur. Thomas oder Lisa Netzler. Oder beide. Melde dich." Andi tippte schnell die SMS und drückte auf „Senden". Er war sich ziemlich sicher, dass Frank bald einen Volltreffer melden wird.

17
Freitag

Die Uhr hat elf Mal geschlagen, als Tamara dem Hauptkommissar die Tür aufmachte. Sie legte den Zeigefinger auf die Lippen.

„Schläft Herr Netzler noch?" Sauter war überrascht. „Ist er die ganze Nacht durchs Haus gekrabbelt oder vielleicht...?"

„Das finde ich nicht lustig", schnitt die Pflegerin ihm das Wort ab.

„Bis er aufwacht, können wir uns kurz unterhalten. Ist Ihnen heute was aufgefallen?"

Sauter spürte die Unentschlossenheit der Pflegerin.

„Frau Schiller, Sie verraten den Herrn Netzler nicht. Sie helfen uns und auch ihm."

Die Frau atmete tief ein und aus.

„Vielleicht bilde ich mir was ein... Ich sehe nun alles mit anderen Augen. Das Tablet war heute Morgen ein paar Zentimeter auf der Tragfläche verrückt, der Tippstift lag nicht rechts, sondern links. Und vor allem, das Licht oberhalb vom Bettkopfteil war an. Ich habe es sicher nicht eingeschaltet."

„Gut. Bin gespannt." Sauter wechselte das Thema. „Der Sohn Ihres Patienten. Thomas. Anscheinend benimmt er sich irgendwie merkwürdig? Sie kennen ihn doch länger. War er immer so?"

„Was heißt länger... Thomas wohnt ja nicht im Haus. Aber in den ersten Monaten nach dem Unfall seines Vaters war er, wie soll ich es sagen, freundlicher, offener. Hatte sich gerne mit mir unterhalten. Jetzt höre ich außer ‚Hallo' nichts."

Mal abwarten, was Andi ausgraben wird, dachte Sauter. Er ging hinter die Schiebetür, setzte sich auf den Stuhl neben dem Bett und beobachtete den Kranken. Friedlich dösend – das war nicht der Begriff, der auf ihn zutraf. Im Gegenteil – unruhig, sogar aggressiv. Was fühlte ein Mensch, der fast ein Jahr in dieser Kammer verwaiste, hoffnungslos ans Bett genagelt, eine kaum tragbare Last für seine Frau geworden, die sich wahrscheinlich monatelang in ihrem gemeinsamen Schlafzimmer mit einem anderen Mann amüsiert hatte. Noch schlimmer – mit seinem Freund, der nun tot war, umgebracht im Bad eine Etage höher, kurz vor dem Rendezvous mit seiner Geliebten.

Der Hauptkommissar bewegte seinen Blick durch den Raum, blieb an der Wanduhr hängen – sie zeigte kurz vor halb zwölf –, schwenkte zurück und schaute in die offenen Augen, die zum Nachttisch zeigten.

„Trinken", lispelte Jürgen.

Etwas ungeschickt hielt Sauter ihm das Glas unter das Kinn und steckte den Trinkhalm zwischen die Zähne.

Mühselig streckte Jürgen ein wenig den Kopf entgegen und trank gierig.

Sauter konnte es kaum abwarten, bis der blasse Mann fertig war, und warf ohne Ankündigung die erste verbale Handgranate.

„Sie hätten das Glas auch selber nehmen können."

Der letzte Schluck Wasser blieb in Jürgens Rachen stecken, als ob es keine Flüssigkeit war, sondern ein schwerverdaulicher Brocken. Er lief rot an, aber nicht, weil er sich verschluckt hatte. Die Handgranate hatte ihn kalt erwischt.

Jürgen drehte den Kopf zum Fenster.

„Sie können weiterhin schweigen – besser machen Sie es dadurch nicht." Sauter lief um das Bett.

„Sperren Sie mich doch ein." Jürgens Stimme wurde kräftiger. „Sie tun mir damit einen großen Gefallen."

„Sie denken nur an sich. Und was ist mit Ihrer Frau?"

„Was soll mit der sein? Sie müsste heute oder morgen aus der Klinik entlassen werden."

„Sie gilt als Hauptverdächtige."

Dieser Anschlag war deutlich wirksamer. Es war keine Handgranate – eine Bombe.

„Tamara soll mir bitte einen Kaffee machen", Jürgens Kopf rollte zurück.

„Sie dürfen auch frühstücken. Ich habe Zeit." Das war gelogen. Sauter wollte unbedingt um sieben zu Hause sein, bevor Kristina aufschlug. Hatte aber noch Einiges zu erledigen.

„Nur Kaffee." Ich kriege jetzt nichts runter, sollte es heißen.

Die Augenlider fielen zu.

Jürgen atmete kaum. Jetzt war es raus. Auch gut so. Dieses Versteckspiel machte nach Timos Tod sowieso keinen Sinn mehr.

Ein frostiger Schauer durchlief ihn. Was der Kommissar mit seiner Entdeckung machen wird, war ihm gleich. Aber Lisa? Wird sie ihn verachten? Wird sie ihn ins Heim abschieben? Man könnte es ihr nicht verdenken.

*

Er was so glücklich nach Timos erstem Besuch gewesen. Wann war das? Vor einem halben Jahr ungefähr. Er fieberte jedem Dienstag entgegen, als ob nicht seine Frau, sondern er selber sich in die Arme des geliebten Menschen werfen und die Leidenschaft austoben wird. Die zwei Stunden, die Timo oben blieb, durchlebte Jürgen mit beiden – parallel, und trotzdem zusammen. In seinen Fantasien lag nicht Timo im Ehebett im ersten Stockwerk. Er selber. Nicht Timo streichelte seine Frau und tauchte zwischen ihre Schenkel, nicht Timos Hände lagen auf Lisas Brüsten, nicht Timos Härte füllte sie aus. Timo war er, und er war Timo.

Bild für Bild rief Jürgen seine Erinnerungen aus früheren Sommerurlaubstagen am Meer auf, als Lisa und er sich jeden Nachmittag für zwei Stunden im Apartment eingeschlossen hatten, um der Mittagshitze zu entfliehen und durch Verschmelzung ihrer Körper neue Hitze zu produzieren, die aber nicht nur müde machte – auch neue Kräfte gab. Er spielte den genauen Ablauf, die scharfen Bilder von damals durch: das Mittagessen, die Dusche, die fest geschlossene Balkontür, die nackten Körper auf dem Bett ohne Decke, das einmalige Gemisch aus Sonne und Meer, den gebräunten Körper seiner Frau und den weißen dreieckigen Abdruck ihrer Badehose, der ihre appetitlichen Po-Hälften noch anziehender machte. Sie hatten genug Zeit, um sich mehrmals zum Wahnsinn zu treiben – Lisa manchmal vier, fünf Mal; sogar er durfte einige Male auf den Gipfel der Lust klettern und die schöne Aussicht genießen.

Seine Fantasien während dieser zwei Dienstagsstunden erregten ihn enorm. Er meinte sogar, morgens beim Windelnwechseln den altbekannten Geruch zu wittern, wenn er nach dem Sex sofort eingeschlafen war und es nicht in die Dusche geschafft hatte. Ob Tamara es auch merkte? Oder

Lisa, wenn sie in ihrem Urlaub die Aufgaben der Pflegerin übernahm? Der Gedanke erregte ihn noch mehr. Er recherchierte im Internet. Tatsächlich, es wäre möglich, alleine durch Hirnaktivität den Höhepunkt zu erreichen.

Er tauschte die Bilder in seinen Fantasien aus. Trotzdem wiederholten sie sich. Er wollte mehr. Er wollte die beiden sehen. Nicht in seiner Vorstellung – live. Bei diesem Wort – live – hatte sein Gedächtnis einen Sprung gemacht. *Wie ist er bloß früher nicht drauf gekommen?* Die Kamera. Wahrscheinlich war der Akku längst leer, aber das lässt sich ja leicht überprüfen. Am nächsten Tag nach dem Frühstück hatte Tamara ihm wie immer das Tablet auf den Bewegungsarm gestellt und es eingeschaltet. Das müsste er mal selbst ausprobieren – das Einschalten. Ob er genug Kraft an den Stift leiten könnte, damit dieser ausreichend Druck auf den Power-Knopf hatte.

Vor anderthalb Jahren, kurz vor dem fatalen Urlaub auf Madeira, hatte er die Webkamera im Schlafzimmer installiert, in einem der drei Bohrlöcher im Kleiderschrankkranz, die für die Leuchten vorgesehen waren. Jürgens kleine Nichte übernachtete jeden Samstag beim Onkel – ihre Mutter war an Wochenenden auf dreimonatiger Fortbildung gewesen. Lisa machte sich große Sorgen um das zierliche Mädchen – sogar auf den Thomas hatte sie nicht so penibel aufgepasst. Mittags, wenn die Kleine schlief, lief sie alle zehn Minuten ins Elternschlafzimmer hoch und schaute nach ihr. Die gleiche Prozedur lief abends ab, nachdem Selina um acht den Erwachsenen „Gute Nacht" gezwitschert hatte und in den weichen Kissen des Doppelbettes verschwand. Lisa hatte keine Ruhe. Jürgen schlug vor, eine Kamera im Schlafzimmer zu installieren. Seine Firma hatte gerade in einem Betrieb neue Prototypen getestet, die CNC-Maschinen überwachen und bei Bedarf eingreifen sollten. Das Endziel war, den automatischen Ablauf zu integrieren, damit auch am Wochenende kein Arbeiter extra in die Firma fahren musste, um die Maschine umzurüsten.

Jetzt musste Lisa nur noch gelegentlich aufs Tablet schauen, auf dem die Kamera-App lief, und konnte die Zeit auf der Terrasse oder vorm Fernseher genießen. Am zweiten Wochenende deaktivierte Jürgen den in die Kamera eingebauten Bewegungsmelder, denn das Mädchen wälzte sich ständig und provozierte permanentes Piepsen. Die Kamera war immer noch an ihrem Platz zwischen den zwei Leuchten im Kranz des Schrankes.

„Sie können es sich auf der Terrasse bequem machen", hatte er Tamara an jenem Tag vorgeschlagen, nachdem sie ihm das Tablet eingeschaltet hatte. Sie schaute ihm nie zu, wenn er auf dem Tablet las. Aber sicher war sicher. Er öffnete die App und wählte den Befehl „Kamera aktivieren". Blitzschnell flog ein Fenster auf: „Niedriger Akkustand". Er klickte auf die Meldung. Achtzehn Prozent Restakkuladung. Nicht schlecht. Die hochwertigen Batterien kosteten nicht umsonst ein Vermögen. Er überprüfte die Zoom-Funktion, die Auflösung, verkleinerte die Darstellung – und hatte das Doppelbett auf dem Display. Allerdings nur eine Hälfte, auf der Selina immer geschlafen hatte. Er versuchte den Winkel zu ändern – jetzt hatte er fast das ganze Bett im Visier. Er speicherte die Einstellungen und beendete die App.

Dem nächsten Dienstag fieberte er genauso eifrig entgegen wie dem ersten Treffen Lisas mit Timo. Einerseits hatte er Angst, seine Frau mit einem anderen Mann zu sehen, andererseits war diese Erregung das Einzige, war seinem Leben Sinn verlieh. Vier Tage später war es so weit gewesen. Als Tamara um zwei ging, schaltete sie ihm das Tablet ein.

… Lisa kam aus dem Bad – die Nacktheit unterstrich ihre perfekten Kurven, die wieder etwas mehr Masse draufhatten, und ihre mädchenhaften Brüste, die so klein und so anziehend waren – und schmiegte sich an Timo. Wider Erwarten stürzten sie sich nicht aufeinander. Sie unterhielten sich, küssten sich auf die Lippen, nicht auf den offenen Mund, streichelten einander – er lag auf dem Rücken, sie auf der rechten Seite, gestützt auf den rechten Ellenbogen. Seine linke Hand wanderte an ihrem Rücken runter und hoch, runter und hoch; weiter zum Po, knetete ihn zärtlich. Als die Hand sich tiefer bewegte und Lisas Schenkel auseinanderdrifteten, um ihm den Zugang zur Pforte frei zu machen, schloss Jürgen ruckartig die App. Sein Herz hämmerte, der Atem ging schneller, der Stift fiel aus den Zähnen.

Am nächsten Dienstag verfolgte er die Vorstellung die vollen zwei Stunden. Es war kein Sex, was die beiden da oben trieben, das war nicht nur körperliches Verlangen. Es war mehr. Hatte er sich verspekuliert, indem er seiner Frau zu etwas Abwechslung verholfen hatte? War er jetzt eifersüchtig? Aber auch das war besser, als auf dem verhassten Bett zu krepieren.

Als ob sein Gehirn nicht wahrhaben wollte, was es auf dem Display sah, legte es in seinen Fantasien neue Bilder an. Es wollte sich nicht mit Kameraszenen zufriedengeben. Das Hirn verlangte nach mehr. Wenigstens mit einem Auge, aus dem Treppenwinkel, einen Blick ins Schlafzimmer zu werfen! Aber wie? Sollte ihn jemand hochtragen? Blödsinn! Wenn wenigstens seine Hände funktionieren würden, hätte er selber die paar Stufen nach oben geschafft. Er träumte immer wieder davon.

Der Ablauf im Schlafzimmer war stets anders. Aber immer aufregend. Als eines Dienstags das Liebespärchen etwas miteinander länger besprochen hatte und Timos Hand sich danach den Rücken runter zur Stelle bewegte, die Jürgen nie berühren durfte, spürte der gelähmte Mann leichtes Kribbeln am rechten Zeigefinger. Das Kribbeln verschwand nicht, sondern verwandelte sich in ein Zucken, das immer deutlicher wurde. Jürgen befahl dem Hirn zu überprüfen, was an der rechten Hand ablief. Er war sich sicher, dass er den Zeigefinger leicht bewegen konnte – nur ein paar Millimeter. Seine Neugier wich der Begeisterung.

Jürgen konzentrierte sich voll auf diese Mini-Bewegung. Die Bilder auf dem Display wechselten sich ab – das Liebespaar probierte eindeutig was Neues aus –, erreichten aber sein Gehirn nicht. Er hatte Angst bekommen; nicht dass, wenn er sich ablenken lässt, dieses Zucken unauffindbar verschwinden wird. Vor Erschöpfung nickte er ein. Nur kurz. Nach dem Aufwachen durchströmte sein Gemüt tiefe Enttäuschung. *Habe ich geträumt?* Er befahl seinem Hirn die restlose Aufmerksamkeit dem rechten Zeigefinger zu widmen. Das Hirn meldete zurück: Das Zittern ist da, nicht nur an einem Finger, an allen fünf. Auch an der linken Hand. Er machte bewusst diese Millimeterbewegungen Hunderte Mal durch, bis das leichte Knurren der Treppe sie unterbrach. Jürgen schaffte es noch, rechtzeitig die App zu beenden. Wie das Spiel oben endete, bekam er nicht mit.

Sein erster Gedanke war, Lisa zu rufen und ihr die mit Leben gefüllten Finger zu demonstrieren. Überlegte es sofort anders. Ein neuer Plan legte sich in seinem Gedächtnisspeicher ab.

Zwei Wochen dauerte es, bis er die Finger zur Faust zusammenballen konnte. Ein qualifizierter Therapeut hätte das in einer Woche geschafft. Der Therapeut passte aber nicht in Jürgens Pläne. Niemand sollte mitbekommen, dass er nicht mehr im bewegungslosen Körper steckte.

Seine Internetbesuche wurden gezielter und bald bog er die Hand im Ellenbogen. Bis zu tiefster Erschöpfung übte er täglich, stundenlang. Auf seinen Speiseplan kamen mehr Fleisch und Fisch, Nüsse und Quark. Zu Überraschung seiner Frau. Auf einer Webseite fand er den entscheidenden Tipp: Die wichtigste Mahlzeit ist die nach dem Training. Mit viel Eiweiß.

Die besten Ergebnisse erzielte er dienstags von drei bis fünf, wenn er während der Live-Übertragung aus dem Schlafzimmer fleißig übte, von anregenden Bildern angespornt. Danach servierte ihm Lisa eine prächtige Mahlzeit.

Schritt für Schritt glitt er zur Bestform. Finger, Faust, Ellenbogen, ganze Hand. Er spürte, wie an der Stelle, wo mal Bizepse waren, eine dünne Muskelschicht die Haut spannte.

Die schwerste Aufgabe stand aber noch vor ihm. Die Hände nach oben zu strecken, die Schleife über dem Kopf, die noch nie benutzt wurde, zu fassen und sich hochzuziehen. Um einen Millimeter, noch um einen, um einen Zentimeter. Diese schweißtreibende und schmerzhafte Übung ließ die dünne Muskelschicht deutlich anwachsen.

Die Erkenntnis, dass er nicht ausschließlich auf Tamara und Lisa angewiesen war, dass er in der Lage war, selber das Tablet einzuschalten, einen Schluck Wasser zu nehmen – nur einen, sonst würde es auffallen; sich auf die Seite zu drehen – der Oberkörper hatte bei all dem Training fleißig mitgemacht; diese Erkenntnis führte ihm neue Kräfte zu.

„Waren Sie schon oben?" Sauter, der bis dahin nur zuhörte, hielt es nicht mehr aus und haute in einem Zug die Frage raus, die ihm auf der Seele brannte.

Jürgen schüttelte den Kopf: „Ich bin noch nicht fertig."

In diesem Moment piepte Sauters Smartphone, anders als sonst: drei kurze Töne. Der Hauptkommissar erhob sich und lief auf die Terrasse. Während er Jürgen ununterbrochen zugehört hat, bekam er zwei Anrufe und eine SMS von Andi Kalmach, die er alle ignorierte. Die neu eingetroffene Nachricht – mit dem orangefarbenen Symbol – schickte die Einsatzzentrale. Sehr wichtig!

Er rief direkt im Dezernat an. Sein Kollege Frank schoss ohne Begrüßung los.

„Anruf aus Beuren, aus der Lungenklinik, für dich. Vor zehn Minuten. Frau Netzler weiß, wer der Täter ist. Wird es nur dir mitteilen."

Sauter fiel die Kinnlade runter. Wollte Lisa Netzler ihren Mann verpfeifen? War ihre Beziehung zu Timo Kleiber mehr als nur körperliche Befriedigung?

Zum Nachdenken hatte er keine Zeit. Im Zimmer daneben lag ein Mann, der dabei war, ein Geständnis abzulegen. Lisas Anruf brachte alles durcheinander. Der Kommissar schenkte sich ein Glas Wasser aus der Karaffe ein, nahm einen Schluck, den Rest schüttete er sich über den Kopf. Zum Teufel! Er entsperrte sein Telefon und tippte auf die Nachricht vom Andi. Im nächsten Moment waren seine Augen bereit, aus ihrem Sitz zu springen.

„Ich glaube, wir haben die heiße Spur. Thomas oder Lisa Netzler. Oder beide. Melde dich", stand in der SMS.

Ich werde verrückt! Was hat Andi entdeckt? Er hat nicht aus Lust und Tollerei zwei Mal angerufen.

Jürgen rückte mit seiner durchgeknallten Geschichte in den Hintergrund.

Sauter wählte die Nummer der Lungenklinik und bat Lisa zum Telefon. Direkt auf ihrem Handy konnte er sie nicht erreichen, auf Stationen war der Empfang geblockt.

Eine Sekunde später – anscheinend wartete sie am Stationsstützpunkt – presste sie in den Hörer:

„Ich weiß, wer Timo umgebracht hat. Petra. Petra ..."

Der Kommissar wartete einen kurzen Moment, aber außer heftigem Schluchzen kam nichts durch die Leitung.

„Woher zum Teufel haben Sie ... Okay, ich bin bald bei Ihnen."

Sauter legte auf. Er muss dringend das Gespräch mit Jürgen beenden, der die wichtigste Frage immer noch nicht beantwortet hat; er muss mit Andi telefonieren – auch dringend; er muss in die Klinik. Und um sieben muss er zu Hause sein. So viele ‚Muss' auf einmal!

Er hatte jetzt gleich vier mutmaßliche Täter. Jürgen, Thomas, Lisa, irgendeine Petra. Meinte Lisa die Petra Rahm?

In Gedanken versunken ging er wieder hinter die Schiebetür. Jürgen drehte den Oberkörper zum Fenster, seine Hände hatte er hinter dem Kopf verschränkt.

„Herr Netzler, wenn Sie Ihre Frau aus dem Schlamassel rausziehen wollen, beantworten Sie meine Frage: Waren Sie oben? Was haben Sie gesehen?"

Jürgen wälzte sich auf den Rücken. Das Feuer in seinen Augen war erloschen. Die kleine Pause hatte seine Euphorie gedämpft.

„Ich sage nichts mehr. Und ziehen Sie meine Frau nicht da rein."

*

Andi nahm nach dem ersten Klingeln ab. Sauter stellte im Dienstwagen, mit dem er heute ausnahmsweise unterwegs war, die Freisprechanlage an und lenkte auf die Straße nach Beuren.

„Ich nehme an, du hast meine SMS gelesen", fragte Kalmach.

„Das habe ich. Du müsstest schlüssige Gründe für solche Behauptungen haben."

„In der Tat. Hör zu. Lisa Netzler hat nicht um halb drei oder kurz nach halb drei den Parkplatz verlassen, sondern schon um kurz nach zwei. Frau Krause, die Empfangsmitarbeiterin, mit der Frau Netzler telefoniert hat, war gerade um zwei aus der Pause gekommen. Sie erinnert sich ganz genau an die Dame, die es sehr eilig hatte. Frau Krause hat sie sogar auf dem Bildschirm gesehen – die Ausfahrt wird überwacht. Das heißt, Lisa hat gelogen und war in der Lage, in Ruhe nach Hause zu fahren und dann zum *Kaufland* - Parkplatz, auf dem sie kurz vor drei von der Biene gestochen wurde."

„Interessant. Mehr haben wir aber nicht gegen sie?" Sauter klang skeptisch.

„Doch. Timo Kleiber wurde mit Chloroform betäubt. Wegen der toxischen Wirkung aufs Herz, die Leber und andere innere Organe wird Chloroform heute nicht mehr als Narkosemittel angewendet. Aber in den Uni-Kliniken, die sich mit K.-o.-Tropfen beschäftigen, wird es noch bei Versuchen eingesetzt."

„Andi, mach es kürzer. Ich habe es eilig."

„Okay. Das städtische Krankenhaus Rittenburg ist Akademisches Lehrkrankenhaus einer Universität. Anscheinend gibt es kleine Vorräte in der Klinik. Und die Frau Netzler hat Zugang zum Medikamentenschrank in der Ambulanz. Als Sekretärin! Ich warte noch auf die endgültige Bestätigung seitens der Krankenhausapotheke und die Stellungnahme der Geschäftsführung."

Ist der Anruf von Frau Netzler nur ein Ablenkungsmanöver? Sauters Hirn brutzelte.

„Ich werde sie gleich damit konfrontieren. Was ist mit dem Sohn?", wollte der Hauptkommissar wissen.

„Er war ja mit seiner Freundin Anna im Wanderurlaub in Italien, am Lago Maggiore. Knapp über dreihundert Kilometer von hier. Am Dienstag war Thomas alleine auf eine Ganztagestour losgezogen durch den riesigen Nationalpark Val Grande. Anna war nicht dabei. Sie hatte Magenprobleme, dabei haben die beiden das Gleiche gegessen. Anna trank danach noch eine Cola, die ihr gerade Thomas aus dem Auto gebracht hat.

Thomas war morgens kurz nach sechs losgelaufen und war um halb elf abends wieder im Hotel in Verbania. Er hat sein Handy ausgeschaltet, war die ganze Wanderung – so um die zwölf Stunden – alleine unterwegs, hat keine Bilder gemacht."

„Das heißt, er hätte gegen Mittag in Rittenburg sein können?"

„Eben. Und um halb elf abends wieder in Verbania. Frank hat die Kollegen aus den Nachbarländern angefragt. Heute wird ja auf den Straßen einiges aufgezeichnet."

„Andi, ich fahre jetzt in die Lungenklinik. Halte mich auf dem Laufenden. Hoffentlich wird es heute kein langer Tag."

„Kristina?" Andi verstand den letzten Satz.

„Auch." Sauter atmete tief ein. Die letzten Wochen hatte er schon um achtzehn Uhr das Büro verlassen und hatte nicht gewusst, was er mit den langen sommerlichen Abenden anfangen sollte. Heute, am Tag, an dem er den Neuanfang einleiten könnte, war sein Terminplaner kurz vorm Überlaufen.

„Noch was, Andi. Ruf bei Frau Rahm an. Wir treffen uns bei ihr in zwei Stunden. Jetzt haben wir kurz vor zwei, also um sechzehn Uhr."

Der Klinik-Freitagnachmittag empfing den Kommissar mit seltsamer Ruhe. Die meisten Mitarbeiter haben sich ins Wochenende verabschiedet, genauso wie viele elektiven Patienten, die vorm Samstag entlassen wurden. Lisa war nicht im Zimmer. Die Schwester am Leitstand schickte ihn in den Garten. Im Pavillon, der sich unter einem schattigen Kastanienbaum versteckte, fand er die aufgebrachte Dame.

„Frau Netzler, ich habe ein paar Fragen zu Ihrem Tagesablauf am Dienstag. Wann haben Sie den Parkplatz verlassen?" Sauter schoss ohne Begrüßung los.

Lisa fiel aus allen Wolken. Sie hatte gedacht, dass der Polizist wegen ihres Anrufs aufgekreuzt war und alle Einzelheiten über ihre Schwester wissen wollte. Es dauerte etwas, bis sie sich fing. Anscheinend zu lange, denn der Kommissar warf ihr den nächsten Ball zu.

„Sie haben das Parkhaus schon um kurz nach zwei verlassen."

„Das kann nicht sein. Ich habe erst um kurz vor halb drei ausgestempelt. Das können Sie doch überprüfen."

„Haben wir. Genau das wollten Sie erreichen. Sie haben zuerst das Auto vom Parkplatz entfernt, es woanders abgestellt und sind dann zurück in die Klinik gelaufen. Sie haben bewusst ihren Chip nicht an die Säule hingehalten, um die Parkschranke zu öffnen, damit die Uhrzeit nicht vom System aufgezeichnet wird."

Lisa schwieg. Entweder war sie schockiert oder fühlte sich erwischt.

„Wussten Sie, dass die Ausfahrt videoüberwacht wird?" Sauter legte noch eine Schippe drauf.

Ihre Augen wurden immer trauriger. Sie hatte sich dieses Gespräch anders vorgestellt.

Auch der Kommissar hielt die Pause.

„Ich habe gegen halb drei die Schranke passiert", wiederholte sie trotzig.

„Eine Mitarbeiterin hat angegeben, Ihnen kurz nach zwei die Schranke geöffnet zu haben. Sie erinnert sich daran, dass Sie von einem dringenden Termin gesprochen haben."

„Frau Krause. Die bl... Die kann alles sagen, was sie will. Ich hätte mich an ihrer Stelle nicht genau daran erinnern können. An die Person vielleicht schon, aber nicht an die genaue Uhrzeit."

„Haben Sie darauf spekuliert?" Sauter schaute Lisa direkt in die Augen. „Leider haben Sie eins nicht berücksichtigt: Frau Krause hat bis vierzehn Uhr Pause gemacht, ein paar Minuten später kam Ihr Anruf von der Ausfahrt, da hatte sie noch ihren Kaffee in der Hand."

Noch einen Augenblick und sie kippt um, dachte Sauter, als Lisa das Gesicht mit Händen bedeckte und sich nach vorne neigte.

„Wieso haben Sie überhaupt Zugang zum Medikamentenschrank?" Sauter entschied sich, sofort den nächsten Stich zu setzen.

„Woher...?" Sie nahm die Wasserflasche von der Bank und saugte gierig am Flaschenhals. „Ich bin unter anderem für die AiPs zuständig, also für die Ärzte im Praktikum. Wir sind ein Lehrkrankenhaus der Universitätsklinik, die in unserem Labor Versuche durchführt. Die Oberärzte geben mir die Liste aller Medikamente und Chemikalien, die von den AiPs für die Tests benötigt werden, ich bestelle diese in unserer Krankenhausapotheke, nehme die Lieferungen entgegen und schließe alles im Medikamentenschrank ab. Der steht in der Ambulanz."

„War auch Chloroform unter den Medikamenten?"
„Ja."
„Kennen Sie alle Präparate?"
„Nein, selbstverständlich nicht."
„Aber Chloroform schon ..."
„Weil die Apotheke das Mittel extra ordern musste. Seit Ewigkeit hat keiner es bestellt."
„Wer wollte denn das Zeug plötzlich haben?"
„Ein AiP."
„Was wollte er damit?"
„Genau weiß ich das nicht. Ich glaube, er schreibt eine Arbeit über die Geschichte der Narkosemittel. Die Dämpfe von Chloroform verursachen Bewusstlosigkeit, das Mittel wurde früher bei Operationen eingesetzt. Später aber wegen Verdacht auf krebserregende Wirkung durch andere Mittel ersetzt."

Sie hob die Augen und wurde vom schmunzelnden Blick durchbohrt.

„Sie kennen sich aber bestens aus." Der Sarkasmus in Sauters Stimme nahm zu.

„Wie gesagt." Lisa stotterte. „Es war eine seltene Bestellung, die Apotheke hielt Rücksprache mit mir. Deswegen habe ich es in Erinnerung."

„Wo bewahren Sie den Schlüssel zum Medikamentenschrank auf?"

„Hängt an meinem Schlüsselbund. Den habe ich immer bei mir."

„Frau Netzler, ich mach Ihnen ein Angebot. Sie erzählen mir jetzt, an der Stelle, alles, wie es tatsächlich war, und ich verspreche Ihnen, dass ich Ihren Sohn ..."

Seine letzten Worte versanken im schrillen Trillern des Smartphones, das auf die volle Lautstärke eingestellt war. Versehentlich, versteht sich. Diese Technik wird ihn den letzten Nerv kosten. Sauter versuchte die Lautstärke zu reduzieren, das gelang ihm nicht – dafür müsste er das Gerät entsperren – und er drückte auf das grüne Symbol.

Andi hörte sich aufgewühlt an.

„Die Österreicher haben sich gemeldet. Nach dem Pfändertunnel an der deutsch-österreichischen Grenze wurde am Dienstag kurz nach elf morgens das Auto, mit dem Thomas Netzler und Anna Spahn in den Italienurlaub gefahren sind, angehalten, weil an der Windschutzscheibe keine Autobahnvignette klebte."

„Moment mal." Sauter verließ den Pavillon. „Das heißt, dass deine Vermutung, dass die Mutter und der Sohn unter einer Decke stecken, gar nicht verkehrt ist."

„Sieht so aus. Ist das mit ..."

Sauters Kopf begann zu dröhnen. Das Handy war eindeutig zu laut eingestellt. Er versuchte während des Gesprächs den Lautstärkeschieber zu bedienen. Die Verbindung erlosch.

Der Kommissar fluchte. Gut, er wird Kalmach später zurückrufen. Frau Netzler stand am Eingang zum Pavillon, ihre Hände zitterten, die Augen schwollen immer mehr an.

„Frau Netzler, ich nehme mein Angebot zurück. Nur den zweiten Teil, mit Ihrem Sohn. Der erste – mit dem Geständnis – bleibt bestehen."

„Was ist mit meinem Sohn. Wo ist er?"

„Noch zu Hause. Machen Sie es nicht schlimmer. Auch am Freitagnachmittag werde ich einen Durchsuchungsbefehl bekommen – für Ihr Haus, Ihr Büro, die Wohnung von Thomas."

Lange Zeit sagte keiner ein Wort.

Das Telefon klingelte wieder. Jetzt nahm der Kommissar sofort ab. Genau der richtige Zeitpunkt. Frau Netzler soll mal nachdenken.

Es war Andi Kalmach.

„Volker, was ich fragen wollte. Ist das mit Frau Rahm noch aktuell? Die ist anscheinend verreist."

„Wie bitte?"

„Ich habe es bei ihr zu Hause versucht – keiner ging ran. Dann habe ich in der Klinik angerufen. Wer weiß, sie ist ja nicht todkrank, vielleicht ist sie ins Büro gegangen. Laut ihrer Kollegin hat sie sich am Vormittag beim Chef gemeldet und für die nächste Woche frei genommen."

„Hat sie gesagt, wohin sie fährt?"

„Irgendwelche familiäre Angelegenheiten, was mit dem Vater. Nichts Genaues."

Sauter schaute auf die Uhr. Sieht so aus, dass dem heutigen Rendezvous mit Kristina nichts im Wege steht.

„Andi, versuch mal alles über die Frau Rahm auszugraben, was du kannst. Du weißt schon ... Sobald ich hier fertig bin, komme ich ins Präsidium."

„Ich versuche es", gab Andi etwas gedämpft zurück.

„Du klingst ungewöhnlich skeptisch." Sauter merkte sofort seinen Stimmungswandel.

„In der Zeit zwischen unseren Telefonaten hat mich die Frau Krause angerufen. Die Dame aus der Klinik, die angegeben hat, kurz nach zwei Uhr am Dienstag der Frau Netzler die Schranke geöffnet zu haben."

„Ich weiß, wer die Frau Krause ist."

„Sie hat ihrem Kollegen, dem Herrn Borowski, von unserem Gespräch erzählt. Also, um es kurz zu fassen: Die Frau Krause hat normalerweise, die Betonung liegt auf normalerweise, bis vierzehn Uhr Pause. Ausgerechnet am Dienstag war ihre Ruhepause um halb drei zu Ende, weil sie an diesem Tag den Dienst mit Herrn Borowski getauscht hat. Das heißt, Lisa Netzler verließ tatsächlich gegen halb drei den Parkplatz."

Beide schwiegen. Das ganze Konstrukt fiel auseinander wie ein Kartenhaus. Oder umgekehrt. Dass Thomas alleine ohne Mutter die Sache durchgezogen hat, war viel wahrscheinlicher. Oder mit Petra. Er kannte sie, traf sie vielleicht auch in den letzten Monaten, als sie seinen Vater besucht hat. Und wie es aussieht, ist Petra nach dem heutigen Gespräch mit der Polizei verschwunden.

Der Hauptkommissar drehte sich zu Lisa. Ob sie das Gespräch verfolgt hat?

„Frau Netzler, Sie wollten mir doch etwas über eine Petra erzählen. Setzen Sie sich."

„Was ist mit meinem Sohn?"

„Noch nichts. Hängt unter anderem davon ab, was genau Sie mir berichten."

Lisas angeschwollene Augen ließen einen Streifen Leben durch.

„Es war nicht mein Sohn. Es war meine Schwester Petra."

Der Polizist horchte auf. Kann es sein, dass Lisa Netzler endgültig den Verstand verloren hat? Um den Sohn zu retten, wäre eine Mutter zu allem bereit.

„Gestern Abend habe ich Besuch gehabt. Heute auch. Von meinem Vater. Ich habe ihn fünfundzwanzig Jahre nicht gesehen und über zwanzig Jahre nichts von ihm gehört. Nach der Scheidung von meiner Mutter hat er sich nach Spanien mit einer Italienerin abgesetzt. Inzwischen hat er schon die vierte Lebensgefährtin, aber das ist nicht wichtig. Wir hatten überhaupt keinen Kontakt mehr, und nachdem er meine Einladung zur Hochzeit ignoriert hat und auch die Einladung zu Thomas' Taufe, habe ich ihm meine neue Adresse gar nicht mitgeteilt."

„Woher wusste er dann, dass Sie hier sind?"

„Das ist es eben. Meine Schwester, von der ich bis gestern Abend nichts gewusst habe, hat ihn angerufen und gesagt, ich stecke in Schwierigkeiten."

„Ich verstehe immer weniger, Frau Netzler."

„So ging es mir auch." Lisa atmete tief ein und aus. „Meine Eltern waren ein Herz und eine Seele, wie sich mein Vater ausgedrückt hat. Bis meine Mutter schwanger wurde. Sie wurde immer mürrischer und launischer, erstickte in manischer Eifersucht. Dirk – so heißt mein Vater – hat gehofft, dass nach der Geburt alles wieder gut wird. Als die Abtreibungsfrist abgelaufen war, erfuhr Elisa, also meine Mutter, dass sie mit Zwillingen schwanger war. Sie ist in Hysterie ausgebrochen, wollte in Polen illegal abtreiben und landete in der Psychiatrie. Der Arzt schlug vor, ein Kind in eine Pflegefamilie zu geben. Das hat man auch gemacht."

„In eine Pflegefamilie oder zur Adoption?"

„Wie genau es gelaufen ist, weiß ich nicht. In jedem Fall hat meine Schwester die leiblichen Eltern ausfindig gemacht und vor etwa fünfzehn Jahren den Vater kontaktiert. Da war sie um die dreißig Jahre alt. Telefonisch. Das erste und das einzige Mal. Bis zu dieser Woche."

„Und woher wusste diese plötzlich aufgetauchte Schwester von dem, was mit Ihnen beziehungsweise in Ihrem Haus passiert ist?"

„Die Frage habe ich mir auch gestellt. Und Dirk auch. Als ich erfahren habe, wie die Dame heißt, ist mir das klargeworden."

„Und das wäre?"

„Mit dem Nachnamen hieß sie Specht – vor der Heirat. Wie sie jetzt heißt – das weiß Dirk nicht. Aber den Vornamen kennt er." Lisa schaute dem Kommissar triumphierend in die Augen. „Ihr Vorname ist Petra."

Lisa fixierte Sauter mit ihrem nun glänzenden Blick. Der erwartete Effekt blieb aus.

„Petra. Und? Meinen Sie, die Frau Petra Rahm ist Ihre Schwester?"

„Ich meine nicht. Ich bin davon überzeugt."

Sauter überlegte. Ihm ist die Ähnlichkeit der beiden Frauen auch aufgefallen, nicht im Gesicht, eher in der Statur, in der Haarfarbe, in der Haltung. Der Nachbar hatte eine Frau am Dienstag gesehen, die wie Lisa aussah, aber eine Kappe trug, was für Lisa ungewöhnlich war.

Die Frau Netzler hat der Kommissar nun endgültig von seiner Liste der Verdächtigen gestrichen. Andi hat ihm inzwischen eine SMS geschickt: Der Chefarzt hat nochmal bestätigt, dass Lisa bis kurz vor halb drei im Büro war, er hat sie persönlich gesprochen. Eigentlich hat Sauter nie an ihre

Schuld geglaubt, aber die Geschichte mit der Schranke war doch zu eindeutig, um sie zu ignorieren.

Wer war die Frau, die zum Todeszeitpunkt im Haus war? Das Rätsel könnte nur ein Mensch lösen, der plötzlich verreist war. Oder geflüchtet? Oder Jürgen, der etwas gesehen hat. Was genau? Haben Thomas und Petra ein Komplott geschlossen? Gegen wen? Und warum? Hatten sie ein gemeinsames Motiv? Was hat Petra von Timo Kleibers Tod? Wollte sie auf Lisa den Schatten werfen und ihr den Mann wegnehmen? Einen hoffnungslos Kranken? Was hätte sie davon? Fragen über Fragen ...

Gegen Petra gab es kaum Beweise, um sie zur Fahndung auszuschreiben. Ob die Frau Rahm wirklich Lisa Netzlers Schwester war? Nur Vermutungen.

18
Samstag

Der Kontrast hätte nicht größer sein können. Neben den herausgeputzten Hotels der Touristengegend Malgrat de Mar wirkten die runtergekommenen Häuser der gleichnamigen Siedlung nicht viel luxuriöser als die schönsten Gartenhäuschen in den deutschen Schrebergärten. Die schmalen sauberen Straßen waren leer. Die meisten Einheimischen verdienten um diese frühe Nachmittagszeit ihre Brötchen in den Hotels oder auf dem Acker. Außer im Tourismus und in der Landwirtschaft gab es hier kaum Arbeit.

Je näher allerdings zum Meer, umso größer und schicker präsentierten sich die Anwesen. Petra überquerte die Eisenbahnschienen, die sich parallel zum Ufer schlängelten, und schlenderte am schmalen Strand entlang Richtung Campingplatz. Die hohen Wellen haben dem Ufer einige Meter geklaut. Auf dem übrig gebliebenen Streifen lagen die zahlreichen Badedurstigen dicht nebeneinander. Erholung pur, grinste Petra. Irgendwann ist es immer schwieriger geworden, sich durch die schwitzenden Körper durchzudrängen, und sie wechselte bei der nächsten Bahnunterführung die Seiten.

Petra hatte keine genaue Vorstellung, wie sie das Haus ihres Vaters in diesem Ort mit zwanzigtausend Einwohnern und genauso vielen Gästen finden kann. Vor fünfzehn Jahren, als sie das erste Mal mit Dirk telefoniert hatte, erwähnte er diesen Ort an der spanischen Küste Costa Brava. Sie hätte einfach anrufen können – die Nummer hatte sie ja –, wusste aber selber nicht, was sie überhaupt hier wollte.

Gestern Morgen, nach dem Gespräch mit dem Kommissar Sauter, rief sie den Chef an und nahm sich für die nächste Woche frei. Der Vorgesetzte war sogar froh, dass seine Sekretärin endlich fast vierzig Überstunden abbauen würde. Auf jeder Chefarztkonferenz wurde er vom Geschäftsführer gerügt – für alle Mehrstunden, die seine Mitarbeiter angesammelt hatten. Diesen Spagat zu schaffen – immer mehr Leistung mit weniger Personal zu bringen – war für ihn zur Hauptaufgabe geworden. Die Patientenbetreuung lief nebenbei.

Auf der Homepage des Reiseunternehmens „Fahr doch mit" entdeckte sie die Busfahrt nach Spanien zur Costa Brava. Abfahrt am Freitag, um achtzehn Uhr. Die Buchungsseite zeigte zwar freie Plätze an. Der Button „Verbindlich buchen" war aber inaktiv. Sie wählte die Nummer, die sie auf der Webseite gefunden hatte.

„Für die Abfahrten heute Abend können wir keine Buchungen entgegennehmen", parierte die Dame am Telefon. Als ob es der Normalfall wäre, dass der Kunde erst nach Eingabe aller seiner Daten drauf hingewiesen wird, dass die Buchung nicht möglich ist.

„Wieso steht die Reise dann im Internet als buchbar?"

„Moment mal. Sorry, wir haben vergessen diese rauszunehmen. Die Reise ist tatsächlich nicht ausgebucht, aber drei Tage vor dem Termin nehmen wir keine Bestellungen mehr entgegen. Wir müssen ja noch die Hotelplätze reservieren."

„Und wenn ich nur die Busfahrt buche?"

„Das geht leider auch nicht. Ich könnte Ihnen zwar die Unterlagen per Mail zuschicken, darf aber, bevor die Zahlung bei uns eingegangen ist, es nicht machen."

„Ich werde den Betrag sofort über Online-Banking überweisen und Ihnen den Beleg faxen."

„Jeder Beleg lässt sich heutzutage fälschen. Oh, Entschuldigung." Nach kurzer Pause schlug die Dame vor: „Gut, ich gebe dem Fahrer Bescheid. Sie nehmen bitte die Bankquittung mit. Aber ein Hotelzimmer kann ich Ihnen nicht mehr besorgen."

Der Bus fuhr mehrere Orte an der spanischen Küste an. In Malgrat de Mar stieg sie aus, ohne eine konkrete Vorstellung zu haben, was und wohin sie wollte. Sie lief mit einem Dutzend Mitfahrern zum ersten Hotel. Die Rezeptionsdame spuckte die Standardbegrüßung raus: „Die Zimmer können erst ab vierzehn Uhr bezogen werden." Petra wich von ihrem ursprünglichen Vorhaben ab, nach einem Apartment zu fragen, was in der Hochsaison sowieso utopisch war, stellte ihr Gepäck in den Kofferraum und holte sich aus der Ablage einen Stadtplan. Der Campingplatz befand sich am Rande der Siedlung. Sie glaubte, sich erinnern zu können, dass ihr Vater damals von einem Haus in der Campingnähe erzählt hatte.

Langsam schritt sie in die Richtung, ohne einen Plan zu haben, ohne zu wissen, ob sie tatsächlich das Haus finden wollte. Dirks Nachnamen hatte sie ja, auch das Geburtsjahr, vielleicht würde sie im Rathaus eine Auskunft bekommen. Oder einfach Dirks Nummer wählen.

An einem Zebrastreifen wechselte sie die Straßenseite und entfernte sich immer weiter von der Touristengegend. Die Straße mündete in ein Brachland. Sie holte den Stadtplan raus. Gleich kommt das Stadion, dann der Campingplatz, beziehungsweise mehrere. Wohnhäuser waren nicht zu sehen. Sie lief ein paar Hundert Meter zurück und bog rechts in die enge Straße ein, marschierte bis zur ersten Kreuzung, bog links ab, dann nochmal, dann rechts. An einer Bäckerei blieb sie stehen und überlegte, ob sie ein Brötchen kaufen sollte. Eigentlich hatte sie keinen Hunger, aber sie hat außer dem einen paar Wienerle heute Morgen im Bus keinen Krümel in den Mund genommen. Unentschlossen stand sie vor der Tür. *Gut, wenigstens ein Wasser hole ich.* Plötzlich spürte sie, dass ihr Rücken von einem stechenden Blick betastet wird.

Sie drehte sich um. Eine ältere Frau mit blassem Gesicht, das noch nie einen Sonnenstrahl abbekommen hatte, aber immer noch seine sprudelnde Attraktivität präsentierte, stand im Schatten eines Baumes und schaute sie ungeniert an.

Petra verging der Durst. Sie ließ die Türklinke los und lief links um die Ecke.

„Lisa?" Die alte Frau machte einen Schritt aus dem Schatten.

Wie angewurzelt blieb Petra stehen.

„Heißen Sie Lisa?" Die Frau sprach deutsch, mit leichtem südlichem Akzent.

Nach kurzem Zögern drehte sich Petra um.

„Nein, ich heiße nicht Lisa. Aber ich kenne eine Frau, die Lisa heißt."

„Dann müssen Sie Petra sein ..." Das war keine Frage. „Und Ihr Vater ist Dirk. Mein Mann. Sie suchen doch ihn?"

Eine halbe Stunde später saßen die beiden Frauen auf der von einer weitläufigen Weinrebe umhüllten Veranda. Blanca stellte Wein und Wasser auf den Tisch und zeigte mit dem Kopf nach oben zu den Trauben. „Such dir eine Beere aus, die dich anlächelt."

Petra hatte das Gefühl, sie hätte diese Frau schon mal gesehen. Vielleicht lag es an der Leichtigkeit und Offenheit, mit der Dirks Frau jeden Satz aussprach.

„Ich hätte gerne Dirks Töchter so oft wie möglich neben mir gehabt. Aber Dirk wollte es nicht. Anscheinend hat die ganze Geschichte ihm mehr zugesetzt, als er zeigt."

„Wenn jemand sich verletzt fühlen darf, dann eher ich. Nicht nur verletzt – weggeworfen und betrogen." Petras giftiger Blick wanderte durch den gemütlichen Garten.

„Dirk ist ein gutmütiger Mensch. Erst vor kurzem hat er mir alles erzählt. Sein Herz blutet heute noch."

„Hat er dir, Blanca, auch erzählt, dass ich ihn vor fünfzehn Jahren angerufen und darum gebeten habe, sich mit mir zu treffen?"

Die alte Frau nickte.

„Ja, hat er. Nach dem Telefonat hat er tagelang nichts gesprochen, nichts gegessen, ging morgens zum Meer und kam abends zurück. An einem Abend saß er hier, wo du jetzt sitzt, hat mehrere Gläser Wein in sich reingedrückt und plötzlich traurig gestöhnt: ‚So einfach kann man ein Menschenleben ruinieren.' Ich habe ihn gefragt, was er meint, er sagte aber kein Wort."

„Ich weiß, was er gemeint hat." Petra schenkte sich vom weißen Wein ein und nahm einen kräftigen Schluck. „Es war aber nicht nur ein Menschenleben, es waren gleich drei. Innerhalb von einem Jahr ist alles den Bach runtergegangen. Wir waren so glücklich!"

Petra nahm noch einen Schluck, lehnte sich im Sessel zurück und schloss die Augen.

Sie war wirklich glücklich gewesen. Als Kind, als einziges Kind in der ganzen nahen Verwandtschaft. Ihre Eltern waren zwar viel älter als die von ihren Freundinnen, dafür viel cooler und moderner. Und sie liebten sie abgöttisch. Genauso wie die zwei Omas und zwei Opas. Sie lasen ihr jeden Wunsch von den Lippen ab, sie war aber sehr genügsam und auch deswegen bei den Mitschülern beliebt.

Sie war als Teenager glücklich gewesen. Mit ihrem Aussehen konnte sie jeden Jungen haben, sie wählte die schüchterne Leseratte Ferdinand aus – schon sein Name stand für Treue und Bodenständigkeit –, der, sobald sie zum ersten Mal alleine blieben, seine Schüchternheit abgeworfen hatte. Er brachte ihr das Motorradfahren bei, gab ihr die ersten Fahrstunden und den ersten Kuss – genau in dem Moment, als sie sich nach einem sehnte.

Auch als Studentin war sie glücklich gewesen. Obwohl sie zum ersten Mal das behütete Haus verlassen hatte. Ferdinand schrieb sich in dieselbe Uni ein wie sie – mit einer Eins im Zeugnis hatte er die freie Wahl. Nur Gesundheitsmanagement, wie Petra, wollte er nicht studieren, das war ihm zu trocken. Er entschied sich für Politikwissenschaft. Sie teilten sich die Kosten für die Zweizimmerwohnung, wobei Petras Großeltern die ganze Miete überwiesen und sogar noch einen Hunderter draufgepackt hatten.

Sogar nach dem heftigen Motorradunfall war sie glücklich gewesen – denn sie lag mit Ferdi auf einer Station und er auf seinem Rollstuhl verbrachte mehr Zeit in ihrem Zimmer als in seinem. Der Unfall passierte in den Semesterferien nach dem ersten Studienjahr, einen Tag vor der Abreise nach Hause.

Ferdi hatte einen Beinbruch erlitten, sie – nur eine Platzwunde an der Schläfe und eine leichte Gehirnerschütterung. Als ihr Zustand sich nach einer Woche nicht verbessert hatte, eher verschlechtert, schlugen die Ärzte Alarm. Die Diagnose stand nach ersten Untersuchungen fest: gefährlicher Infekt, der schon die Hirnhaut angriff. Die eingeleitete Therapie brachte keine Besserung. Um auf Nummer sicher zu gehen, schlug der Oberarzt vor, ihr Blut direkt zu übertragen. Am besten von nahen Verwandten. Sie dachte sofort an ihren Vater.

Am nächsten Morgen saßen ihre Eltern an ihrem Bett, die Mutter zitterte am ganzen Leib, der Vater rieb nervös die Hände. Petra schöpfte den Verdacht, ihr Vater wäre krank, vielleicht krebskrank, weil er gestern am Telefon irgendwie nervös und verloren geklungen hatte.

Der Vater bat die Zimmernachbarin sie kurz alleine zu lassen.

„Petra, Mutter und ich wollten es dir in den Ferien sagen. Du bist achtzehn geworden und hast das Recht drauf. Ich kann dir mein Blut nicht geben. Ich bin ..." Er stotterte wie ein Schulbub an der Tafel.

„Du hast Krebs", rutschte es Petra raus.

„Glaub mir, das wäre mir jetzt lieber, als ... Petra, wir sind nicht deine leiblichen Eltern. Wir haben dich seit deinem ersten Atemzug aufgezogen, aber wir sind nicht deine leiblichen Eltern."

Das folgende Schweigen war so erdrückend gewesen, dass Petra mit allen ihren Gliedern spürte, wie die Luft im Zimmer vibrierte.

Petra schaute lange ihre Mutter an, dann den Vater.

„Dann finden wir halt einen anderen Blutspender." Mehr sagte Petra nicht.

Die Mutter brach in Tränen aus.

Auch diese neue Erkenntnis trübte Petras Glück nicht ein. Ihr Verhältnis zu den Eltern war noch inniger geworden. Auch für Ferdi war die Nachricht nicht schockierend. Was war daran schon Schlimmes?

Ihre Glückskurve hatte kurz nach unten gezeigt, als sie nach fünf Jahren Ehe nicht schwanger geworden war. Sie arbeitete inzwischen in der Uniklinik als Pflegemanagerin und hatte direkten Kontakt zu den besten Spezialisten. Weder bei ihr noch beim Ferdi fanden die Ärzte irgendwelche Auffälligkeiten.

„Warten Sie einfach ab, Frau Rahm." Sie hatte den Namen ihres Mannes angenommen. „Entspannen Sie sich, denken Sie nicht daran. Es wird schon kommen." Der Chefarzt der Kinderklinik strahlte Zuversicht aus.

Sie buchten eine Karibikreise, drei Wochen auf dem Kreuzfahrtschiff, in einer Außenkabine mit großem Balkon, die sie allerdings höchstens eine Stunde am Tag aufsuchten: morgens nach dem Frühstück und mittags, falls sie nicht gerade unterwegs auf einer Insel oder in einer Stadt waren, um die immer noch nicht abgeklungene Bewunderung füreinander auszuleben.

Der erweckende Rhythmus der Kreuzfahrtreise – gutes Essen, Ausflüge, Baden, Restaurants, Konzerte, jeden Tag neue Orte, alles anders als gewohnt – blendete tatsächlich ihre Sorgen aus. In ihr Ehebett waren wieder die Leichtigkeit und Unbeschwertheit zurückgekehrt. Als sie einen Monat später ihre Regelschmerzen nicht spürte, sagte sie Ferdi nichts. Nur als sie das erste schwarz-weiße Bildchen, auf dem nur ein Fachmann Leben erkennen konnte, in der Hand hielt, fuhr sie in der Mittagspause zum Fernsehsender, bei dem Ferdi als Redakteur sein Hobby zu Geld machte. Sie aßen am Kiosk zu Mittag. Statt Serviette legte sie ihm das Bild unter das Besteck. Zum ersten Mal hatte sie ihren Mann mit feuchten Augen gesehen.

Die vollen drei Jahre, die eine Mutter damals für die Erziehung ihres Kindes in Anspruch nehmen konnte, nutzte sie aus. Sie spielte mit dem Gedanken, auch weiterhin zu Hause zu bleiben, aber Ferdi hatte sie überzeugt: Irgendwann musste der kleine Elias in die große Welt hinaus. Petra ging nur vormittags zur Arbeit, Ferdi saß nach Feierabend nicht mehr bis in die Nacht in seiner Redaktion, er rannte nach Hause, um wenigstens ein paar Stunden mit dem Sohn zu spielen und ihn ins Bett zu bringen. Sodass Petra so was wie Eifersucht verspürte. Das Wochenende war zum Familien-Highlight geworden: Sie schlugen sogar einige Einladungen zu Geburtstagen und sonstigen Feiern aus, um die zwei Tage zu dritt zu genießen.

Sie hatten Elias ständig vor Augen, deswegen merkten sie die Veränderungen nicht. Die leichten Gleichgewichtsprobleme führten sie auf seine Zappeligkeit zurück. Aber der Oma fiel der unsichere Gang des Jungen gleich auf. Petra nahm das Wackeln nicht ernst, bis die Erzieherin im Kindergarten ihr berichtete, dass der Bub immer wieder stolperte, als ob seine Beine langsamer als das Gehirn wären.

Der Kinderarzt überwies den Jungen zum Neurologen. Es folgten mehrere Untersuchungen, die keine Klarheit brachten. Petra rief den Chefarzt der Unikinderklinik, Bayer, an, mit dem sie geschäftlich oft zu tun hatte, und erzählte ihm ausführlich über die plötzliche Wandelung.

„Ich habe eine Vermutung, Frau Rahm. Ich hoffe, die findet keine Bestätigung. Bringen Sie morgen das Kind mit. Wir nehmen zunächst mal Blut ab, auch Ihnen, und machen einige spezielle Tests." Der Professor klang besorgt.

Die drei Tage, bis der Befund fertig war, hatte Petra kaum geschlafen.

Schon in der Stimme des Chefarztes, als Professor Bayer sie am späten Freitagnachmittag in sein Büro gebeten hatte, erkannte sie die Gefahr.

„Frau Rahm, haben Sie in der Schwangerschaft keinen genetischen Test gemacht? In unserer Klinik nicht, da habe ich schon nachgeschaut."

„Was für einen Test? Wieso? Ich hatte keine Probleme in der Schwangerschaft."

„Hat damit nichts zu tun. Haben denn Ihre Eltern nicht gesagt, dass Sie Trägerin – sagen wir mal so – eines defekten Gens sein könnten, das in Ihrer Familie vererbbar ist. Dieses Gen muss nicht unbedingt die Krankheit auslösen, Sie sind ja gesund. Aber bei Ihrem Sohn ... Es tut mir leid. Bei Elias hat diese seltsame Krankheit – metachromatische Leukodystrophie – voll eingeschlagen."

„Das heißt?"

„Das heißt ..." Professor Bayer überlegte kurz, holte sein Tablet und tippte einen Begriff ein. Er schob ihr das Tablet mit der geöffneten Wikipedia-Seite hin. „Ich glaube, Sie lesen es besser. Ab hier." Er zeigte mit dem Finger auf eine Zeile.

Fast gelähmt von Angst überflog Petra nur den ersten Absatz.

„Als eine Leukodystrophie wird eine Gruppe genetisch bedingter Stoffwechselkrankheiten bezeichnet, die eine fortschreitende Degeneration der weißen Substanz des Nervensystems bewirken. Dabei wird durch eine unvollständige Ausprägung bzw. durch Abbau des die Nerven umgebenden Myelins die Funktion der Nerven massiv beeinträchtigt. Die Betroffenen leiden daher an motorischen und anderen neurologischen Beeinträchtigungen."

„Ich verstehe nur, dass es schlimm ist. Wie schlimm?" Petra war nicht imstande weiterzulesen. Ihre Hände zitterten, der Rücken wurde feucht.

„Die Behandlungsmöglichkeiten für Leukodystrophie sind noch sehr gering. In Ihrem Fall – bei metachromatischer Leukodystrophie – ist die einzige Option eine Knochenmarktransplantation. Da die Krankheit nicht zu weit fortgeschritten ist, wäre eine Transplantation sinnvoll. Die Prozedur birgt jedoch Risiken. Zum einen dauert es einige Zeit, bis die Wirkung der Zellen einsetzt, zum anderen kann bei einzelnen Patienten der Transplantationsprozess selbst den Krankheitsverlauf beschleunigen. Dazu sind Knochenmarktransplantationen nicht immer erfolgreich und das Mortalitätsrisiko, also die Sterberate, ist erheblich."

„Also, ganz schlimm..." Petra wunderte sich selber, woher sie die Kräfte genommen hatte, um dieses Gespräch zu führen.

„Elias ist jetzt fast vier. Wenn Sie nichts unternehmen, wird er eventuell seinen fünften Geburtstag erleben, mehr aber nicht. Im anderen Fall – bei Knochenmarktransplantation – ist alles offen. Sollte alles optimal verlaufen, wirklich superoptimal, wird es Jahre dauern, bis die wichtigsten Körperfunktionen wiederhergestellt sind."

Petra kriegte erst dann mit, dass sie zu Hause war, als Ferdi und Elias ihr entgegenliefen. Im nächsten Moment glitt sie auf den Boden. Professor Bayer – er hatte Petra nach Hause gefahren, als er gesehen hatte, dass sie dem Zusammenbruch nahe war – gab dem Herrn Rahm nochmal die schrecklichen Erkenntnisse wieder, die der Laborbefund brachte.

„Ich frage mich, wieso die Eltern Ihrer Frau sie nicht informiert haben, dass sie eventuell die Erbkrankheit mit sich schleppte."

An diesem Abend musste der Professor den Babysitter spielen. Ferdinand ließ sich aufs Sofa nieder und erstarrte in einer Position. Petra schloss sich im Schlafzimmer ein. Zum Glück rief bald die Oma an.

Am nächsten Morgen stand die Entscheidung fest. Knochenmarktransplantation. In Israel. Die Ärzte dort wären am weitesten bei Erbprobung moderner Methoden. Das Geld, bis die Formalitäten mit der Krankenkasse wegen Kostenübernahme geregelt waren, stellten die Großeltern zur Verfügung. Professor Bayer setzte alle Regler in Bewegung.

Zurück aus Israel kam Elias ohne die Eltern. Im Rumpf der Transportmaschine. Im Zinksarg.

Nach dem Leichenschmaus, als Ferdinand und Petra im verwaisten Wohnzimmer saßen, schaute ihr Mann sie abwesend an:

„Wie konntest du es so weit bringen?"

Das waren die letzten Worte, die sie miteinander gesprochen hatten.

Nach mehreren Monaten in der psychiatrischen Klinik kehrte Petra in das leere Haus zurück. In ihr wuchs ein neues Gefühl, das sie bis dahin nicht kannte. Wut. Unheimliche Wut. Wut und Hass. Und Rachegefühl. Sie hasste ihre Eltern, die leiblichen Eltern, die sie in die große Welt gestoßen hatten, ohne einen Gehstock mitzugeben. Sie wollte sich rächen, egal was es koste. Der Gedanke, dass ihre Eltern vielleicht selber nichts vom durch die Generationen weitergereichten defekten Gen wussten, kam ihr gar nicht.

Sie wollte Rache. Sie beschwor die Rache.

19
Samstag

Als ob sie sich zwei Jahre nicht gesehen hätten. Dabei waren es nur zwei Monate. Sie klammerten sich die halbe Nacht aneinander, streichelten sich behutsam, küssten sich mal leidenschaftlich, mal geschwisterlich, jeder behandelte den anderen wie einen brüchigen Wertgegenstand. Keiner sprach den Trennungsgrund an, sie waren wieder zusammen, nur das zählte.

Volker Sauter hat es doch noch rechtzeitig nach Hause geschafft. Wenn sich auch die Ereignisse am Freitagabend nochmal überschlagen haben. Der Praktikant, den Andi Kalmach losgeschickt hat, um Netzlers Nachbarn abzuklappern, meldete sich kurz vor fünf. Sein kurzer Bericht: Herr Miller, der am Dienstag im Garten seines Eckhauses den Rasen mähte, erfasste das Heck des dunkelroten „Audis". Der andere Rentner meinte, das Auto gegen Mittag auf dem Parkplatz gesehen zu haben. Und das ältere Paar Klapper im Haus gegenüber behauptete, in der letzten Zeit Thomas mit einer Frau angetroffen zu haben, die der auf dem Foto – also Petra – ähnlich war. Sie würden sogar öfters das Haus zusammen betreten. Der Ehemann bestand sogar drauf, auch am Dienstag die beiden gesehen zu haben. Seine Frau meinte, es wäre Samstag.

Wider Sauters Befürchtungen hat der Richter in der späten Freitagsstunde aufgrund der Beweise, oder mehr Indizien, eine hohe Wahrscheinlichkeit der Tatbegehung durch den Beschuldigten eingesehen und Thomas in die

Untersuchungshaft geschickt. Was Petra betraf, ordnete er die Überprüfung ihrer Telefon- und Internetverbindungen an. Das war ein Fall für Andi Kalmach.

Kurz vor neunzehn Uhr gestern Abend schlupfte Sauter gerade aus der Dusche, als die Türklingel schrillte. Er wickelte sich ein Handtuch um die Hüften und rannte zum Eingang. Kristina gab ihm einen Kuss auf die Lippen und zeigte auf den nackten Oberkörper:

„So ein Empfang gefällt mir ganz gut."

Zum Anziehen kam er nicht mehr.

Nur einmal gegen zweiundzwanzig Uhr verließen sie das Schlafzimmer. Er trank ein Bier, sie aß einen Apfel.

Morgens wachte Volker als Erster auf, blieb aber im Bett liegen. Er schmiegte sich an den nackten Körper daneben. Kristina griff zwischen seine Schenkel, und sobald sie die gewünschte Härte ertastete, schob sie ihm den Po entgegen.

Sie lagen noch lange aneinandergeklebt.

„Du kannst in die Dusche gehen. Ich dusche danach."
Sie küsste ihn nochmal leidenschaftlich.

Als er aus dem Bad kam, umwickelte ihn der satte Kaffeeduft. Alles, was Kristina im Kühlschrank fand, hat sie auf den Balkontisch gestellt. Sauter schluckte. Früher war das anders. Sie duschte als Erste, und er machte das Frühstück.

Behutsam umarmte er sie und küsste sie auf den Nacken.

Kristina drehte sich zu ihm um.

„Ich habe nach meinem Abgang vor zwei Monaten ehrlich gesagt nicht damit gerechnet, dass wir nochmal zusammen frühstücken werden."

„Ich auch. Aber ich wollte es."

Sie schmiegte sich an ihn.

„Ich habe mich für heute mit Karina verabredet. Wir gehen auf die Messe nach Friedrichshafen. Ich hoffe, du hast nichts dagegen. Du hast ja auch was zu tun, oder?"

Sie zeigte mit dem Kinn auf sein Smartphone.

Sein Telefon hat heute Morgen schon mehrmals gepiept.

„Ich kann euch zum Messegelände bringen. Einen Parkplatz in der Nähe kriegt ihr nicht mehr. Und abends hol ich dich ab. Falls du einverstanden bist", schlug Sauter vor.

Nach dem Frühstück verschwand Kristina im Bad. Sauter entsperrte das Handy. Drei Nachrichten vom Andi. Ein verpasster Anruf.

Das bedeutete, sein Kollege legte sich gestern Abend und heute schon, am Samstagmorgen, richtig ins Zeug, während er sich mit Kristina austobte. Andis Frau ist sicherlich weniger begeistert.

„Ich habe Petra Rahms Telefonate und Internetaktionen von gestern überprüft." Andi schoss nach der Begrüßung sofort los. „Eine Stunde nach dem Gespräch mit dir setzte sie sich, wie wir bereits wissen, mit dem Chef in Verbindung und nahm sich für die nächste Woche frei. Danach stöberte sie im Internet auf der Webseite des Reiseveranstalters *Fahr doch mit*. Kurz nach zwölf wählte sie die Nummer der Reisefirma. Das Telefonat dauerte relativ lange. Sofort nach dem Anruf rief sie ihr Online-Banking auf. Ich bin mir ziemlich sicher, dass sie eine Überweisung getätigt hat. Bei der Reisefirma geht am Wochenende keiner ans Telefon, ich habe auf die Notfallmobilnummer draufgesprochen, die müssten mich zurückrufen.

Wenn ich mir die Internetprotokolle anschaue, würde ich sagen, sie ist gestern Abend mit dem Bus um achtzehn

Uhr nach Spanien gefahren, genauer an die Costa Brava. In welchen Ort, lässt sich nicht feststellen. Moment mal, ich habe gerade einen Anruf. Ich stell dich in die Warteschlange."

Kalmach war in seinem Element. Wenn es um operative Arbeit ging, vor allem um Befragungen von Zeugen und Tatverdächtigen, zeigte er wenig Begeisterung. Bei Internetrecherchen und sonstigen digitalen Ermittlungen, bei denen Sauter etwas zurückgeblieben war, war Andi nicht zu bremsen. Sie ergänzten sich perfekt.

„Also, es war die Reisefirma." Andi Kalmach war wieder dran. „Die Dame am Telefon hat gestern mitbekommen, wie ihre Kollegin mit Frau Rahm telefoniert hat. Die Firma nahm zwar keine Buchungen mehr für die Reise an die Costa Brava entgegen, aber ausnahmsweise durfte Petra den Rechnungsbetrag online überweisen und den Beleg dem Busfahrer bringen. Da kurzfristig kein Hotelzimmer zu bekommen war, buchte sie nur die Fahrt. Das heißt, sie könnte sich in jedem Ort in dem riesigen Gebiet aufhalten."

„Wie lange ist der Bus unterwegs? Ist er schon am Ziel?"

„Wir haben jetzt elf Uhr. Der Bus ist um achtzehn Uhr gestern Abend losgefahren. Er braucht ungefähr fünfzehn Stunden. Das heißt, um neun war er dort. Ich habe die Handynummer von Busfahrern bekommen, aber die Dame hat mich gebeten, mindestens bis Mittag zu warten, bis die Männer ein paar Stunden geschlafen haben, denn heute Abend um sechs geht's für sie wieder zurück nach Deutschland."

„Warte mal." Sauter kramte in seinem Gedächtnis. „Lisa Netzlers Vater wohnt doch in Spanien auf dem Festland. Sie hat auch den Ort erwähnt. Irgendwas mit *de Mar.*"

„Moment mal", rief Andi. „Ich sehe auf der Karte dutzende Orte mit *de Mar.* Tossa de Mar, Lloret de Mar, Malgrat de Mar, Canet de Mar ..."

„Ich glaube, es war Malgrat de Mar. Ruf bitte Lisa in der Klinik an. Oder auf dem Handy. Kann sein, sie wurde nach Hause entlassen. Sie weiß es. Und frag, ob ihr Vater schon zurückgefahren ist. Ich bringe Kristina zur Messe, dann melde ich mich."

„Bleib lieber bei ihr. Nicht, dass ..."

„Mach dir keine Sorgen. Alles gut. Ich muss nochmal mit Lisa reden, und vor allem mit ihrem Mann. Er weiß irgendwas, ich muss ihn provozieren, in eine Falle locken, damit er spricht."

„Noch was." Andi Kalmach war noch nicht fertig. „Der Personalchef des städtischen Krankenhauses hat mir freundlicherweise Einblick in Frau Rahms Akte gewährt. Eine Sache ist mir aufgefallen. Im Lebenslauf hat sie ein abgebrochenes Studium angegeben. Auf der Homepage der Uni ist sie aber als erfolgreiche Absolventin aufgeführt, mit einem Masterabschluss sogar. Und kannst du mir sagen, wieso jemand mit einem Master in der Tasche eine Ausbildung zur Sekretärin macht? Und nimmt dann einen Job als Chefarztsekretärin an?"

„Vielleicht, weil in der gleichen Klinik Lisa Netzler als Sekretärin arbeitet? Die mutmaßliche Schwester?"

„Ich habe gestern Abend Petra Rahms früheren Arbeitgeber nicht erreicht. Ich versuche es heute wieder. Irgendwas ist da faul."

„Stimme dir voll zu. Übrigens, Andi." Dem Hauptkommissar kam eine Idee. „Wie lange warst du jetzt nicht im Urlaub? Im Süden, meine ich? Vier Jahre?"

„Du meinst, ich soll an die Costa Brava fahren? Ich hatte eigentlich an den Urlaub mit Familie gedacht."

„Wir sprechen nicht von Urlaub. Die Intuition sagt mir, dass wir in Spanien die Lösung finden. Betrachte es wie eine Art Aufklärung. Sobald wir mit dem Fall fertig sind, kannst du mit Family in den ausgewählten Ort reisen."

„Meine Frau wird es mir nicht abnehmen, aber klingt interessant."

Diese Leichtigkeit und Ungezwungenheit wünschte sich Sauter von vielen anderen Kollegen. Vielleicht war Andis besondere Art auch ein Grund dafür, dass seine Frau sich noch nie über die verrückten Arbeitszeiten ihres Mannes beschwert hat. In jedem Fall kriegte Volker Sauter es nicht mit.

„Okay, bis später. Ich muss an den Jürgen ran. Aber wie?"

20
Samstag

Blanca nahm Petras Hand.

„Wut ist kein guter Ratgeber. Da kommen unschuldige Menschen unter die Räder."

„Haben Sie Kinder, Blanca?"

„Eine Tochter, die ich alle fünf Jahre zu Gesicht bekomme. Sie wird bald vierzig, ist aber immer noch nicht zur Ruhe gekommen. Zuletzt war sie auf einer Bohrinsel in der Nordsee, auf die sie ihrer norwegischen Liebe gefolgt war. Auch wenn ich mich nach Enkelkindern sehne, hat das Glück meiner Tochter immer noch Vorrang. Und ich habe sicher ganz andere Vorstellungen vom Glück als sie. Ich versuche sie zu verstehen, was mir manchmal schwerfällt, vor allem wenn ich monatelang nichts von ihr höre."

„Mich wollte aber keiner verstehen. Mein Mann, mit dem ich seit der neunten Klasse zusammen war und außer dem ich keinem einen Kuss gegeben hatte, schob mir die ganze Schuld zu. Meine Eltern versuchten mir einzureden, dass ich einfach das nächste Kind abwarten soll. Der Tod vom Elias war für sie wie ein Bagatellschaden."

„Deine Eltern liebten ihn sicherlich über alles und wollten dir Hoffnung geben."

„Für mich war Elias' Krankheit kein Unfall. Es war Verrat. Von allen. Vielleicht hätte ich den Tod verkraften können, aber Ferdis Abgang riss mir den Boden weg."

Ich kann dich verstehen, wollte Blanca sagen, hielt sich aber zurück. Sie hatte den Eindruck, dass Petra noch nie in diesen fünfzehn Jahren nach dem Tod ihres Sohnes die Möglichkeit bekommen hatte, ihre Gefühle auszuschütten. Auch in den langen Monaten in der psychiatrischen Klinik nicht, genauso wenig wie in der anschließenden Rehabilitation. Also hörte Blanca einfach zu.

Den Scheidungstermin nahm Petra gar nicht wahr. Erst als sie das Haus verlassen und wieder zu ihren Eltern ziehen musste, wachte sie auf. Sie hatte nur ein Ziel.

Mit dreißig Jahren in die Kindheit zurückgeholt, wieder in ihrem Zimmer, das sie jetzt kaum verließ, machte sie sich auf die lange Suche. Mit achtzehn Jahren hatte sie erfahren, dass sie adoptiert wurde. Damals und die Jahre später, auch wenn sie sich oft fragte, wer denn ihre leiblichen Eltern waren, wollte sie bewusst die Vergangenheit nicht anrühren. Jetzt setzte sie ein Puzzlestück nach dem anderen in das trübe Bild ihrer Herkunft.

Die Spechts – ihre Adoptiveltern – teilten ihr den Geburtsort mit, das Jugendamt – den Namen ihrer Eltern. Dirk und Elisa Olsen. Und die damalige Adresse. Hamburg. Wie erwartet, wohnten dort andere Leute, die von den Olsens nichts mitbekommen hatten. Zum Glück war Dirk Olsen kein Unbekannter an der Elbe und die meisten Verleger hatten ihre alten Zeitungsausgaben digitalisiert.

Petra tauchte in die Geschichte ihrer Vorfahren ein, lernte ihren Großvater kennen, der nach dem Zweiten Weltkrieg aus Pommern – dem ehemaligen deutschen Gebiet in Polen – geflohen war und seine Handelsfirma in Norddeutschland neu aufgebaut hatte, nur mit einem Schiff in der Flotte, das er seinem ältesten Sohn Dirk überließ. Sie erfuhr aus dem Internet, aus diesem Fass ohne Boden, in dem viele Leute ihre Erinnerungen ablegten, in der Angst, die würden für immer verloren gehen, mehr über ihren Vater als viele andere Kinder, die mit ihren Eltern jahrelang unter einem Dach wohnten. Mit Erstaunen stellte sie fest, dass Dirk Olsen mehrmals im Jahr beträchtliche Summen an das Waisenhaus und die Jugendhilfe spendete. Wollte er sein Gewissen reinwaschen? – war ihr erster Gedanke. Sie stellte aber fest, dass die ersten Spenden schon vier Jahre vor ihrer Geburt erfolgten. Was für ein Mensch war ihr Vater? In jedem Fall vermied er, sich in den Vordergrund zu schieben. Dutzende Artikel über Dirk Olsen fand sie in den Archiven. Aber nur zwei Fotos von ihm. Trotz der schlechten schwarz-weißen Darstellung fand sie in seinen Gesichtsmienen keine Züge eines Monsters, das sein Kind abschiebt. Und war erstaunt, wie ähnlich ihr Sohn Elias dem Dirk gewesen war.

Auf einem Bild war Dirk mit seiner Frau drauf – mit meiner Mutter, durchlief Petra ein Schauer. Sie standen vor dem eigenen Schiff in einem Hafen zusammen mit anderen Seeleuten. Die Unterschrift drunter war auf Polnisch verfasst. Petra kopierte den Text in einen Online-Übersetzer. Es müsste in den 1970ern gewesen sein. Dirk Olsen hatte die Heimatstadt seines Vaters besucht.

Die attraktive Frau auf dem Foto strahlte nicht gespielt in die Kamera. Sie war glücklich, schon die Art, wie sie sich an ihren Mann lehnte, verriet, dass die beiden ineinander verknallt waren. Was viele Berichte über das Paar bescheinigten. Eigentlich ging es in den Artikeln – das war Jahre später – um den schlimmsten Rosenkrieg zwischen den beiden, den die Hansestadt je erlebt hatte. Keiner konnte glauben, dass es Dirk und Elisa waren, die sich auseinandernahmen. Ohne Rücksicht auf die Tochter.

Tochter ...

Es dauerte weitere Stunden, bis Petra den Namen rausgefunden hatte. Lisa. Geboren 1973. *Wie ich. Meine Zwillingsschwester?*

Petra war erstaunt, wie schnell sie fündig geworden war. Schon zehn Jahre nachdem das Internet auch für Laien eröffnet worden war, lieferte es Unmengen an Informationen. Lisa Netzler, Mädchenname Olsen, geboren 1973 in Hamburg, heiratete vor fünf Jahren – im Juli 1996 – Jürgen Netzler und zog zu ihrem Mann in den Süden, wo sie immer noch nicht weit vom Bodensee wohnte. Ein paar Jahre später mit dem Ausufern der sozialen Netzwerke schaute sie zum ersten Mal in die Augen ihrer Schwester. Zunächst auf dem Bildschirm. Bald direkt.

Sie waren keine eineiigen Zwillinge. Und trotzdem hatten sie viel gemeinsam. Die Schönheit ihrer Mutter, die Augen ihres Vaters, die gleiche Statur. Sie schaute jeden Tag in Lisas Online-Buch und lebte ihr Leben. Bis zu dem Tag, der alles änderte.

Sie erschrak. Sie erschrak wie noch nie im Leben. Vom Bildschirm lächelte sie, den Kopf an Lisa geneigt, Elias an. Nur etwas älter als an seinem letzten Lebenstag war er. Ihr Herz begann zu rasen. Sie vergrößerte das Bild. Es war nicht Elias, aber er könnte sein Zwillingsbruder sein. Dieses unschuldige tränenerzeugende Lächeln! Lisa hatte einen Sohn. Einen gesunden Sohn.

Thomas – so hieß er – müsste um die sechs Jahre alt gewesen sein. Und gesund. Hätte er auch diese schreckliche Krankheit mit dem todbringenden Namen – metachromatische Leukodystrophie – wäre er entweder unter der Erde oder hätte die unverkennbaren Züge eines chronisch blutkranken Patienten gehabt.

Petra heulte. Sie schrie. Sie tobte. Wieso hatte das Schicksal sie getroffen und nicht ihre Schwester? Warum musste Elias sterben und Thomas lebte? Warum wurde sie von den leiblichen Eltern abgeschoben und Lisa behalten? Als sie ein Foto entdeckte, auf dem Lisas Mann – genauso attraktiv wie Ferdi, mit sanften glücklichen Zügen eines zufriedenen Vaters – den Jungen in die Höhe hob, schlug ihre Wut um. Nicht mehr ihr leiblicher Vater Dirk, nicht ihre Mutter Elisa waren jetzt die Wutobjekte Nummer eins.

Mit Dirk hatte sie übrigens damals einmal telefoniert, als sie herausgefunden hatte, wer und wo ihre leiblichen Eltern waren. Genauer gesagt hatte sie zuerst bei ihrer Mutter angerufen. Elisa legte sofort auf, aber über ihren Anwalt bekam sie Dirks Adresse in Spanien. Sie unterhielten sich länger, als sie vorhatte. Ihr Vater hatte ihr viele Fragen gestellt, hatte aber keine Absicht gezeigt, sich mit ihr zu treffen. Mit keinem Wort hatte er Lisa erwähnt. Sonst hätte er ja einiges erklären müssen.

Wieso ich? Wieso mein Sohn? Petra druckte Thomas' Bild aus und trug es in ihrem Geldbeutel neben dem Foto von Elias. Und von Lisas Ehemann Jürgen. Sie wollte das, was ihr alleine gehörte, zurück. Ihr Glück. Ihre Familie.

21
Samstag

Die ganze Welt schien an diesem ersten Septembertag unterwegs zum Ausstellungsgelände zu sein. Die letzten drei Kilometer krochen sie im Schneckentempo durch die vergasten Friedrichshafener Straßen. Sauter wollte Kristina und ihre Freundin am Haupteingang rauslassen, wurde aber mitsamt der Blecharmada auf den weiten Messe-Parkplatz geleitet. Er überlegte, ob er seinen Dienstausweis rausholen sollte, ließ es aber. Er bezahlte das Tagesticket und rollte gleich zur Ausfahrt. In fünf Stunden würde er die beiden abholen, aber nicht hier. Sie machten einen Treffpunkt abseits des Messetrubels aus.

Während der Fahrt leuchtete sein Smartphone mehrfach auf. Mit Sicherheit war es Andi, der jetzt genug Stoff hatte, um den weltweiten Futtertrog namens Internet zu durchforschen.

Bei erster Gelegenheit hielt Volker Sauter am Straßenrand und wählte Kalmachs Nummer.

„Wenn du mich im Viertelstundentakt mit Nachrichten bombardierst, dann hast du bestimmt was Neues."

„Als Bombardement werde ich das nicht bezeichnen, aber Neuigkeiten gibt es tatsächlich", entgegnete Andi. „Frank hat Petra Rahms Telefonverbindungen ausgewertet. Das komplette letzte Jahr."

„Hast du noch den Frank aus dem Wochenende geholt?"

„Der freut sich, wenn er die zwei Tage nicht auf dem Sofa verbringen muss. Also, die letzten Monate haben Petra Rahm und Thomas Netzler mindestens zwei Mal die Woche telefoniert. Auch am Montag, einen Tag bevor Timo Kleiber umgebracht wurde. Wir müssen jetzt an Thomas' Handy rankommen. Ich bin überzeugt, dass ein reger Nachrichtenaustausch zwischen den beiden stattgefunden hat."

„Du, beziehungsweise Frank, ihr habt sicherlich auch die Telefonate von Thomas überprüft."

„Selbstverständlich. Was die Verbindungen zu Petra betrifft – eins zu eins Übereinstimmung. Aber das ist nicht alles." Sauters Kollege hielt kurze Pause „In Thomas' Anrufliste tauchte in der letzten Zeit sehr oft eine Nummer auf, die wir einer gewissen Sandra Krumm zuordnen konnten. Und jetzt kommt der Hammer. Am Montag hat er die Nummer drei Mal gewählt, einmal spätabends. Und am Dienstag um sechs Uhr zwanzig morgens, kurz bevor er das Handy komplett ausgeschaltet hat."

„Wer ist diese Sandra?"

„Klären wir gerade. Zurück zu unserer Dame, zu Petra Rahm. Ihr früherer Arbeitgeber – die Elbe-Uniklinik. Sie war dort als Pflegemanagerin tätig, die rechte Hand des medizinischen Direktors. War lange krankgeschrieben, über ein Jahr."

„Was hatte sie?"

„Leider habe ich am Telefon keine weiteren Auskünfte bekommen. Datenschutz. Ihr damaliger direkter Vorgesetzter, der stellvertretende Geschäftsführer, ist auf dem Weg in die Klinik. Ich werde ihm gleich die entsprechende Anfrage faxen."

„Du holst am Samstag die ganze Republik aus den Federn", grinste Sauter.

„Die sind, glaube ich, alle froh, der heimischen Hitze in die kühlen Büros zu entfliehen."

„Das heißt doch, Petra schmeißt ihren Job als Topmanagerin in der Großstadt im Norden hin und fängt im Süden als Sekretärin im Provinzkrankenhaus an."

„Genau. Warte mal." Sauter hörte, wie ein Blatt Papier in Andis Hand knisterte. „Laut ihrem Lebenslauf, den sie hier im Krankenhaus vorgelegt hat, machte sie eine Umschulung zur Sekretärin, und zwar bei einer kaufmännischen Privatschule hier im Süden in den Jahren 2004 bis 2006. Das heißt, schon vor vierzehn Jahren war sie hierhergezogen."

„Gut, ich muss wegfahren, ich blockiere die Bushaltestelle", unterbrach Sauter den Kollegen. „Ich schaue bei Netzlers vorbei, vielleicht ist Lisa schon daheim, dann im Gefängnis bei Thomas. Wäre schön, wenn du bis dahin" – Sauter holte seinen Zettel raus – „Sandra Krumm durchleuchten könntest. Wir bleiben in Verbindung."

Sauters Nerven vibrierten. Es fehlte das letzte Glied, um die Kette zu schließen. War es Sandra Krumm? Hat sie den beiden – Thomas und Petra – geholfen?

Eine halbe Stunde später parkte er in der Stolperstraße und lief zum Haus Nummer 49.

„Sie haben meinen Sohn verhaftet", fuhr ihn Lisa an, kaum dass er den Flur betreten hat. Ihre Tasche mit Krankenhaussachen stand auf dem Treppenabsatz.

„Frau Netzler, können wir uns in ein Zimmer zurückziehen?" Sauter machte einen Wink mit dem Kopf Richtung Wohnzimmer. Jürgen sollte nichts mitbekommen.

Ohne ein Wort stieg Lisa die Treppe hoch und setzte sich aufs Bett im Schlafzimmer. Seit Tagen war niemand in dem Raum, er war aber immer noch mit besonderer wohltuender Atmosphäre vollgesaugt – so wie ein Haus noch tagelang nach abgeklungener Hitze die Wärme in den Wänden speichert und allmählich ins Innere abgibt. Zum zweiten Mal war der Polizist in diesem Zimmer. Jetzt sah er es mit anderen Augen. Hier spielte sich die Liebesgeschichte ab, die im Bad daneben mit einem Mord endete. Von hier schickte die im Schrankkranz verbaute Videokamera Bilder auf Jürgens Tablet, der eigentlich die Geliebten höchstpersönlich zusammengebracht hatte.

„Sie müssen mit Ihrem Mann reden, Lisa." Zum ersten Mal nannte Sauter die Frau beim Vornamen. „Er hat was gesehen, will es aber nicht sagen. Sie haben mit dem Mord nichts zu tun, versicherte er uns. Aber wer?"

Der irritierte Blick der Dame sagte ihm, dass sie nicht ganz verstand, wie ihr Mann was gesehen haben konnte. Also wusste sie nichts von plötzlicher Bewegungsfähigkeit des Kranken.

Lisa führte die Hände auseinander:

„Ich bin seit heute Morgen zu Hause. Er hat noch kein Wort mit mir gesprochen. Nur mich irgendwie seltsam angeschaut, wie eine Katze, die ein Stück Fleisch vom Herrentisch stibitzt hat. Wissen Sie, was inzwischen vorgefallen ist? Auch Tamara verschweigt mir etwas."

„Das muss Ihr Mann Ihnen schon selbst sagen. Es ist alleine seine Entscheidung. Wobei, früher oder später – beim Gerichtsprozess zum Beispiel – kriegen Sie es mit."

„Was für ein Gericht? Sie meinen doch nicht, dass Thomas... Und was ist mit Petra?"

„Sprechen Sie mit Ihrem Mann! Nur er kann Ihrem Sohn helfen. Alles spricht gegen Thomas. Wahrscheinlich sitzt er in einem Boot mit Petra Rahm. Die beiden haben sehr oft miteinander telefoniert." An dem eisigen Blick erkannte Sauter, dass die Mutter nichts davon wusste. „Petra ist übrigens verschwunden. Möglicherweise an die Costa Brava. Dort wohnt doch Ihr Vater?"

Lisa schwieg. Ob sie überhaupt meine letzte Frage gehört hat, dachte Sauter. Die Erkenntnis, dass ihr Sohn mit dem Hausfeind Nummer eins, mit Petra Rahm, im engen Kontakt stand, war ein derber Schlag für sie.

Die Antwort kam doch noch.

„Malgrat de Mar. So heißt der Ort."

„Ist Ihr Vater schon zurückgefahren? Haben Sie seine Adresse?"

„Das weiß ich nicht. Und ich habe keine Adresse, die habe ich vernichtet."

„Die finden wir raus. Den Ort kennen wir ja nun. Frau Netzler, ich fahre ins Gefängnis zu Thomas. Sprechen Sie mit Ihrem Mann! Und rufen Sie mich an."

An der Eingangstür drehte er sich nochmal um.

„Sagt Ihnen der Name Krumm was?"

Lisa zuckte mit den Schultern.

„Ich glaube, in der Schule bei Thomas gab's ein Mädchen mit diesem Namen. Sabina oder Sandra, so was. Genau, sie und Thomas haben zusammen die Tanzschule besucht. Sie wissen schon, zurzeit ist es voll im Trend, einen Tanzkurs zu machen mit Abschlussball und so weiter. Wir waren leider nicht auf dem Ball, weil Jürgens Mutter ins Krankenhaus kam. Ich habe das Mädchen nicht gesehen, außer vielleicht auf dem Klassenfoto. Die Bilder hat Thomas alle mitgenommen. Wieso fragen Sie?"

Das Reden war anscheinend im Moment das Einzige, was der Mutter das Atmen leichter machte.

„Können Sie sich vorstellen, wieso Thomas zuletzt oft mit Sandra Krumm – sie heißt Sandra – telefoniert hat?"

„Ich wusste gar nicht, dass er mit ihr Kontakt hat."

„Reden Sie mit Ihrem Mann!" Sauter verließ das Haus.

Auf dem Parkplatz rief er gleich den Oberkommissar Kalmach an.

„Was Neues?"

„Allerdings." Andi klang nicht mehr so euphorisch wie heute Vormittag. „Wir haben das Handy von Thomas untersucht. Alle Chats, auch in WhatsApp, sind gelöscht. Wir brauchen Frau Rahms Telefon. Hoffentlich hat sie noch den Verlauf drauf."

„Mist", fluchte Sauter. „Das könnte aber bedeuten, dass der Inhalt sehr brisant war, sonst gehen die jungen Leute ja eher schlampig mit dem ganzen Zeug um. Was hat dein Gespräch mit der Uniklinik im Norden gebracht?"

„Vielleicht den Schlüssel zum Rätsel. Könnte aber genauso ins Leere laufen. Petra Rahm hat ihren Sohn verloren, der im Alter von vier Jahren an den Folgen einer Blutkrankheit gestorben war. Der Auslöser der Krankheit war ein defektes Gen, das der Junge von der Mutter geerbt hat. Professor Bayer hat damals das Kind betreut, ihn habe ich noch nicht aufgetrieben. Nach dem Tod ihres Sohnes war Petra ein Jahr krankgeschrieben, dann kündigte sie unerwartet. Ihr Mann hat sie verlassen, anscheinend gab er ihr die alleinige Schuld. Hätte man den Fötus rechtzeitig untersucht, hätte die Schwangerschaft abgebrochen werden können. Aber sie war ja ein Adoptivkind, das vom defekten Gen nichts wusste."

„Moment mal. Wenn das Kind das defekte Gen von der Mutter geerbt hat, dann ist auch Lisa Netzler Trägerin dieses Erbgutes."

„Ja, aber Trägerin bedeutet noch nicht, dass die Krankheit bei ihren Kindern einschlägt, vielleicht erst bei den Enkeln oder ein paar Generationen später."

Langsam stieg Sauter wieder aus dem Auto.

„Sieht danach aus, dass Petra in Thomas den Ersatzsohn gefunden hat, vielleicht will sie Lisa loswerden. Und sie ist nach Spanien gefahren, um den zweiten Teil ihres Planes zu erledigen."

„Vater?"

„Genau. Andi, du musst los. Ich brauche dich hier, aber vielleicht kannst du das Unheil noch verhindern. Frank soll mit den Spaniern Kontakt aufnehmen. Der Ort heißt Malgrat de Mar. Die Adresse kriegst du dort. Ich fahre ins Gefängnis. Wir telefonieren."

Trotz des Polizeiausweises wurde Sauter in der Justizvollzugsanstalt Rittenburg der gleichen Prozedur unterzogen wie jeder andere Besucher. Alles aus den Taschen auf den Tisch legen, Handy abgeben, durch den Metalldetektor laufen. Er spürte, wie ihn aus der Ecke eine junge Frau beobachtete. Plötzlich sprang sie vom Stuhl, wedelte vor seinem Gesicht mit einem dicken Buch und schrie ihn an:

„Wieso darf ich nicht zu ihm?"

„Zu wem? Wer sind Sie?"

„Anna Spahn, die Freundin von Thomas Netzler. Sie sind doch der Polizist, der ihn da reingesteckt hat."

„Kommen Sie am Montag ins Präsidium. Ich werde sicherlich einige Fragen an Sie haben."

Resigniert setzte sich die junge Frau auf den Stuhl und schlug ihr Buch auf.

Thomas wirkte abwesend und apathisch.

„Worüber haben Sie mit Frau Rahm gesprochen? Am Telefon, meine ich?" Sauter kam gleich zur Sache.

Schweigen.

„Wieso haben Sie den Chatverlauf auf Ihrem Smartphone gelöscht?", pokerte Sauter. Könnte gut gewesen sein, dass die beiden keine Nachrichten ausgetauscht hatten.

Trotzig schaute Thomas auf einen Punkt auf dem Tisch.

„Sie wissen, dass Petra Rahm und Ihre Mutter Schwester sind." Das war keine Frage.

An seiner Reaktion erkannte der Hauptkommissar, dass es nicht der Fall war. Die Augen des jungen Mannes blitzten auf und erloschen wieder.

„Sie können schweigen, Herr Netzler. Wenn Frau Rahm eher auspackt als Sie ... Wissen Sie, für wie lange ein Mord – ein akribisch vorbereiteter Mord – Sie hinter die Gitter wirft?"

Thomas schwieg.

Auch sein Vater Jürgen schwieg anscheinend in seiner Schlafkammer in der Stolperstraße weiter. Sauter hat vorher den Beamten am Empfang angewiesen, falls sein Handy klingeln sollte, ranzugehen und ihn sofort zu informieren, wenn die Frau Netzler dran ist.

„Sie haben letzte Zeit oft mit Sandra Krumm telefoniert. Auch am Tag vor dem Mord." Das Telefonat am Dienstagmorgen verschwieg der Kommissar absichtlich.

Thomas' Blick hob sich langsam vom Tisch.

„Haben Sie mit ihr gesprochen?" Das waren die ersten Worte, die aus dem Mund des jungen Mannes schlüpften.

„Mein Kollege nimmt sich gerade der Sache an", wich Sauter aus.

„Dann wird ... Dann ist ja ... Dann ..."

Tränen liefen in einem Strom seine Wangen runter.

„Dann wissen Sie bald alles. Es macht keinen Sinn mehr."

22
Samstag

Die Dämmerung brach langsam herein. Petra saß immer noch auf der Terrasse, ihre Hand bewegte sich spontan zum großen Teller, auf den Blanca Obst und Gemüse geschnipselt hat, dann zum Mund und – ohne nur ein Stückchen abzubeißen – wieder zurück. Als ob sie Angst hätte, dass das kleinste Krümelchen ihre Geschichte unterbrechen und den Schmerz zurückbringen wird. Sie hatte sich noch nie so leicht gefüllt. Dabei hielt Blanca sie bloß an der Hand und hörte ihr zu.

„Ich wollte in die Nähe von Thomas. Nicht nur sporadisch ihn sehen, ich wollte immer neben ihm sein. Ich kündigte meinen Job, zählte meine Ersparnisse zusammen und war über die Summe überrascht, die auf meinen Konten ruhte. Vom Hausverkauf habe ich nicht viel bekommen, da waren ja noch Schulden drauf. Das Krankengeld für das ganze Jahr aber, von dem ich keinen Cent ausgegeben habe, summierte sich zu einem großen Batzen. Auch in den Monaten, als ich bei den Eltern wohnte, hatte ich keine Ausgaben. Ich gab eine Annonce auf und zog bald in den Süden in eine Wohnung, die nur zwei Straßen weiter von Lisas Haus lag."

Ohne große Mühe fand Petra heraus, dass Lisa im städtischen Krankenhaus als Chefarztsekretärin arbeitete, und meldete sich in einer kaufmännischen Schule für den Lehrgang ‚Staatlich geprüfte Sekretärin' an. Zwei Jahre dauerte die Ausbildung. Sie war sehr fleißig, sie wollte die besten Noten haben, damit sie später den Arbeitgeber aussuchen konnte und nicht er sie. Abends hatte sie oft ihre Bücher genommen und sich auf die Bank nicht weit vom Bolzplatz gesetzt, auf dem Thomas und sein Vater dem Ball hinterherrannten. Sie stellte sich vor, sie drei wären eine Familie gewesen. Gleich, nach dem Kicken, würden ihr Mann und der siebenjährige Sohn zur Bank rennen und ihr einen Kuss geben. Einen auf die linke Wange, einen auf die rechte.

Sie wollte aber mehr als nur träumen. Sie wollte ihren Sohn – ja, ihren Sohn – aus der Nähe sehen. Mehrmals die Woche fuhr sie mittags zur Schule und wartete im Schutz eines Baumes auf den Augenblick.

An jenem Tag regnete es. Sie versteckte sich unter dem Vordach der Sporthalle.

„Mama", hörte sie jemanden hinter ihrem Rücken. Sie hatte gar nicht gemerkt, wie die zweite Eingangstür aufgegangen war. Sie drehte sich um und stand drei Meter von Thomas entfernt. Sein Gesicht war von der Kapuze verdeckt, aber sie glaubte, Elias' Augen erkannt zu haben.

„Entschuldigung, ich habe gedacht, es wäre meine Mutter." Er rannte zum Parkplatz und schlupfte in die offene Autotür.

Mama. Mama. Mama.

Noch nie hatte sie so gut geschlafen wie diese Nacht.

Noch während der Ausbildung setzte sie ein Bein in die Klinik. Sie bekam einen Praktikumsplatz und nach dem erfolgreichen Abschluss eine Stelle zuerst in der Patientenverwaltung und ein Jahr später im Sekretariat. Petra stand nun auf der gleichen Ebene wie Lisa, sie war Chefarztsekretärin. Sie wartete geduldig auf ihre Chance. Zehn Jahre.

Die Sekretariate unterschiedlicher Abteilungen waren streng getrennte Bereiche, sodass Petra kaum Berührungspunkte mit Lisa hatte. Als sie in der Anmeldeliste zum Excel-Kurs Lisas Name gesehen hatte, trug sie sich auch ein. Sie grinste oft über den Dozenten, der anscheinend ein reiner Theoretiker war und ihr, die in der Uniklinik als Pflegemanagerin täglich mit dem Programm arbeitete, das Wasser nicht reichen konnte. Sie stellte sich aber blöd an, beschwerte sich laut, dass es viel zu schnell ging und sie nichts kapierte.

In der Pause bot Lisa ihre Hilfe an. Petra nahm diese gerne entgegen. Sie wurden Freundinnen, und bald Nachbarn. Genauer gesagt, Lisa wurde Petras Vermieterin. Formal. Petra zog in die Einliegerwohnung ins Haus der Netzlers und begleitete Lisa und ihren Mann auf Wanderungen, Konzerten und Ausflügen. Sie flößte sich ein, sie liebe Jürgen und er sie. Sie genoss seine Aufmerksamkeit, aber ließ keine Frivolitäten zu. Sie wollte den Mann, aber noch mehr wollte sie die Nähe zu Thomas. Sie konnte nichts riskieren. Aber sie sah ihn kaum. Er hatte gerade mit dem Studium begonnen, übernachtete oft bei seiner Freundin. Bald zog er ganz aus und ließ sich selten blicken. Und wenn, dann saß er im Wohnzimmer seiner Eltern und nicht auf der Terrasse, die sie auch benutzen durfte.

Deswegen hatte sie ihre Vorsicht aufgegeben. Sie hatte nichts mehr zu verlieren. Diese eine leidenschaftliche Stunde im Bett mit Jürgen auf der Skihütte war ihr erster Lohn. Sie war sich sicher, dass Lisas Mann jeden Stoß, jede Berührung genossen hatte und vor allem von ihren Brüsten, mit denen sich der winzige Busen seiner Frau nicht messen konnte, angetan war. Es wären noch mehrere solcher Stunden gefolgt, wenn Petra blöderweise nicht eingeschlafen wäre. Sie wollte einfach jede Sekunde dieser Verschmelzung, auf die sie länger als zehn Jahre gewartet hatte, genießen. Wenn auch Jürgen später behauptet hatte, er wäre betrunken gewesen und hätte die beiden Frauen verwechselt, war sie sicher, dass er genau wusste, in welche Frau er eingestochen hatte.

Vergeblich versuchte sie die Wogen zu glätten und mit Lisa zu reden. Die blockte ab. Ausziehen wollte Petra nicht. Sie täuschte noch monatelang die Wohnungssuche vor, dabei stand ihre Zweizimmerwohnung zwei Straßen weiter leer. Um das Geld musste sie sich keine Sorgen machen. Ihre Adoptiveltern – bereits verstorben – vermachten ihr ein dickes Sümmchen. Sie wartete jede Nacht, dass die Tür aufgehen und Jürgen unter ihre Decken schlüpfen würde. Sie war überzeugt, dass früher oder später, sobald die frühsommerliche Sonne die Luft aufgeheizt hat und sie im leichten T-Shirt an ihm vorbeilaufen und ihren perfekten Oberkörper an seinen Augen vorbeiziehen würde, da würde er sich an die Nacht in den Bergen erinnern und ihren Busen nicht nur mit seinem Blick, auch mit seinen eleganten Händen antasten wollen.

Seine Hände sind aber leblos geworden. Jürgens Badeunfall hatte Petra schwer getroffen. Ihre ganzen Anstrengungen waren für die Katz gewesen. Thomas war zu Anna gezogen, Jürgen nach Monaten in der Klinik - querschnittgelähmt. Sie hielt es im Haus der Netzlers nicht mehr aus und zog zurück in ihre Wohnung.

Den großen attraktiven Mann bemerkte sie sofort. Sie saß auf dem Balkon und stellte ihren über den Winter matt gewordenen Oberkörper den ersten Frühlingssonnenstrahlen zur Inspektion. Der Herr lief um die Ecke Richtung Stolperstraße. Petra spürte, dass er im Haus 49 bei Netzlers klingeln wird. Von den Kolleginnen hatte Petra mitbekommen, dass Lisa in der Lungenfachklinik in stationärer Behandlung war. War sie wieder zu Hause?

Nächste Woche fiel der Mann ihr wieder auf. Es war erneut der Dienstag. Eine Woche darauf stellte sie sich unter das Bushaltehäuschen und wartete. Kurz vor drei parkte der Schönling, wie ihn Petra nun nannte, seinen „Volvo" am Straßenrand und lief gemütlich zur Stolperstraße runter. Petra folgte ihm. Der Herr klingelte nicht an der Eingangstür, sondern stieß sie auf und verschwand im Haus.

Eine Woche später schlupfte Petra hinter den Busch gegenüber dem Eingang. Um zehn vor drei machte Lisa die Tür auf, drückte den Hebel im Türrahmen nach unten und zog die Tür zu. Fünf Minuten später erschien der Schönling, drückte auf die Klinke. Durch das kleine Fenster sah Petra, wie der Mann sofort die Treppe in den ersten Stock hochhuschte. Wo das Schlafzimmer war! Also besuchte er nicht den Kranken, sondern Lisa.

Petra witterte ihre Chance. Sie nahm sich einen Tag frei und lief – ganz zufällig, versteht sich – Thomas auf dem Hochschulparkplatz über den Weg. Sie wäre geschäftlich hier, war mit dem Chef in seinem Auto gekommen und jetzt auf dem Weg zum Bahnhof. Thomas nahm sie mit.

„Ewig nicht gesehen." Petra wusste nicht, ob Thomas von der Eine-Stunde-Affäre zwischen ihr und seinem Vater Wind bekommen hatte. Anscheinend nicht, in jedem Fall ließ er sich nichts anmerken.

„Das Studium ist kein Zuckerschlecken. Frisst die ganze Freizeit." Thomas klang, als ob sich entschuldigte.

„Dein Vater freut sich bestimmt, wenn du vorbeischaust. Oder?"

„Ich versuche mindestens einmal die Woche ihn zu besuchen. Aber angesichts der aktuellen Umstände …"

„Meinst du den Zustand von Jürgen oder …?" Sie verkniff sich die Frage „Oder das mit deiner Mutter?"

„Soviel ich weiß, kommt keiner außer mir und der Pflegerin Tamara vorbei. Du kommst ja auch nicht."

„Was ist mit Jürgens Freund?" Petra spielte die Unschuldige.

„Was für ein Freund?"

„Ich habe ein paar Mal einen hochgewachsenen Mann gesehen, wie er euer Haus betreten hat. Er ist mir aufgefallen, weil er nicht nur sehr groß, auch überdurchschnittlich attraktiv ist. Ein Leckerbissen für ein Frauenauge. Müsste ein Freund von deinem Vater sein, der ihn jeden Dienstag besucht. Ich arbeite nur vormittags und mache bei schönem Wetter einen kleinen Spaziergang, bevor ich meinen Kuchen esse. Dabei bin ich ihm begegnet."

„Timo. Timo Kleiber."

„Wie bitte?"

„Das ist Timo Kleiber. Ein Freund von meinem Vater. Aber soviel ich weiß, haben sie sich seit Jahren nicht mehr gesehen."

„Dann ist ja alles gut."

Nach langer Pause fragte Thomas:

„Dienstags, sagst du? Darf ich am Dienstag auf einen Kaffee bei dir vorbeischauen?"

Petra verschlug es den Atem. Thomas würde sie besuchen!

Sie fühlte sich wie frisch verliebt. Die ganze Woche war sie mit Vorbereitungen beschäftigt. Am Montag backte sie einen Bananenkuchen – Thomas' Lieblingskuchen, das wusste sie genau –, bestellte noch einen beim Bäcker, falls der eigene nicht gelingen sollte. Am Dienstag machte sie früher Feierabend und servierte den Kaffee auf dem Balkon. Thomas wollte aber weder einen Kaffee trinken noch den Kuchen probieren. Er sagte nur: „Komm, wir drehen eine Runde."

Er marschierte sofort den Pfad zur Stolperstraße runter.

„Wir dürfen aber nicht zu nah kommen", warnte Petra ihn.

Er zog sie hinter den Busch, der erst letzte Woche ihr als Schutz diente. Sobald Thomas den Schönling die Tür aufstoßen und die Treppe hochstürmen sah, wurde sein Gesicht grau. Kein Wort kam mehr aus seinem Mund.

„Muss ja auch nicht unbedingt was dahinterstecken." Petra versuchte den Eindruck zu bekräftigen, dass sie nach wie vor in Timos Visiten nichts Schlimmes sah.

Zwei Wochen später schickte Thomas ihr eine Nachricht.

„Kannst du bitte mal meinen Vater besuchen? Er wird sich freuen."

Petra überlegte, an Lisa eine E-Mail an ihre Geschäftsadresse zu schreiben, ließ es aber. Es soll kommen, wie es kommt! Lisa war anscheinend nicht überrascht, als sie ihre Rivalin am Krankenbett antraf. *Jürgen soll sie mit den Augen auffressen, mit den Händen kann er nichts anrichten,* dachte sie vielleicht. Oder sie war mit ihrem ganzen Wesen beim anderen Mann: mental und physisch.

Ausführlich berichtete nun Petra dem Jungen per WhatsApp über jeden ihrer Besuche bei seinem Vater. Thomas antwortete ihr ungezwungen. Allmählich breitete sich ihre Korrespondenz auf andere Themen aus. Ihr Mutterherz – so und nicht anders, sie war die Mutter – sagte ihr, dass Thomas alles andere als glücklich war, nicht nur wegen des gelähmten Vaters und der untreuen Mutter. Petra entschied sich zu handeln. Ihr Bub durfte nicht leiden.

*

Mit leiser Stimme fragte Thomas nach einem Wasser und wischte sich die Tränen vom Gesicht. „Vielleicht ist es auch gut so. Ich hätte mich nie getraut, Anna alles zu erzählen." Der junge Mann sah endlich zum Hauptkommissar hoch, der sich in der Mitte des Raumes aufbäumte.

„Worüber haben Sie sich mit Petra unterhalten?" Sauter wollte das Gespräch auf die Frau Rahm lenken.

„Mir ging es damals nicht besonders gut. Beschissen, genauer gesagt. Nicht genug, dass der Vater ans Bett gefesselt war, holte noch meine Mutter seinen besten Freund in ihr Bett. Mit der Mutter konnte ich also meine Sorgen nicht teilen, ich besuchte auch deswegen den Vater seltener. Ihm in die Augen zu schauen, wissend, dass Lisa sich mit Timo vergnügt, das war zu viel verlangt. Petra hat mich abgefangen und aus dem Loch geholt.

Und dann habe ich zufällig Sandra Krumm getroffen. Wobei ich jetzt meine Zweifel habe, ob Petra auch in dieser Sache nicht nachgeholfen hat."

Sauter spürte, wie Thomas vom gewünschten Pfad abdriftete. Dem Kommissar ging es momentan nur um Petra Rahm, die gerade in Spanien die Jagd auf ihren leiblichen Vater eröffnete. Ließ ihn aber reden. Nicht, dass er sich wieder in seine Hülle zurückzieht.

„Herr Netzler, heißt es, dass Sie in dieses Loch schon vor dem Unglück Ihres Vaters gestürzt waren?"

„Anna ist nicht nur zwei Jahre älter als ich. Sie ist ... wie soll ich es sagen? Stellen Sie sich vor, Sie sind zwanzig Jahre alt, Ihre Mutter fragt Sie aber drei Mal am Tag, ob Sie vorm Essen die Hände gewaschen haben. Wie einen Schulbuben. Anna war, hm ... Anna ist noch extremer. Ob ich die Zähne geputzt habe, ob ich frische Socken anhabe, ob ich mittags was Warmes gegessen habe. Am Anfang war diese Fürsorge nicht aufgefallen, es hatte sogar was Positives, wenn dir die Frau im Bett sagt, was du zu tun hast. Bald nahm es groteske Formen an. Wenn Sie belehrt werden, wie Sie den Orgasmus richtig erleben sollten! Oder ins Auto einsteigen! Richtig die Nase schnäuzen."

„Haben Sie es Petra erzählt?"

„Ja. Sie war mein einziger Anker. Und sie gab mir Tipps. Kleine Tipps, die mein Leben erträglicher machten."

„Wieso haben Sie mit Anna nicht darüber gesprochen?"

„Ich hatte nicht ... Ich weiß nicht, wie ich es formulieren soll. ‚Mut' ist vielleicht das falsche Wort. Ich hatte so was wie Angst."

„Und dann?"

„Dann habe ich Sandra im Vorzimmer der Ernährungsberaterin getroffen. Seit Wochen hatte ich Probleme mit dem Magen, der Hausarzt hat mich zur Ernährungsexpertin überwiesen. Sandra und ich sind in ein Café gegangen und haben uns gegenseitig mit Erinnerungen überschüttet. Wir haben ja zusammen einen Tanzkurs belegt, das war ein Muss damals in der zehnten Klasse. Mit ihr war es so leicht, so ungezwungen. Wenn man nicht überlegen muss, ob man den Kaffeelöffel abschlecken darf oder einen Witz erzählen! Beim Abschied hat sie mich gefragt, ob wir uns nochmal treffen können. Da ich gezögert habe, hat sie verstanden, dass ich gebunden bin. Wir haben uns trotzdem getroffen. Nach dem Unterricht für paar Stunden oder während Anna im Fitnessstudio war."

„Sie haben am Montag besonders oft mit ihr telefoniert."

„Ich habe ihr versprochen, dass ich nach dem Urlaub mit Anna Schluss mache. Aber schon nach zwei Tagen in Italien war ich am Ende. Bei der Wanderung mit Anna am Sonntag wäre ich am liebsten in die Schlucht gesprungen. *Schmiere dich mit Sonnencreme ein! Trete nicht auf den Stein! Laufe nicht am Rand. Trink was!* Horror pur! Sandra war zur gleichen Zeit in Mailand. Wir telefonierten oft, wenn meine Freundin nicht in der Nähe war. Nachdem Anna am Montagabend Bauchschmerzen bekommen hat, habe ich Sandra nochmal angerufen und gesagt, dass, wenn Anna morgens nicht auf die Wanderung mitgeht, ich mit dem Zug nach Mailand kommen würde."

„Sie haben doch Anna die Cola aus dem Auto geholt!"

„Stimmt. Aber ich habe nichts ins Getränk beigemischt, wenn Sie das meinen."

„Und am Dienstagmorgen haben Sie Sandra nochmal angerufen, als Sie sicher waren, dass Anna im Hotel bleibt?"

„Genau. Wir haben den ganzen Tag in Mailand verbracht, die meiste Zeit auf dem Hotelzimmer. Und ich habe mich wie ein Mann gefühlt, nicht als Mamas Junge"

„Deswegen haben Sie das Handy ausgeschaltet?"

Der musste einen richtigen Schiss von Anna haben, grinste Sauter.

„Genau."

„Weiß Anna von Ihrem Ausflug nach Mailand?"

„Ich wollte ihr nach dem Urlaub alles sagen. Dann kam Omas Anruf mit der schrecklichen Nachricht. Timo war tot, Mama im Krankenhaus. Die letzten drei Tage waren ein Horror. In solchen Momenten sind Frauen wie

Anna in deiner Nähe das Richtige. Aber nicht im Leben. Gut, dass alles vorbei ist."

„Wenn Sandra Ihre Geschichte bestätigt ..."

Thomas schoss mit dem Kopf nach oben.

*

Die ganze Nacht ist Andi Kalmach durchgefahren. Nur eine kleine Pause legte er ein und stand kurz vor sechs Uhr vor Dirks Haus. Die Adresse hat sein Kollege Frank von den Spaniern bekommen. Im Touristenviertel, das er durchquert hat, waren die Straßen noch gut gefüllt, anscheinend waren die Jugendlichen auf dem Weg aus den Diskos in ihre Hotels. Hier, in der Wohngegend, die nicht nobel war, aber auch nicht runtergekommen, zerschnitt nur das einzelne Hundebellen die Ruhe des Sonntagmorgens.

Er parkte neben dem Haus, stieg aus und schaute über die Mauer. Auf dem Verandatisch standen ein Teller mit Obst und eine Weinkaraffe. Die Tür ins Haus war geschlossen. Eine echte südländische Idylle.

Seine Augen wurden immer schwerer. Er war nicht nur von der Fahrt müde. Mehr vom ständigen Nachdenken und Kombinieren. Nach Sauters Anruf gestern Abend, oder eher Nacht, flog sein Konstrukt wieder auseinander. Thomas hatte ein handfestes Alibi. Blieb nur Petra. Als einzige Verdächtige, die sich vermutlich gerade im Haus hinter der Mauer aufhielt. Was hat sie vor?

Der Kommissar lief zurück zum Auto, kippte den Beifahrersitz um und schloss die Augen. Wenigstens zehn Minuten! Er rutschte in den tiefen Schlaf. Als das Smartphone piepte, riss er die Augen auf. Er hätte gedacht, höchstens fünf Minuten geschlafen zu haben. Der kleine Uhrzeiger hat aber beinahe die Zahl neun erobert. Fast drei Stunden war er weg. Über den Zaun durch das runtergelassene Beifahrerfenster schlupften einzelne Wörter in den Wagen. Es war ein weiblicher Monolog, der selten von einer männlichen Stimme unterbrochen wurde. Kalmach öffnete leise die Tür und lief zur Ecke, aus der er heute Morgen die Veranda inspiziert hat.

Die weibliche Stimme ordnete er Petra zu, obwohl er sie früher weder gehört noch gesehen hatte. Sie saß auf der Bank mit dem Rücken zu ihm. Der Mann, der ihr schräg gegenüber im Sessel versank, müsste ihr Vater Dirk Olsen sein.

„Du hast mir das zweite Mal meinen Jungen genommen. Wieso bist du überhaupt nach Deutschland gefahren? Wie bist du auf die Idee gekommen?"

„Du hast mich ja selber angerufen. Lisa hätte Schwierigkeiten..." Der Mann klang unsicher, er verteidigte sich.

„Ich habe dich angerufen, damit du weißt, dass deine Lieblingstochter im Dreck steckt, des Mordes beschuldigt wird und bald im Knast landet. Und ihr Sohn – mein Junge – bald zu mir zurückkehren wird. Zu mir, die du abgestoßen hast und nicht sehen wolltest, auch als ich dich nach dreißig Jahren angerufen habe. Du bist zu Lisa gefahren, hast von mir erzählt und damit alle meine Bemühungen zunichtegemacht."

„Eigentlich habe ich gedacht, ihr beide werdet euch freuen, wenn ihr euch begegnet. Ich wusste nicht, dass du Lisa seit Jahren kanntest."

Die halbe Nacht hat Blanca ihrem Mann Petras Geschichte erzählt. Petra war kurz vor Mitternacht eingenickt, von schweren Erinnerungen und leichtem Wein betrunken. Um sechs war sie aber wieder wach, von innerer Unruhe geweckt. Dirk bekam – nach langer Rückreise und dem Gespräch mit Blanca – kein Auge zu. Sobald Blanca zur Sonntagsmesse ging, traute er sich auf die Terrasse.

„Der Junge war so gut wie bei mir. Die Affäre seiner Mutter hatte ihn richtig aus der Bahn geworfen." Petra glaubte immer noch, dass Thomas ihr gehöre.

Petra spielte mehrmals das Geschehene in den letzten Monaten und an den drei Tagen nach dem Mord durch. Wann hat sie den entscheidenden Fehler gemacht? Als sie Thomas gegen seine Mutter aufhetzte? Ihr den Mord in die Schuhe schieben wollte? Als sie den Dirk anrief? Sie wollte nur seine klägliche Stimme hören. Ganz zufällig hat sie schon am Mittwoch von Timos Tod erfahren, als die Telefonzentrale den Polizisten versehentlich mit ihr verbunden hat – eigentlich wollte der Ermittler Lisas Chef sprechen. Als sie den weiterverband, hörte sie kurz zu und bekam somit alles mit. Aber wahrscheinlich war die Schadenfreude kein guter Wegbegleiter. Was hat Lisa ihrem Sohn erzählt? Dass Petra ihre Schwester war, die sich heimlich in ihr Leben, in die Familie eingeschlichen hat und dabei versucht hat, ihr den Mann wegzunehmen? Über den leidenschaftlichen Abend im Berghaus, als sie die beiden nackt im Ehebett erwischt hat?

Noch am Vorabend des fatalen Dienstags, an dem Timo umgebracht wurde, hatten sie – Petra und Thomas – miteinander telefoniert. Thomas war durcheinander, er überlegte, den Urlaub abzubrechen. Anna wäre unerträglich geworden. Petra riet ihm abzuwarten, bis sie zu Hause waren und erst dann Schluss zu machen. Am liebsten hätte Petra schon vor Monaten diese Beziehung beendet. Anna machte keinen Hehl daraus, dass sie kein inniges Verhältnis zu Petra hatte, eher umgekehrt. Sandra Krumm würde Petra gleich auf die richtige Note einstimmen müssen.

Hat Thomas mich durchschaut? Petra war am Ende. Das Fundament, das sie zehn Jahre befestigt hatte, zerbröselte innerhalb von drei Tagen. Wenn Dirk nicht aufgetaucht wäre, hätte sie bald mit dem ersten Stockwerk ihres neuen Zuhauses beginnen können.

„Du wolltest doch nur dein Gewissen reinwaschen." Petra wurde immer lauter. „Wie wolltest du denn deiner Tochter helfen? Indem du die andere verpfeifst? Du hast das ganze Leben nur an dich gedacht, nur an dein schönes Dasein, hast dich hier verkrochen, weit von der Welt, die du beschissen hast."

Petra hat sich in Rage geredet. Im tiefsten Inneren wusste sie, dass sie unrecht hatte, dass Dirk kein Monster war – in den Berichten, die sie über ihn im Internet gefunden hatte, blieb er als gutmütiger Mensch und guter Freund in Erinnerung seiner Zeitgenossen –, aber der Zorn, die Wut waren stärker als die Vernunft.

„Ich werde dir mit diesem Ding", sie hob einen Gegenstand, der über ihrem Kopf goldig in der morgendlichen Sonne glänzte, „deinen blöden Schädel einschlagen."

Wie von einer Feder hochgeschossen, sprang Andi über den Zaun, rannte zur Terrasse und riss Petra den gelbbraunen Stab aus der Hand. Er stürzte auf den hölzernen Boden, schlug mit der Schulter auf und ließ den Stock fallen. Er rappelte sich auf, griff nach der Stange und brach in Lachen aus. Die Sonne beleuchtete die Terrasse und den Gegenstand in seiner Hand aus einem anderen Winkel. Ein einmaliger Duft des spanischen Baguettes stieg ihm in die hungrige Nase.

*

Lisa schlief schon um acht ein. Die erste Nacht zu Hause endete aber bald – um zehn. Sie wälzte sich hin und her. *Hoffentlich schläft mein Sohn in seiner Zelle.* Sie war nach Thomas' Festnahme überraschend ruhig geblieben. Vielleicht lag es am Hauptkommissar Sauter, der – den Eindruck hatte sie bekommen – den Thomas einsperren ließ, um Jürgen zum Reden zu bringen. *Reden Sie mit Ihrem Mann!* Sie hatte aber Angst, ihn anzusprechen. Schweigend hat sie ihm sein Abendessen gebracht, er trank nur den flüssigen Joghurt aus. Anscheinend fühlte er sich nicht wohl in seinem zu Unbeweglichkeit verdammten Körper. Aber nicht wegen der Behinderung.

Der Uhrzeiger schob sich zur Mitternacht vor. Sie stand auf. Die schwüle Luft beeilte sich nicht, der nächtlichen Frische Platz zu machen. Ohne den Bademantel drüberzuziehen, nur im T-Shirt und Höschen, lief sie die Treppe runter. Auf der Terrasse war die Luft etwas kühler und trotzdem lauwarm. Sie rutschte auf einen Sessel, zog die Knie zum Kinn und schloss die Augen. *Reden Sie mit Ihrem Mann!* Über was? Nicht die Neugier bewegte sie. Sie wollte ihren Sohn neben sich haben, sie wollte einen fetten Schlussstrich ziehen. Und sie hatte Angst! Angst vor der Wahrheit. Wer hat Timo umgebracht? Wer wollte sie umbringen? Petra? Ihre Schwester hatte mehr als einen Grund.

Aus dem Wohnzimmer vernahm sie ein kaum wahrnehmbares Knistern. Jürgen schlief nicht. Woran denkt er? Was weiß er?

Leise tappte Lisa ins Wohnzimmer hinter die Schiebetür. Setzte sich an den Bettrand und nahm Jürgens rechte Hand. Die sonst kalten Finger waren warm. Sie schob die

Decke zur Seite, legte sich mit dem Rücken zu ihrem Mann und schmiegte sich fest an ihn. So lagen sie eine Ewigkeit. Jürgen drehte den Kopf auf dem Kissen in ihre Richtung und küsste sie sanft auf den Nacken. Er hörte nicht auf, seine Lippen streichelten über ihren Hals, sie drehte den Kopf hin und her und lenkte seinen Mund an die empfindlichen Stellen. Seine Bewegungen erregten sie nicht, sie beruhigten sie, lullten sie ein.

Sie stellte sich vor, sie wären wieder im Sommerurlaub am Meer, im gemütlichen Apartment, und hatten die ganze Zeit der Welt für sich alleine. Sie kam wie immer als Erste aus der Dusche, legte sich auf die rechte Seite auf die kühlen Leintücher, bald kam auch er aus dem Bad und schmiegte sich an sie, streichelte ihre Schenkel, ihre Arme, die Schulter, küsste sie sanft auf den Nacken, seine rechte Hand schob sich unter ihrer Taille durch und legte sich auf ihren Busen. Die linke Hand bewegte sich zu den Innenschenkeln, die von alleine nach außen fielen, um ihm den Zugang zur Pforte zu erleichtern. Sie träumte, dass ihr Atem schneller ging, und seine Hand fester auf den Busen drückte. Er nahm ihre Warze zwischen zwei Finger und massierte sie ganz sanft, wurde dann immer schneller. Sie bog in einem Atemzug die Zehen nach oben und sackte zusammen.

Schweratmend öffnete Lisa die Augen. Jürgens Finger pressten immer noch ihre Warze zusammen, seine linke Hand lag auf dem Hügel zwischen ihren Schenkeln und der mittlere Finger war in ihr. Sie schlief nicht. Das war kein Traum.

Ohne seine Finger wegzuschieben, wandte sie sich zu ihm und küsste ihn auf die gehärteten Lippen – das ständige Hantieren mit dem Tabletstift machte sie ziemlich grob. Mit ihren sanften Küssen weichte sie seine Lippen auf.

„Wie lange schon?"

Er antwortete nicht.

„Das mit deinen Händen, meine ich?"

„Ich habe verstanden. Zwei Monate und sechs Tage."

Sie hielt kurz inne, schob den Po nach hinten und befreite sich von seinem Finger. Sie riss sich das Höschen runter, setzte sich auf ihn und drückte den Venushügel an seine Brust. Immer fester. Ihre Brüste wurden von seinen Händen aufgefangen, die so knochig waren, dass sie jedes Gelenk spürte. Sie drückte ihr Dreieck immer fester an seinen Brustkorb, er ließ ihren Busen los, fasste ihre Pobacken, schob sie höher und fing die linke Brustwarze mit seinem groben Mund. Lisa stöhnte auf und bewegte sich im rasenden Tempo hoch und runter.

„Sag es mir! Sag es mir!" Ihr Atem wurde immer schneller.

„Jürgen, sag es mir. Es war doch nicht Thomas?"

„Nein, nicht Thomas."

Lisa erhöhte das Tempo. Jürgens Gesicht schmolz von der enormen Hitze, die sie mit dem Druck auf seine Brust erzeugte.

„Wer, Jürgen? Sag es mir! Sag es mir! Sag es mir!"

23
Sonntag

Die zweite Nacht – die Nacht zum Sonntag – war etwas länger ausgefallen. Was den Schlaf betraf. Sauter holte Kristina wie verabredet an der Schiffanlegestelle weit vom Messegelände ab. Sie liebten sich einmal auf dem Sofa, Kristina schleppte sich ins Bad und dann ins Bett. Sie murmelte nur: „Weck mich, wenn du kommst", legte sich auf den Bauch, schob die Hände unter den Kopf und war weg. Freizeit macht halt müde.

Sauter, auch wenn er sich nach körperlicher Nähe sehnte, war das nicht unrecht. Noch aus dem Gefängnis hat er gestern nach dem Gespräch mit Thomas seinen Kollegen Frank im Präsidium angerufen, der in Kalmachs Abwesenheit seine Rolle übernahm. Thomas blieb in U-Haft, bis Sandra Krumm befragt wird; Sauter strich ihn von seiner Liste der Verdächtigen.

„Wer bekommt in Österreich das Bußgeld aufgebrummt? Der Fahrer, der ohne Vignette erwischt wird, oder der Halter?", wollte Sauter vom Frank wissen.

„Moment mal." Frank legte den Hörer zur Seite, setzte das Headset auf und huschte mit den Fingern über die Tastatur.

„Nach österreichischem Recht sind der ‚Kraftfahrzeuglenker und der Zulassungsbesitzer Mautschuldner' und ‚haften zur ungeteilten Hand', steht hier."

„Mein lieber Schwan!"

„Soll heißen, beide haften. Dich interessiert sicherlich das Auto von Thomas Netzler? Die Österreicher haben uns versprochen, das Protokoll zu faxen. Da bis heute Mittag nichts gekommen war, hat Andi vor seiner Abreise noch die Betreibergesellschaft kontaktiert. Gerade kam ein Fax von denen. Das in Frage kommende Auto wurde am Pfändertunnel nicht angehalten, wie uns zuerst gemeldet wurde, es wurde von einer Kamera erfasst. Keiner weiß, woran es liegt, wahrscheinlich an der Hitze – über dreißig Grad Lufttemperatur, Abgase, die Glut vom Asphalt, im Tunnel war es noch wärmer – aber die gerade zu diesem Zeitpunkt aufgenommenen Bilder sind etwas unscharf. Jetzt sind die Österreicher sich plötzlich nicht sicher, ob der erste Buchstabe ein R oder ein P ist. Also, RIT oder PIT? Ich habe das Bild vor mir. Beim R bin ich mir auch nicht sicher – als ob ein Fussel sich an das P drangeklebt hat."

„Aber es ist ein dunkelroter Audi?"

„Eindeutig."

„Kannst du den Fahrer auf dem Foto erkennen?"

„Keine Chance. Beide Sonnenblenden sind unten, man sieht nur einen weißen unscharfen Streifen vom Oberkörper, mehr nicht. Wenn jemand mit dem Auto was vorgehabt hat, hätte er sein Aussehen sowieso manipuliert."

„Da hast du Recht. Bleibt nur zu hoffen, dass Andi in Spanien unsere letzte Spur einfängt."

Volker ging ins Bett, drückte sich fest an Kristina, knetete ihre Brüste. Die Dame war weit weg.

Selber konnte er nicht so richtig schlafen und stand schon um sieben auf, wenn auch die Versuchung groß war, sich an die Frau daneben zu kleben. Das innere Flattern ließ auch nach dem zweiten Kaffee nicht nach. Er wählte Andis Nummer. Das Telefon war ausgeschaltet. Volker kritzelte auf den Zettel „Bin zum Bäcker", schob die blassen Füße in die Sandalen und schlüpfte in ein Poloshirt. Die Bäckerei in der Nachbarstraße hatte am Sonntag zu, was ihm gerade recht war. Er brauchte Bewegung. Wenn Andi mit leeren Händen zurückkehrt, wären alle heißen Spuren verwischt, und er könnte von vorne beginnen.

Die Schlange in der Bäckerei war ungewöhnlich lang. Urlaubszeit. Auch die Verkäuferinnen hatten Schulkinder und erholten sich am Meer. Teenager, die früher ausgeholfen haben, hatten anscheinend keine Not an Geld. Seine Nachbarin hat ihm vor kurzem erzählt, dass sie beim Zeitungszusteller nachgefragt hat, warum in ihrem Haus keine kostenlosen Zeitungen mehr verteilt werden. Die Antwort des Herrn am Telefon war simpel: Wir kriegen kein Personal mehr. Die Schüler haben kein Interesse, sie kriegen auch so das Geld von Omas, Opas zugesteckt.

Trotz früher Stunde waren nicht nur die Leute in der Bäckerei aktiv. Die Wespen belagerten jedes süße Stück auf dem kurzen Weg von der Vitrine, wo das Gebäck unter der Haube vor den Viechern versteckt war, bis zur Papiertüte. Sauter warf einen Blick auf die Titelseiten der Sonntagszeiten und blieb an den zwei ausgelegten Büchern hängen. Das erste war ein Rezeptbuch. Das zweite präsentierte auf dem gelb-schwarzen Cover den kreischenden Titel. „Wie Sie sich vor Bienen und Wespen schützen". Die Buchstaben waren aus kleinen Wespen zusammengestellt. Irgendwas fesselte seinen Blick an das farbenfrohe Buch.

Endlich war er an der Reihe. Er nahm zwei Seelen und einen Vollkornwecken und schaute beim Rausgehen nochmal auf das Buch. Das Symbol! Das Logo vom Verlag! Eine Kombination aus Sonne und Sonnenblume, teils verdeckt vom lächelnden Kind. Wo hat er dieses schon mal gesehen?

Auf dem halben Weg nach Hause klingelte das Telefon. Kalmach.

„Habe gerade ein Menschenleben gerettet." Kalmach klang sarkastisch. „Frank soll überprüfen, ob Petra Rahm am Dienstag an der Abteilungsbesprechung von vierzehn bis sechzehn Uhr teilgenommen hat. Nur pro forma. Ich bin sicher, sie war dort."

„Was heißt das? Sie hat doch angegeben, an diesem Tag auf ihrem Balkon gesessen zu haben."

„Wollte uns an der Nase herumführen. Aber sie ist nicht die Mörderin. Einzelheiten später. Ich gehe jetzt baden. Habe dann wenigstens was von der Reise. Morgen bin ich im Präsidium."

Zu Hause machte Sauter frischen Kaffee und holte das Brotmesser. Er zerschnitt das Sonnenblumenbrötchen und schrie plötzlich auf.

„Hast dich geschnitten?" Kristina stand neben ihm in kurzer Hose und enganliegendem T-Shirt. Ihre kurzen schwarzen Haare waren noch feucht nach dem Bad. Sie hatte keinen BH an; durch den Stoff leuchteten die großen Warzen wie kleine rosa Ampelchen. Sauter war versucht, ihr das T-Shirt hochzuziehen und sie ins Schlafzimmer zu verfrachten. Behielt sich aber im Griff.

Entschlossen warf er das Messer auf den Tisch, drückte Kristina an sich und küsste sie auf den Mund.

„Meine Liebe, meine Allerliebste! Wenn ich zurück bin, werde ich dich vernaschen, bis zum letzten Zehennagel. Aber jetzt muss ich weg. Dauert nicht lange."

Er wusste, dass er dort nicht erwartet wird. Im Haus mit dem Symbol.

*

Keiner machte ihm die Tür auf. Sauter klingelte bei allen Nachbarn. Zwei meldeten sich über die Sprechanlage. Niemand hatte die letzten Tage ihre Hausgenossen aus der Erdgeschosswohnung gesehen, geschweige mit denen gesprochen. Der Dritte, der sich über das Balkongeländer runterlehnte, wusste gar nicht, um wen es ging. Zieht auch in die Provinz die Anonymität der Großstädte ein, wo die Leute nicht wissen, wer neben ihnen wohnt, dachte Sauter auf dem Weg zum Parkplatz.

Er wird es bei den Eltern probieren. Sie wohnten auf dem Land, nicht weit von hier, das hat er mitbekommen.

Das sich auf dem Hügel ausgebreitete Gut sah er schon von weitem. Immer mehr Landhäuser in der Gegend hatten zuletzt ihre Besitzer gewechselt; die neuen Wirte bestritten mit Landarbeit nicht ihren Unterhalt, denen ging es um die Nähe zur Natur. Zur Arbeit fuhren sie in die Stadt, aus der sie auch die Lebensmittel mitbrachten, auch den Salat aus dem Bioladen.

Auf dem breiten Rasen drehte ein Mähroboter seine Runden. Sauter blieb stehen und schaute dem schlauen Produkt der Schöpfung zu.

„Ohne den wäre ich stundenlang mit dem Mähen beschäftigt", hörte er eine erkältete Stimme hinter sich. Ein Mann, etwas älter als er – und doch weit vom Rentneralter entfernt –, hatte trotz der für den zweiten Septembertag ungewöhnlichen Hitze einen Schal um den Hals gewickelt.

„Die Klimaanlage hat ihres getan", er zeigte auf seinen Hals.

„Damit bleibt man lieber im Bett."

„Auch wenn wir auf das Geld vom Hof nicht angewiesen sind – wir verkaufen nur Honig und Blumen –, gibt es immer Arbeiten, die man nicht auf morgen verschieben kann."

„Bewirtschaften Sie alleine die ganze Fläche?" Sauter vermied die direkte Frage. Eigentlich interessierte ihn, wer hier wohnt.

„Meine Frau kümmert sich um die Blumen und die Kräuter. Sie verkauft die Pflanzen zwei Mal die Woche auf dem Markt. Eigentlich sind wir vor zehn Jahren wegen unserer Tochter hierhergezogen. Sie hatte Atemprobleme und war überdies eine begeisterte Blumenzüchterin. Was heißt, war. Ist sie immer noch. Beginnt bald ihre zweite Ausbildung, genauer gesagt, ein Studium. Nach zwei Jahren als Angestellte hat sie ihr Bürodasein satt.

„Was will sie denn studieren?"

„Naturwissenschaften. Wird nicht einfach für sie, finanziell, meine ich, aber wir sind ja auch noch da."

Der Mann blieb am kleinen Schild „Imkerei Bienenkuss. *Honig direkt vom Land"* stehen. „Sie sind sicherlich wegen dem hier", er zeigte auf die Tafel.

„Haben Sie eigene Bienenvölker oder kaufen Sie den Honig ein?" Sauter versuchte neutral zu klingen.

„Mein Herr!" Die Empörung in der Stimme des Mannes war nicht zu überhören. „Ich habe elf Bienenvölker. Nicht so viele wie letztes Jahr zwar. Im harten Winter habe ich mich mit dem Füttern vertan. Zwei Völker sind gestorben und eins hat ihre Königin verloren. Das Nachziehen der neuen Königin ist misslungen, also sind auch bei diesem Volk die meisten Arbeitsbienen gestorben, einige wenige haben sich den anderen Völkern angeschlossen. Aber wir haben genug Honig, vor allem bei diesem gigantischen Sommer. Schon drei Mal habe ich geschleudert."

„Ich würde ein Glas Honig mitnehmen, warum nicht. Aber zuerst würde ich gerne Ihre Tochter sprechen. Sie ist doch hier?" Sauter holte seinen Dienstausweis raus.

„Wegen der Geschichte bei den Netzlers, vermutlich?"

„Auch", wich der Hauptkommissar aus. „Ist Ihre Tochter hier?"

„Sie ist Frühaufsteherin. Habe sie heute Morgen im Garten gesehen. Sie hat hier übernachtet. Berta", rief der Hobbyimker ins offene Fenster, „ist das Vögelchen bei dir?"

„Müsste auf ihrem Zimmer sein", kam die schnelle Antwort.

„Folgen Sie mir." Der Mann lief ins Haus, durchquerte die geräumige Diele, die nobler eingerichtet war als die meisten Stadtwohnungen, und stieg die Treppe hoch. Er klopfte an der letzten Tür an, wartete kurz und stieß sie auf.

Das von der Sonne überflutete quadratische Zimmer war leer. Auf dem Boden lagen eine Decke und ein aufgeschlagenes Buch. Als ob jemand die Sachen fallen ließ. Sauter nahm das Buch in die Hand, schlug es zu. Das auffällige Symbol – die Sonne und Sonnenblume mit dem Kind im Vordergrund – hob sich deutlich vom Titel ab. „Botanik: Lehrbuch der Pflanzen in besonderen Bedingungen". Auf dem Tisch lag noch ein Buch mit demselben Verlagssymbol: „Insekten: Arten und Klassifizierungen". Der Hintergrund war kreativ gestaltet – der Betrachter hatte das Gefühl, ein Bienenschwarm stürme auf ihn zu.

Sauter blätterte im Buch und stieg auf den riesigen Balkon, der mit Pflanzen und Stauden überfrachtet war. Zwischen zwei hochgewachsenen Buchsbuschen flog ein dunkelroter Schatten durch. Der Kommissar wischte einen

Ast zur Seite und erspähte noch den „Audi", der an seinem Wagen vorbeischoss.

Es war höchste Zeit, den Chef aus dem Wochenende zu holen. Er sollte den Durchsuchungsbefehl durchboxen.

„Wo könnte Ihre Tochter hingefahren sein? Freundinnen, Bekannte?", fuhr Sauter den Hausherrn grob an.

Der Mann, etwas überrascht über den Stimmungswechsel des Polizeibeamten, hob die Schulter.

„Sie hat so gut wie keine Freundinnen ... Ist vielleicht in ihre Wohnung gefahren."

Aus dem Auto wählte Sauter die Privatnummer des Dezernatsleiters Rudi Mayer und sprach auf den Anrufbeantworter. Er entschied sich, zu Netzlers zu fahren. Vielleicht hat Lisa ihren Mann sprechen können. Jürgen wusste irgendwas, da war sich der Kommissar sicher. Was?

Die Einwohner der Stolperstraße flohen von der Mittagshitze in ihre gemütlichen Behausungen. Sauter marschierte zur Eingangstür, überlegte es sich anders und lief um den Reihenhausblock in den Garten. Könnte sein, dass Jürgen gerade sein Schläfchen macht. Die Terrasse war leer, aber die Tür zum Wohnzimmer stand offen. Die Rollladen im zweiten Stock waren runtergelassen.

Eine hohe Stimme erreichte sein trainiertes Gehör.

Geräuschlos schlich sich Sauter an das Fenster heran. Im Wohnzimmer war niemand. Die Stimme kam aus dem abgetrennten Bereich, in dem Jürgens Bett stand. Er krabbelte zum zweiten Fenster. Die Schiebetür zu Jürgens Schlafecke stand halboffen. Er kroch auf allen vieren zum nächsten Fenster. Der Rollladen war nicht ganz unten. Der Kommissar legte sich auf den Boden. Jürgen konnte er nicht sehen. Mit dem Rücken zu ihm stand eine Frau. Petra, war sein erster Gedanke. Petra oder Lisa? Von der Statur her könnte es jede von beiden sein. Leise machte er sich auf den Rückweg zur Terrassentür, zog die Schuhe aus und trat über die Schwelle. Er stellte sich hinter die Schiebetür. Die deutlichen Worte sickerten durch die dünne Trennwand.

„Egal, was du vorhast, zieh meinen Sohn nicht da rein. Das war alleine deine Entscheidung." Das war Jürgen.

„Ich habe es für ihn gemacht." Die aggressive weibliche Stimme kam dem Hauptkommissar bekannt vor.

„Hat er dich drum gebeten? Wenn du ihn mitziehst, werde ich den Mund nicht mehr halten."

„Dann machst du deinen verdammten Mund nie wieder auf."

„Nur zu!"

„Wie willst du dich denn wehren? Schau mal diese Spritze an. Wie willst du dich wehren? Mit dem Tabletstift?"

„Du kommst damit nicht durch. Ich werde alles erzählen."

„Zu spät ... Sorry."

Sauter schubste die Schiebetür zur Seite und stürmte in die halbdunkle Ecke. Eine Silhouette hing über dem gelähmten Mann, mit einem Bein in der Luft. Jürgen hielt ihre Hände an den Gelenken fest, schüttelte sie kräftig. Ein Gegenstand flog auf den Boden vor Sauters Füße. Eine Spritze.

„Deine Hände ... Was ist mit deinen Händen?", murmelte die Silhouette. „Du Arschloch, du bist so ein Arschloch ..." Sie sank aufs Bett, ein Lichtstrahl fiel auf ihren Rücken.

„Wer sind Sie?" Sauter packte die Frau an der Taille und zog sie hoch.

„Sie kennen das Biest nicht?" Jürgen schaute verwundert hoch. „Anna. Anna Spahn, die Freundin meines Sohnes. Die Ex-Freundin." Jetzt, als sich die Frau zu ihm drehte und Sauter ihr Gesicht sah, erkannte er sie wieder. Gestern im Gefängnis war sie aber nicht so auffallend angezogen und hatte keine Mütze an.

Die Dame versuchte auf den Kranken einzuschlagen, aber der Kommissar hielt sie fest.

„Haben Sie sich beruhigt oder soll ich die Handschellen holen?", fragte er Anna eine Minute später auf der Terrasse.

Die junge Frau nickte, schaute ihn aber nach wie vor bitter an. Von der Statur war sie genauso geschnitten wie Petra und Lisa. War sie die Dame, die der Nachbar Schmitz am Dienstag an der Eingangstür der Netzlers gesehen hat? Laut Herrn Schmitz war ihr Kopf mit Kappe bedeckt. Eine Verwechslung wäre wahrscheinlich.

„Was genau darf Herr Netzler über Sie nicht preisgeben?" Sauter wollte das Verhör nicht in die ungemütlichen Präsidiumsräume verlegen.

Die junge Frau seufzte tief und versteckte das Gesicht in den Händen, die vor kurzem noch eine Mordwaffe gehalten hatten.

„Ich hab's für ihn gemacht."

„Was genau? Für wen? Was hat Jürgen gesehen?"

„Wir waren mit Thomas so glücklich. Alle meine früheren Beziehungen hielten höchstens zwei Monate. Und immer war ich diejenige, die verlassen wurde. Dabei habe ich alles Mögliche und Unmögliche getan, habe den ganzen Haushalt auf mich genommen, die Freizeit organisiert. Einer meiner Ex-Freunde hat mir vorgeworfen, ich schneide ihm die Luft zum Atmen ab. Blödmann. Thomas war anders. Er überließ mir die Initiative und genoss unser Zusammensein.

Mit Jürgens Badeunfall hat sich alles geändert. Thomas hing an seinem Vater wie kein anderer Sohn. Und dann hat sich die Schlampe einen Liebhaber zugelegt. Den besten Freund des eigenen Mannes ins Bett zu holen! Rücksichtsloser kann man wohl nicht sein. Für Thomas war dieser Schlag schmerzhafter als die Querschnittlähmung seines Vaters. Er wurde launischer, fand immer öfter etwas an mir auszusetzen, besuchte seinen Vater kaum mehr. War ja klar! Wie sollte er ihm in die Augen schauen? Mit dem Wissen, dass gestern oder vielleicht vor einer Stunde seine Mutter sich vom Timo beglücken ließ.

Unser Nest, das wir über ein Jahr lang zusammengestückelt haben, begann zu zerbröseln, als ob jemand einen Halm nach dem anderen aus ihm rauszog. Kennen Sie das Gefühl, wenn die Schmetterlinge im Bauch plötzlich eine Messerstecherei veranstalten? Ich wollte nicht aufgeben. Nur weil Lisa ihr körperliches Verlangen nicht im Griff hatte! Mit fünfundvierzig müsste man sich doch auf andere Sachen besinnen!

„Wie alt sind Sie, Frau Spahn?"

„Zweiundzwanzig. Im nächsten Monat werde ich dreiundzwanzig. Und ich werde mit fünfundvierzig bestimmt nicht fremden Männern nachlaufen. Lisas Beziehung wurde zu einer Bedrohung für *unsere* Beziehung. Das konnte ich nicht zulassen."

„Sie haben es ganz geschickt angestellt."

„Ich bin auch nicht von der dummen Sorte. Ich habe nur zwei Dienstage gebraucht, um den Ablauf zu kapieren. Dass die beiden an Insektengiftallergie leiden, war mir bekannt. Der Rest war einfache Hirnkombination. Mein Vater hat ja mehrere Bienenvölker. Bienengift hatte er vorher jedoch nicht geerntet. Das Bienenvolk produziert ja auch nicht gerade reines Gift. Es zu ernten, ist eine schwierige Angelegenheit. Ich habe ihm vorgeschlagen, die Prozedur mal in eigener Regie durchzuführen – ich würde später bei meinem Studium das als Projektarbeit vorschlagen. Ich hätte auch im Internet Gift kaufen können, aber die guten Präparate sind rezeptpflichtig, und die rezeptfreien waren mir zu unsicher.

Im letzten Augenblick musste ich von meinem Plan abweichen."

Anna schwieg einen Moment.

„Na ja, ist auch egal jetzt. In jedem Fall musste ich auf das altbewährte Mittel zurückgreifen. Auf die Bienen.

Wie es mit Lisa gelaufen war, habe ich so nicht geplant. Ich konnte nicht vorhersehen, dass sie noch zum Supermarkt fährt. Sie war auch sozusagen ein Nebenprodukt. Es wäre schön gewesen, wenn die beiden – Lisa und Timo – nebeneinander den allergischen Schock erlitten hätten, im Tandem sozusagen, aber zwingend wünschenswert war das für mich nicht. Hauptsache, den Timo ausschalten, damit Thomas wieder der Alte wird."

„Es war eine lange Vorbereitung."

„Von wegen. Die Entscheidung fiel eine Woche vorher, kurz vor unserer Abreise in den Urlaub. Thomas wurde immer giftiger, fast aggressiv. Telefonierte plötzlich ewig mit jemandem. Ich musste handeln. Dringend. Ich habe es so arrangiert, dass meine Eltern am Dienstag nicht zu Hause waren – habe ihnen eine Tagesreise geschenkt. Die Darmbeschwerden im Hotel habe ich vorgetäuscht. Leider ist dabei ein Schatten auf den Thomas gefallen, der mir die Cola aus dem Auto geholt hat. Als er morgens weg war, habe ich kurz gewartet, bis der Kiosk unten aufmacht, mir ein Päckchen Zwieback geholt und über den Hintereingang das Hotel verlassen. Ich habe Thomas' Jeansjacke angezogen, die Sonnenbrille aufgesetzt, die Sonnenblenden im Auto runtergemacht – und los."

„Sie wurden am Pfändertunnel gefilmt, weil Sie ohne österreichische Autobahnvignette unterwegs waren."

„Tatsächlich? Komisch. Ich habe vorletztes Wochenende die Zehn-Tage-Vignette besorgt, weil wir am Sonntag noch auf der Messe in Dornbirn waren. Eigentlich war sie am Dienstag noch gültig. Wahrscheinlich hat der Verkäufer das falsche Datum gelocht. Na ja, egal. Ich holte zu Hause die Bienen, bereitete das Zuckerwasser mit einem gewissen Duftstoff zu, eher ein Gelee, so zäh war das Zeug. Den Hausschlüssel hatten wir im Auto im Handschuhfach liegen, der Rest war Sache der Technik. Ich habe mir eine Gasmaske besorgt und das Chloroform im Bad auf die Tücher ausgeschüttet. Ein Tuch zur Sicherheit noch ins Kinderzimmer mitgenommen, wo ich mich versteckt habe. Sobald Timo das Bad betrat und den Duft eingeatmet hat, habe ich nachgeholfen. Danach die Schulter mit Zuckergelee eingeschmiert, den Raum durchgelüftet und die Bienen rausgelassen. Das war's.

Als ich das Haus verlassen habe, hatte ich das Gefühl, dass jemand mich beobachtet. Nach der Rückkehr aus Italien haben wir kurz im Haus von Thomas' Eltern vorbeigeschaut – da wusste ich, dass Jürgen irgendwas mitbekommen hat, so wie er mich gemustert hat. Jetzt ist mir klar, was ..."

„Wenn Sie mit dem Tuch nicht nachgeholfen hätten, hätten wir wahrscheinlich die Chloroformspuren nicht nachweisen können. Wie sind Sie eigentlich zum Medikament gekommen?"

„Ganz einfach. Die Leute sollten zu Hause nicht so viel über ihre Arbeit quatschen. Lisa hat erzählt, dass ein Student ein seltenes Mittel für seine Versuche bestellt hat. Dass sie Zugang zum Medikamentenschrank hat, wusste jeder in der Familie. Der Schlüssel zum Schrank lag in ihrem Arbeitstisch im Büro, der Schlüssel zu dem hing wiederum an ihrem Schlüsselbund zu Hause. Hängt auch jetzt draußen im Flur. Und am Wochenende das Medikament aus dem Krankenhaus zu holen – das war das Einfachste. Ich glaube, auch wenn jemand ein medizinisches Gerät rausschleusen wird – der wird von niemandem aufgehalten."

Plötzlich sprang Sauter hoch.

„Wo ist übrigens Lisa?"

„Keine Sorge, schläft friedlich im Zimmer oben. Sie hat mich angerufen und gefragt, ob ich ins Gefängnis mitkomme. Ich habe mich bereit erklärt, sie abzuholen." Anna lächelte schelmisch. „Etwas Chloroform hatte ich ja noch übrig."

Sauter holte das Telefon raus.

„Nicht nötig. Die Dosis war minimal. Müsste in ein paar Minuten wach werden."

„Sie haben gemeint, Lisa war ein Nebenprodukt. Was heißt es?"

„Wie gesagt, das Hauptziel war Timo. Es wäre schon Dramaturgie pur, wenn man neben ihm seine Geliebte gefunden hätte. Den Angriff auf sie habe ich eher parallel geplant, nicht so akribisch. Am Samstag, bevor wir in Urlaub gefahren sind, haben wir nochmal Thomas' Eltern besucht. Ich ging hoch ins Schlafzimmer. Lisa bereitete gewöhnlich schon am Samstag ihre Klamotten für die nächste Woche vor. Die Blusen hingen in bestimmter Reihenfolge, ich sprühte ein besonders süßes Parfüm auf die zweite Bluse von links, dann zur Sicherheit auch auf die ‚Montagsbluse'. Alle zu besprühen – wäre zu auffällig. Am Dienstag gegen dreizehn Uhr fuhr ich zum Klinikparkplatz – den Autoschlüssel habe ich mir auch früher besorgt, Thomas hatte ja einen –, schmierte das süße Zeug auf die beiden Vordersitze – ganz minimal –, ließ ein paar Bienen rein und kurbelte das hintere Fenster, das nicht ganz zu war, hoch. Den Rest kennen Sie ja …"

„Frau Spahn, wollten Sie Timo Kleiber nur einen Schreck einjagen oder ihn wirklich aus dem Weg räumen?"

„Wie meinen Sie das, aus dem Weg räumen? Umbringen? So weit habe ich nicht gedacht."

„Beten Sie, dass der Richter Ihnen das auch glauben wird. Übrigens, wenn Lisa früher nach Hause gekommen wäre, wenn sie nicht noch zum Supermarkt gefahren wäre – was hätten Sie dann gemacht? Beide erledigt?"

Anna schwieg.

„Und was, wenn die Bienen während der Fahrt Lisa überfallen hätten? Wenn Sie im Auto kollabiert wäre?"

Sauter stand auf.

„Ist Ihnen, Frau Spahn, mal der Gedanke gekommen, dass Thomas wegen Ihrer … hm … besonderen Art sich plötzlich verändert hat?"

Die junge Frau schaute stachelig in die Augen des Polizisten.

„Ich verstehe nicht, was Sie meinen."

*

Lisa schlug die Augen auf. Sie war wie benebelt. So müde war sie nach der Knie-OP, als man ihr eine Vollnarkose verabreicht hatte. Langsam kehrte sie in die Wirklichkeit zurück. Was ist denn passiert?

... Nachdem sie Anna angerufen hatte, packte sie noch ein paar von Thomas' Lieblingsleckereien ein. Jürgen hatte schon mehrmals nach ihr gerufen. Sobald sie fertig war, schob sie die Tür zu seiner Schlafecke zur Seite.

„Mach ihr nicht auf!" Jürgen ballte die Hände.

„Wem?"

„Sie war es!"

„Wer war es? Wo?"

In diesem Moment ging die Haustür auf. Lisa lief in den Flur.

„Sie war es! Anna war es! Anna!"

Es war zu spät. Der süßliche Chloroformduft strömte durch Lisas Luftröhre. Mehr hatte sie nicht mehr mitbekommen ...

Vorsichtig setzte Lisa die Füße auf den Boden. Die Beine waren noch schwer, zitterten aber nicht mehr. Sie drückte die Türklinke runter – zu. Schob den Rollladen hoch und sah den Kommissar und Anna friedlich auf der Terrasse sitzen. Sie riss das Fenster auf und schrie aus voller Kraft.

„Sie war es! Sie war es! Anna war es."

Der Kommissar hob den Kopf und dann den Daumen.

„Ich weiß."

Erstarrt saß Anna auf dem bequemen Sessel. Plötzlich wurden ihre Augen lebendiger, ihr Blick schwebte über die Hecke. Sie sprang hoch und wackelte zum Gartentor. Sauter hielt sie am Arm fest und schaute in die Richtung. Das Gartentor ging auf und Thomas schlenderte mit einer jungen Dame durch die Wiese. Als er Anna sah, blieb er ruckartig stehen. Auch seine Begleiterin hielt an und schmiegte sich an ihn. Er legte seinen rechten Arm um ihre Taille; Anna sackte langsam auf den Boden.

Sauter lief zurück ins Wohnzimmer. Jürgen schaute ihn lange an und machte die Augen zu. Was wohl heißen sollte: Du hast ja den Täter, was willst du noch?

„Was ich nicht verstehe", fing der Hauptkommissar an. „Wieso haben Sie mit allen Kräften die Anna geschützt?"

„Mir ging es nur um Lisa und Thomas. Bei meiner Frau war ich mir sicher, dass sie mit dem Mord nichts zu tun hat. Was Thomas betrifft ... Ich ahnte, dass er von der Beziehung seiner Mutter Wind bekommen hat. Ich konnte nicht ausschließen, dass Anna nicht in seinem Auftrag handelte."

„Also haben Sie am Dienstag Anna gesehen?"

*

Dienstag hätte der Tag seines Triumphes sein können. Jürgen war nur noch einen Schritt vom Schauspiel entfernt, das er in seinen Fantasien Hunderte Male erprobt hatte. Am Vortag hatte er nochmal den Ablauf geübt. Nachdem Tamara gegangen war, war er das Bett runtergerutscht, auf Ellenbogen in den Flur gerobbt, hatte sich nach kurzer Erholungspause am Geländer von Stange zu Stange zum Treppenabsatz gezogen, sich wieder kurz erholt. Um dann mit allen Kräften die zwölf Stufen hochzukrabbeln – mit der nur ihm vertrauten Technik. Diese hatte er wochenlang eingeübt. Beim ersten Versuch, damals vor ein paar Wochen, schaffte er nur eine Stufe, nach fünf Tagen besiegte er die dritte. Die Technik war einfach, aber schweißtreibend. Den linken Ellenbogen auf die Stufe setzen, fest draufdrücken und die Faust zu sich ziehen – wie ein Scharnier. Das

Gleiche mit dem rechten Ellenbogen. Wichtig: Geräuschlos! Wieder links. Nochmals rechts. Die zwölfte Stufe brauchte er gar nicht zu erobern – auch nach der elften konnte er den Kopf so hoch strecken, dass er das Schlafzimmer mit dem Bett in der Mitte im Visier hatte. Blieb nur zu hoffen, dass Lisa die Tür offen ließ. Das machte sie normalerweise immer, auch früher, vor allem, wenn außer ihr und ihrem Mann niemand im Hause war. Sie mochte es luftiger, wie sie es nannte.

Zurück, die Treppe runter, ging es viel einfacher. Mit Handflächen die Stufenkanten umfassen, sich losdrücken und auf dem Bauch runtergleiten – wie die Kinder auf der Rutsche. Das war's. Hätte der Bauch den Schmerz spüren können, hätte er protestiert. Das konnte er aber nicht.

Anna hatte ihm die Vorstellung vermasselt. Wie oft sah er sich in seinen Träumen auf der Stufe elf, den Kopf in Richtung Schlafzimmer gestreckt, die zwei nackten Körper vor Augen. Jedes Mal sah er sie in anderen Positionen, was ihn noch mehr erregte.

Als am Dienstag die Tür aufgeschlossen wurde, wusste Jürgen, dass es nicht Lisa war. Zu schnell ging alles vor sich, zu unsanft. Nachdem das Schnäpperle nach unten gedrückt worden war, war Jürgen sich nun ganz sicher, dass jemand anderer im Haus die Regie für das Dienstagsspektakel führte. Den Timo erkannte Jürgen an seinen gezielten Schritten. Jürgen wartete einige Minuten, rutschte das Bett runter, kroch aus der Schlafecke zum Eingang ins Wohnzimmer und spähte in den Flur. In diesem Moment schoss Anna die Treppe runter – sie hatte eine Mütze an, auch die Schuhe – und glitt aus dem Haus.

„Sie hätten doch Alarm schlagen müssen, nachdem Ihre Frau auch abends nicht nach Hause kam. Sie hätten Ihre

Hände benutzen können und jemanden anrufen." Sauter wollte nicht aufgeben.

„Ich habe den Anruf vom Krankenhaus mitbekommen." Jürgen öffnete die Augen. „Die Schwester hat ja auf den Anrufbeantworter gesprochen. Lisa war dort, also außer Gefahr. Blieb nur Thomas, der mir Sorgen bereitete. Aber ihm konnte ich nicht helfen, auch wenn ich meine Hände eingesetzt hätte. Der war ja offiziell in Italien..."

Die Erleichterung leuchte auf seinem Gesicht. Sein Sohn und seine Frau – beide nicht im Spiel.

*

„Ich hole Kuchen beim Bäcker. Ich habe so einen Hunger nach irgendwas richtig Süßem." Lisa nahm Jürgens Hand und drückte sie an ihre Wange. „Ich muss dir einiges erzählen danach."

„Ich weiß alles, was ich wissen will. Alles andere interessiert mich nicht. Aber dir muss ich einiges beichten. Kann der Kuchen warten?"

„Wenn du die Kamera im Schlafzimmer meinst, ich vermutete es. Nicht vom ersten Tag an, aber ich wusste es. Vor allem als ich den Glanz in deinen bis dahin trüben Augen gesehen habe, wusste ich, dass irgendwas geschehen ist. Seitdem war ich mir sicher: Ich mache es nicht für mich, oder nicht nur für mich. Für uns beide." Sie schwieg und schaute ihm direkt in die Augen. „Das ist aber alles Geschichte. Immerhin hat unser Herr jetzt wieder zwei gesunde Hände."

Sie nahm seine Hand von der Wange und schob sie unter ihr T-Shirt.

„Du hast Recht, der Kuchen kann warten."

24
Montag

„Was ich am amüsantesten finde, ist, dass die Person, die zuerst ganz oben auf meinem Verdachtszettel stand, mit der Sache gar nichts zu tun hat."

Sauter saß in seinem Büro, lehnte sich im Stuhl zurück und verschränkte die Arme über dem Kopf. Er streckte die Beine aus, wedelte mit den Knien – auseinander, zusammen, auseinander –, um wenigstens ein bisschen Luftbewegung zu erzeugen. Über das Wochenende hatte sich das stickige Zimmer dermaßen aufgeheizt, dass jetzt noch, am Montagmittag, die Innentemperatur nicht geringer als in einer Softsauna war.

„Meinst du den Doktor Gruber?" Andi stand neben dem Ventilator und lenkte den kühlen Luftstrom direkt auf seinen Oberkörper. Gestern Abend hat er sich auf den Rückweg aus Spanien gemacht und ist vor Morgendämmerung zu Hause angekommen. Nach ein paar Stunden Schlaf fuhr er ins Präsidium.

„Ja, den Doktor. Am Freitag hat er plötzlich Urlaub genommen, als ob er mir aus dem Wege gehen wollte. Da habe ich ein ungutes Gefühl bekommen."

„Ich habe übrigens Petra Rahm gefragt, weswegen sie Gruber damals, vor acht Jahren, angezeigt hatte. Sie meinte, jetzt wäre ihr die Sache peinlich. Unsere Allgäuer Kollegen, die den Fall aufgenommen haben, schickten mir paar Protokolle. Lagen heute Morgen auf meinem Tisch. Doktor Gruber hatte sie bei einer Untersuchung ‚unsittlich berührt'.

So wie sie drauf war – Blanca, die Lebensgefährtin von Petras Vater Dirk, hat mir gestern erzählt, was Frau Rahm alles durchgemacht hat –, wundert mich ihre Reaktion nicht. Gruber hat pariert, dass es bei ihrem Volumen vorne unmöglich war, die Lungen abzuhören, ohne sie zu berühren." Kalmach streckte seinen Kopf zum Ventilator.

„So wie der Doc sich benommen hat, habe ich nicht ausschließen können, dass er vielleicht auch Lisa angegangen hat. Aber die Erklärung ist viel simpler. DSGVO." Sauter schmunzelte.

„Jetzt hör auf. Tatsächlich?"

„Ich habe mit ihm heute telefoniert."

Vor drei Monaten trat ein neues Gesetz der Europäischen Union in Kraft – die Datenschutz-Grundverordnung, kurz DSGVO, sie war in aller Munde. Die Regelung sollte eigentlich die Privatsphäre der Europäer schützen, erzeugte aber einen bürokratischen Taifun. Die Rechtsanwälte kreisten schon wie die Geier um ihre Opfer, die es mit dem Datenschutz nicht so ernst nahmen. Nachdem die portugiesischen Behörden ein Krankenhaus mit satter Strafe beinahe in den Ruin getrieben hatten, wachten auch die deutschen Kliniken auf. Wie so oft übertrieben sie dabei gewaltig. Sogar die Polizei bekam auf dem gewohnten Wege keine Infos mehr.

„Eigentlich haben wir uns von Anfang an auf die falschen Leute eingeschossen. Lisa Netzler, ihr Sohn, Petra Rahm, Gruber, sogar Tamara, der Nachbar – jeder hätte es sein können." Kalmach setzte sich ans offene Fenster, stand aber gleich auf. Die Luft draußen war nicht frischer als im Büro.

„Aber erst nachdem wir einen Verdächtigen nach dem anderen ausgeschlossen haben, sind wir Anna Spahn auf die Schliche gekommen."

„Du. Du bist ihr auf die Schliche gekommen. Das war schon Gehirnjogging erster Sahne."

„Ich war zu sehr auf die Petra Rahm fixiert. Die Indizien waren eindeutig. Als ich gestern Morgen in der Bäckerei das Buch über die Bienen und Wespen gesehen habe, fiel mir ein, dass am Freitag im Gefängnis Anna mich angesprochen hat. In der Hand hielt sie ein Buch aus demselben Verlag. Das Verlagslogo war sehr auffällig: die Sonnenblume, das Kind, der bunte Hintergrund. Thomas hat bei der Vernehmung pikante Details aus seiner Beziehung ausgeplappert, die ich für nicht wichtig gehalten habe. Er hat sich ja ausführlich über die übertriebene Fürsorge seiner Freundin beschwert. Als er mal im Winter krank war, hat Anna ihn bei ihren Eltern auf dem Landgut eingesperrt und mit selbst hergestelltem Honig vollgestopft. Also hatte sie Zugang zu Bienen oder sogar zum Gift. Nachdem ich in ihrem Zimmer die anderen Bücher gesehen hatte, ahnte ich, dass die Spur immer heißer wird. Das Finale hat sie uns dann höchstpersönlich geliefert."

Kalmach setzte sich an den zweiten Tisch und blätterte in der Akte.

„Sie hätte auch den Jürgen Netzler erledigt. Weiß man, was für Stoff in der Spritze war?"

„Wird noch untersucht."

„Unglaublich, wie weit die Frau gehen kann. Alles wegen der Liebe."

„Wegen der Liebe? Der Liebe zu wem? Zu sich? Komplizierte Sache, diese Liebe. Auch Lisa liebt trotz allem ihren Mann und Jürgen sie." Sauter schaute lange auf die Decke.

Was ist mit mir, mit Kristina? Ist das Liebe oder nur Drang zur körperlichen Nähe? Die Angst vorm Alleinsein? „Übrigens, Lisa war ja diejenige, die ihrem Sohn zu seiner großen Liebe verholfen hat, sie hat ihm die Anna quasi aufgezwungen. Auch aus Liebe. Aus wahrer Liebe..."

Lesen Sie auch den Thriller

Beniamin Lessa
Dikaio. Ich mach euch das Licht tot
Die Rache kommt zwischen sechs und acht

www.twentysix.de
www.mein-bestseller.com

Auch in allen bekannten Online-Shops erhältlich